いちばんわかりやすい

堤防釣り

監修 池田雄一郎

成美堂出版

います！

魚を釣るコツは、魚がいる場所で釣りをすること。当たり前のことだけれど、実はできていない人がとても多い。堤防周りに限っていえば、魚がいる場所はある程度決まっている。

堤防の先端や角

潮汐《ちょうせき》（周期的に起こる海面の昇降）によって潮が堤防の先端や角にぶつかり、不規則な流れをつくる。すると付近にプランクトンが溜まり、それをエサとする小魚が、さらにそれを捕食する魚が集まりやすい。

船の通り道

漁港の出入り口などは、船が通るため海底が掘られていることが多い。そのためその両サイドは「カケアガリ」といって、斜面になっており、プランクトンが溜まりやすく狙い目になる。

堤防釣りのコツ

魚がいる場所はある程度決まって

岩礁帯《がんしょうたい》

浅瀬にある岩々を岩礁帯とよぶ。根掛かりに注意する必要はあるが、甲殻類や多毛類を捕食する魚を狙える。

消波ブロックの隙間

海底から積み上げられている消波ブロックは、根魚《ねざかな》の棲家になりやすい。うまく底までエサを落とすことができれば釣果が期待できる。

本書の特長

特長1 堤防釣りで人気の5つの手法を解説！

堤防釣りで人気が高いのは「サビキ釣り」、「ちょい投げ釣り」、「探り釣り」、「ウキ釣り」、「ルアー釣り」の5つ。章ごとにわけ、すぐ釣れるポイント選びやおすすめのかんたん仕掛け、必要な道具など、それぞれ細かく解説。

サビキ釣り

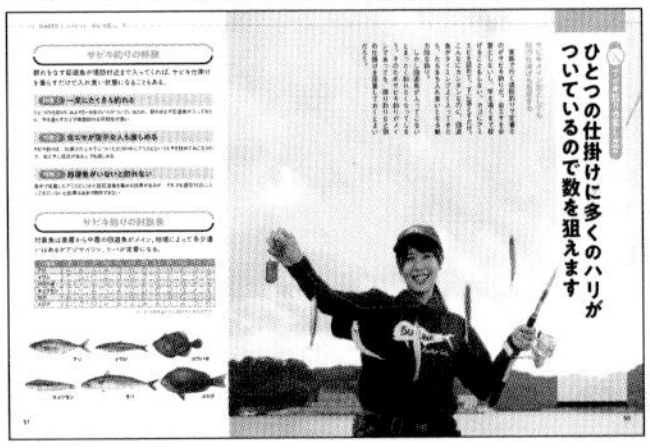
サビキ釣りの特徴
サビキ釣りの対象魚
ひとつの仕掛けに多くのハリがついているので数を狙えます

ちょい投げ釣り

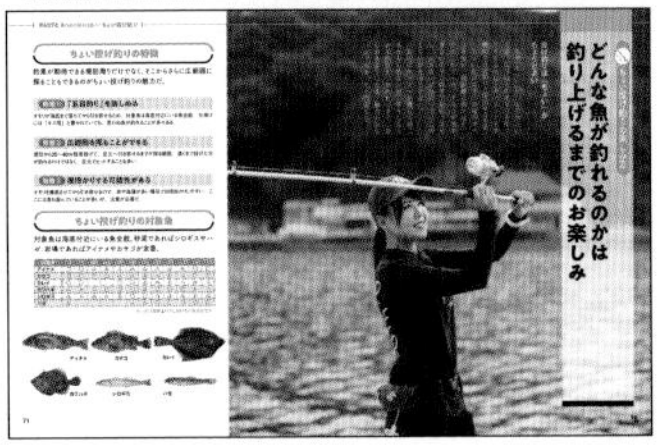
ちょい投げ釣りの特徴
ちょい投げ釣りの対象魚
どんな魚が釣れるのかは釣り上げるまでのお楽しみ

探り釣り

探り釣りの特徴
探り釣りの対象魚
棲家を狙うので実はかなり高確率で釣れます

ウキ釣り

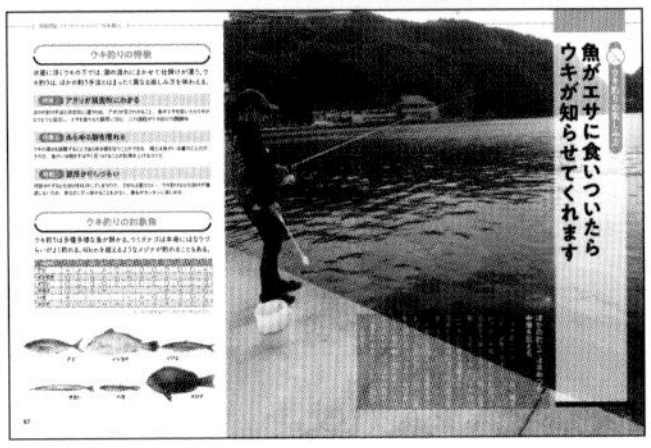
ウキ釣りの特徴
ウキ釣りの対象魚
魚がエサに食いついたらウキが知らせてくれます

ルアー釣り

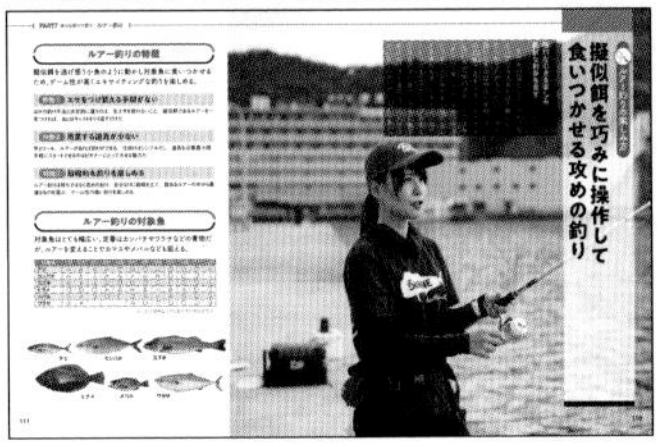
ルアー釣りの特徴
ルアー釣りの対象魚
擬似餌を巧みに操作して食いつかせる攻めの釣り

特長2 ひとつの竿とリールですべての釣りができる！

釣り上級者になれば釣り方ごとに竿を変えることが多いが、本書では、はじめて堤防釣りをする人のために、すべての手法をひとつの竿とリールでおこなう仕掛けを提案。初期費用を抑えて、気軽に楽しんでほしい。

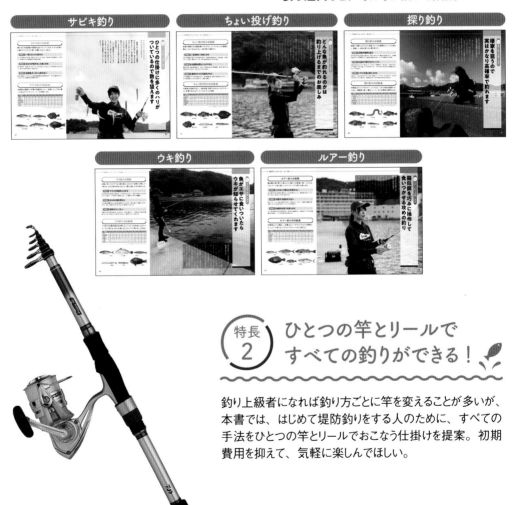

特長 3 海の中をイラストでわかりやすく図解！

どこに魚がいるのか、または仕掛けをどのように動かすのかなど、海の中の様子をイラストでわかりやすく図解。イメージをつかむための参考にしてほしい。

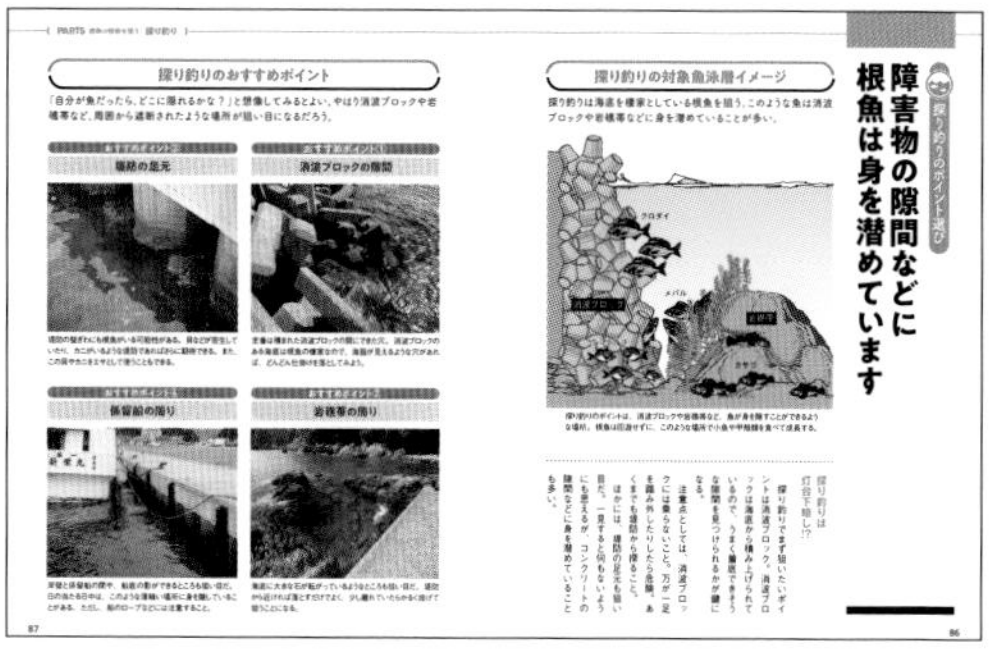

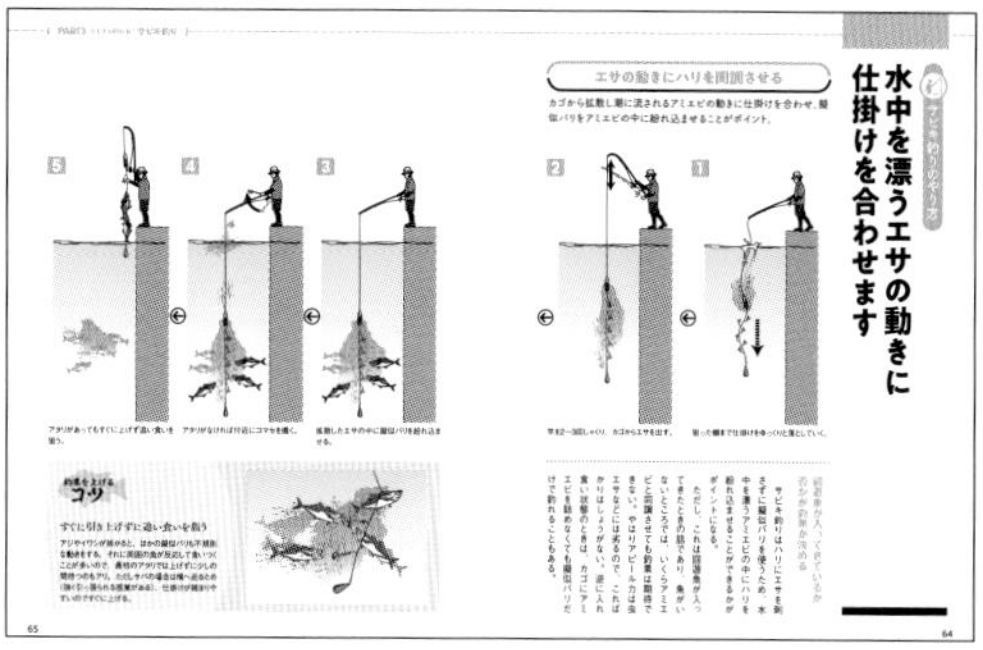

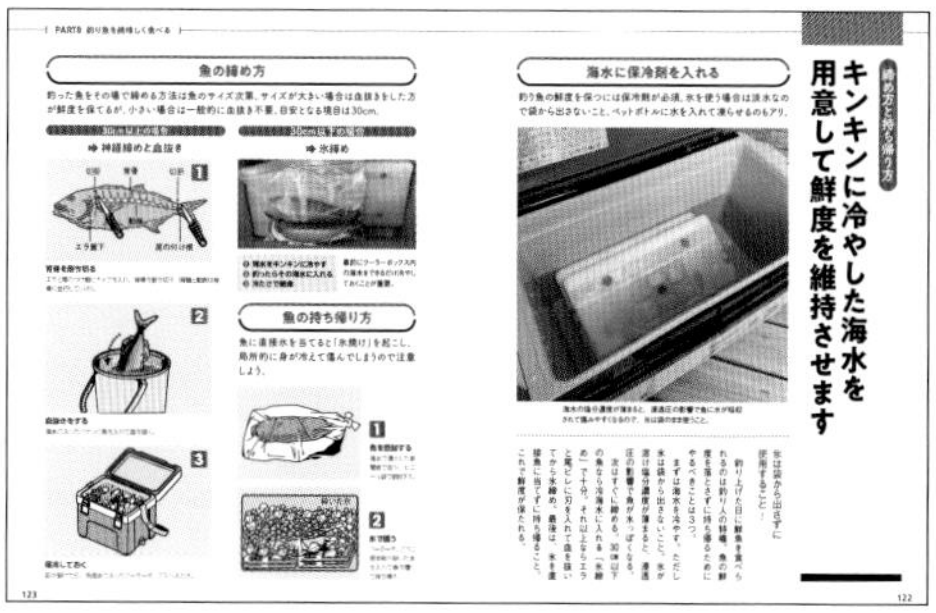

特長 4 鮮度を保つための締め方や持ち帰り方も解説！

魚釣りの醍醐味のひとつは、新鮮な魚を食べられること。そこで本書では、できるだけ鮮度を落とさずに自宅へ持ち帰る方法として、魚のサイズごとによる締め方や正しいクーラーボックスの使い方を解説している。

特長 5 鮮魚ならではのおすすめレシピを紹介！

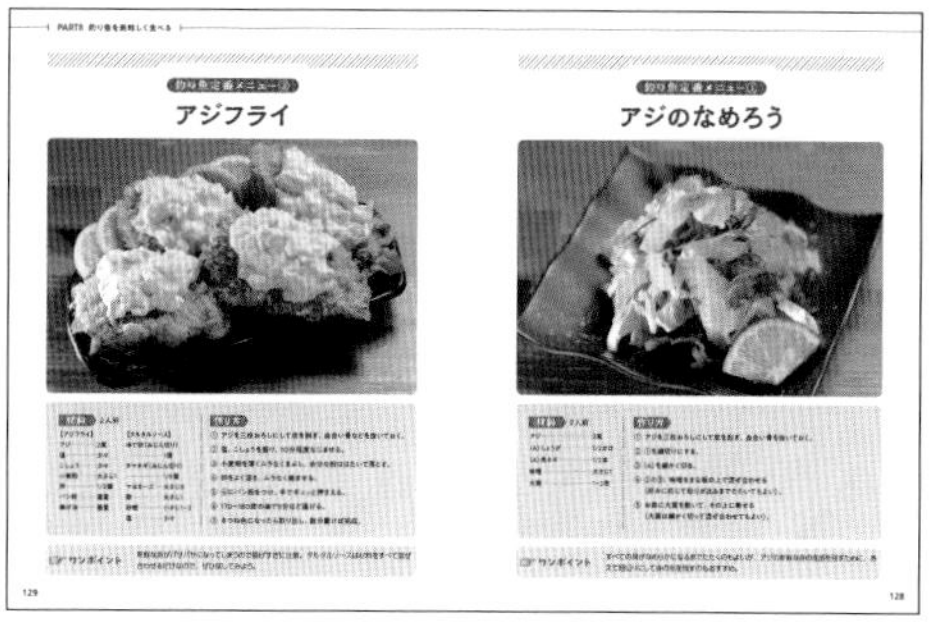

堤防釣りで釣果が期待できる魚種でつくれるおすすめ釣魚レシピを紹介。なめろうや漬け、煮付けなど、鮮魚でつくる料理は格別だ。

CONTENTS

いちばんわかりやすい 堤防釣り

PART1

堤防釣りの基礎知識

堤防釣りに適した場所や時間帯、または必要な道具や服装など、釣りへ行く前に知っておきたいことを解説。準備をしっかりとおこなえば、それだけ釣りは快適になるし、何よりも釣果が期待できるようになる。

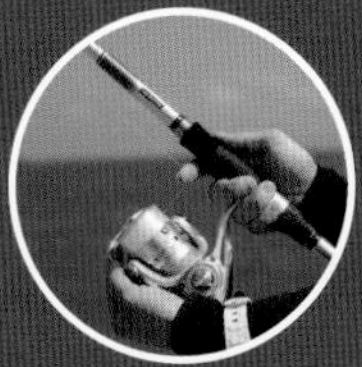
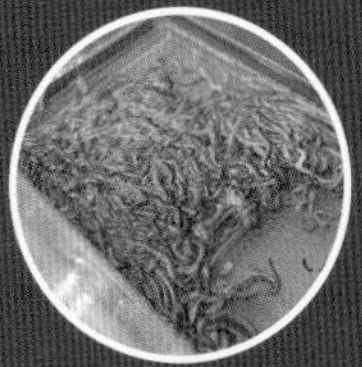

どこで釣りをするの？

釣りがOKな堤防や海釣り公園がおすすめです

海で釣りができる場所は？

海釣りができる場所は主に下の4つ。なかでもビギナーにおすすめなのは、やっぱり堤防釣り。足場が安全で、気軽にはじめられる。

おすすめポイント①

堤防

堤防は足元から水深がある場所が多く、短い竿でも垂らすだけで釣れるのでおすすめ。

おすすめポイント②

砂浜

比較的安全に楽しめるが、遠くに投げる必要があり、専用の投げ竿やリールがほしい。

おすすめポイント③

磯

大物も期待できるが、足元が不安定で専用の道具も多数必要になるので上級者向け。

おすすめポイント④

船

費用は高額だが、ほぼ確実に釣果が期待できる。また道具がすべて借りられる船もある。

堤防なら安全に釣りを楽しめる！

本書で扱う堤防とは、埠頭や漁港、沖に向かって突き出た細長い堤防を想定している。

これらの堤防は足元が安定しており、家族連れでも安全に釣りを楽しめる。しかし、そもそも堤防は釣りをするためにつくられたものではない。当然の権利として振る舞うのではなく、マナーを守り謙虚に行動してほしい。その一方で、釣りを目的につくられた「海釣り公園」というものもある。設備が充実しており、1日中ピクニック気分で楽しめる。

堤防のタイプと特徴

堤防はその立地によっていくつかのタイプにわけることができる。それぞれ攻め方や釣れやすい魚にも傾向がある。

漁港

釣り禁止の漁港もあるので確認が必要だが、カケアガリなど魚が好む地形が多く、あらゆる釣り方ができる。

埠頭

大型の船が係留されるような埠頭では足元から水深があるので、サビキ釣りなどに適している。

河口

河川が海に注がれる河口付近にはプランクトンが溜まりやすく、それをエサとする多くの魚が集まってくる。

海釣り公園なら設備も充実

はじめての堤防釣りにおすすめなのが海釣り公園だ。トイレや道具を洗えるような水場、釣り具を揃えた売店などもあり、誰もが快適に釣りを楽しむことができる。

桟橋がせり出しているため、足元から水深が深くサビキ釣りなどで釣果が期待できる。

どんな釣り方があるの？

ビギナーにおすすめの釣り方は5タイプあります

代表的な堤防釣り手法

ここでは堤防で釣りをするときの手法として代表的なものを5つ紹介する。各手法で用意する道具や釣りやすさなどが変わってくる。

たくさん釣れる！サビキ釣り

P49へGO!

準備の手間 ★☆☆

釣果期待値 ★★★

一般的にはエサとして冷凍アミエビを使うため準備はやや手間だが、釣り自体はカンタン。竿を垂らすだけで、堤防周りに回遊魚が入ってきたら入れ食いになる。

思わぬ大物と出会う！ちょい投げ釣り

P69へGO!

準備の手間 ★★☆

釣果期待値 ★★☆

仕掛けを40m前後投げるので多少の技術は必要だが、慣れたらそれも楽しみのひとつになる。探る範囲が広いため思わぬ大物が釣れることもある。

釣り方が変われば釣れる魚も変わってくる

ビギナーが堤防から釣りをする場合は、上記で紹介している5つが主な釣り方になる。

これらはどれもメジャーなもので、一般的な釣り具店であれば、仕掛けが多数ラインナップされている。

釣り方によって釣れる魚の種類が変わってくるので、どれを選ぶかは人それぞれ。

また、釣り方次第で事前に用意する道具も変わってくるので注意しよう。必要な道具は3章以降に詳しく解説しているので参考にしてほしい。

根魚の棲家を狙う！探り釣り

→ P83へGO!

準備の手間 ★★★
釣果期待値 ★★★

根魚の棲家に仕掛けを落とすため釣果が最も期待できる。仕掛けもシンプルで必要な道具も少ない。ただし消波ブロック付近を攻めるため足元の安全確認を怠らないように。

アタリがすぐにわかる！ウキ釣り

→ P95へGO!

準備の手間 ★☆☆
釣果期待値 ★★☆

撒きエサを使うため準備はやや手間だが、置き竿をしてもウキがアタリを視覚的に知らせてくれるので、ずっと竿を持っている必要がなくラクに釣りを楽しめる。

自ら仕掛けて誘う！ルアー釣り

→ P109へGO!

準備の手間 ★★★
釣果期待値 ★☆☆

ミチイトの先にルアーをつけるだけなので、釣りの準備は最もラク。釣り方は一箇所にとどまりアタリを待つのではなく、移動をしながら魚を探す攻めの釣りといえる。

どの季節が釣れるの？

ベストシーズンは初秋ですが一年中釣ることができます

堤防釣りの年間期待値

狙う魚を間違えなければ一年中釣れるが、釣りやすさや気候面を考慮すると、堤防釣りのベストシーズンは初秋といえる。

対象魚	1月	2月	3月	4月	5月	6月	7月	8月	9月	10月	11月	12月
アイナメ	○	○	△	△	△	△	△	△	△	△	○	○
アオリイカ	△	△	△	○	○	○	△	△	○	○	○	△
アジ	△	△	△	△	○	○	○	○	○	○	○	△
イワシ	○	○	○	○	○	○	○	○	○	○	○	○
カサゴ	○	○	○	○	△	△	△	△	△	△	○	○
カマス	△	△	△	△	△	△	○	○	○	○	○	△
カレイ	○	○			○	○	△	△	△	△	△	△
カワハギ	△	△	△	○	○	○	△	○	○	○	△	△
クロダイ			○	○	○	△	△	△	○	○	○	
サバ	△	△	△	△	○	○	○	○	○	○	○	○
シロギス	△	△	△	△	△	○	○	△	△	△	△	△
スズキ	△	△	△	○	○	○	○	○	○	○	○	△
ハゼ	△					△	△	○	○	○	○	○
メジナ	○	○	○	△	△	△	△	△	△	△	○	○
メバル	△	△	○	○	○	○	△	△	△	○	○	○
ワラサ	△	△				△	○	○	○	○	○	○

定着魚は年間を通して釣れやすく、回遊魚は堤防がある浅場に近づいてくる季節に釣れやすい傾向がある。

※上記は関東エリアにおける釣果目安です。

人も魚も過ごしやすい季節は共通している

その時期に釣れる魚に合った仕掛けを選択できれば、基本的には1年中、堤防釣りで釣果を上げることはできる。

だが、より釣りやすく、釣っていて楽しいのはやはり初秋。魚の活性が高く、それなりのサイズも期待できる。

また堤防には日陰や風除けとなる建物がないため、街中とは比較にならないほど、夏の日中は暑く、冬は寒くなる。そのため魚だけでなく、人にとっても釣りは初秋が快適に過ごせるベストシーズンになる。

堤防釣りの季節ごとの特徴

季節ごとの特徴を見る場合は「水温」に注目するとよい。一般的に魚は水温が低い冬場は深場に集まり、春になり水温が上がれば浅場へとエサを求めて上がってくる。

秋 釣りのベストシーズン

夏の暑さが落ち着き、人も魚も過ごしやすくなる。竿を垂らしてのんびりとアタリを待つのもよし、潮回りを合わせてマズメを狙うのもよし。魚のサイズも徐々に大きくなる。

春 水温が上がり活性化する

水温が上昇しはじめ、深場にいた魚も浅場に出てきて活性が上がる。産卵を控え食欲旺盛なヒラメや、夏場がメインとなるアジやイワシも釣れはじめる。

冬 水温が下がり狙いは深場へ

冬場の魚は脂のりがよくサイズも大きい。だが水温が低いため、多くの魚は水温が安定している深場へと移動する。難度は上がるが、味は格別なのでぜひとも釣り上げたい。

夏 暑い日中よりマズメを狙う

水温が上がりすぎる日中は魚の活性が低下傾向にあるので、朝マズメやタマズメを狙うとよい。この時間帯で潮回りも合えば、多くの魚でかなりの釣果が期待できる。

回遊魚と定着魚

魚を分類するとき、エサや産卵のために常に移動をしている「回遊魚」と、一生の多くを同じ海域で過ごす「定着魚」にわけることができる。

定着魚

カサゴ

メバル

一生を同じ海域で過ごす定着魚は、消波ブロックや岩礁帯などの周りを棲家としているので、そこを狙えば年間を通して釣果が期待できる。

回遊魚

イワシ

アジ

一年を通して移動する回遊魚は、春から秋にかけては堤防近くまで入ってくるが、冬場は水温が安定している沖合や深場へと移動する。

どの時間帯が釣れるの？

狙い目はマズメですが潮回りも忘れてはいけません

魚にもお腹が空く時間帯がある!?

釣りをするときに重視したいのは時間帯と潮回り。人と同じく魚にも食事の時間帯がある。魚は朝と晩の1日2回。日の出前後の「朝マズメ」と日没前後の「夕マズメ」。エサとなる小魚を求めて深場にいた魚も水面近くまで出てくることが多い。

潮回りは、干潮から上げの3分（ぶ）、満潮から下げの7分（ぶ）がよい。この間は潮が大きく動き、魚の活性が上がる。つまりマズメの時間帯に「上げ3分」または「下げ7分」が重なると絶好のチャンスとなる。

狙い目はマズメの時間帯

太陽が昇る日の出前後を「朝マズメ」、太陽が沈む日の入り前後を「夕マズメ」とよび、魚の活性が上がり釣果が期待できる時間帯となる。

マズメの時間帯は、魚にとっては食事の時間帯。エサとなる小魚を求めて表層まで出てくることが多い。

上げ3分《ぶ》下げ7分《ぶ》が黄金時間《ゴールデンタイム》

海釣りでは潮回り（潮の満ち引き）がとても重要になる。釣り用語に「上げ3分下げ7分」という言葉があり、干潮からの上げはじめと、満潮からの下げはじめのタイミングで釣果が期待できる。

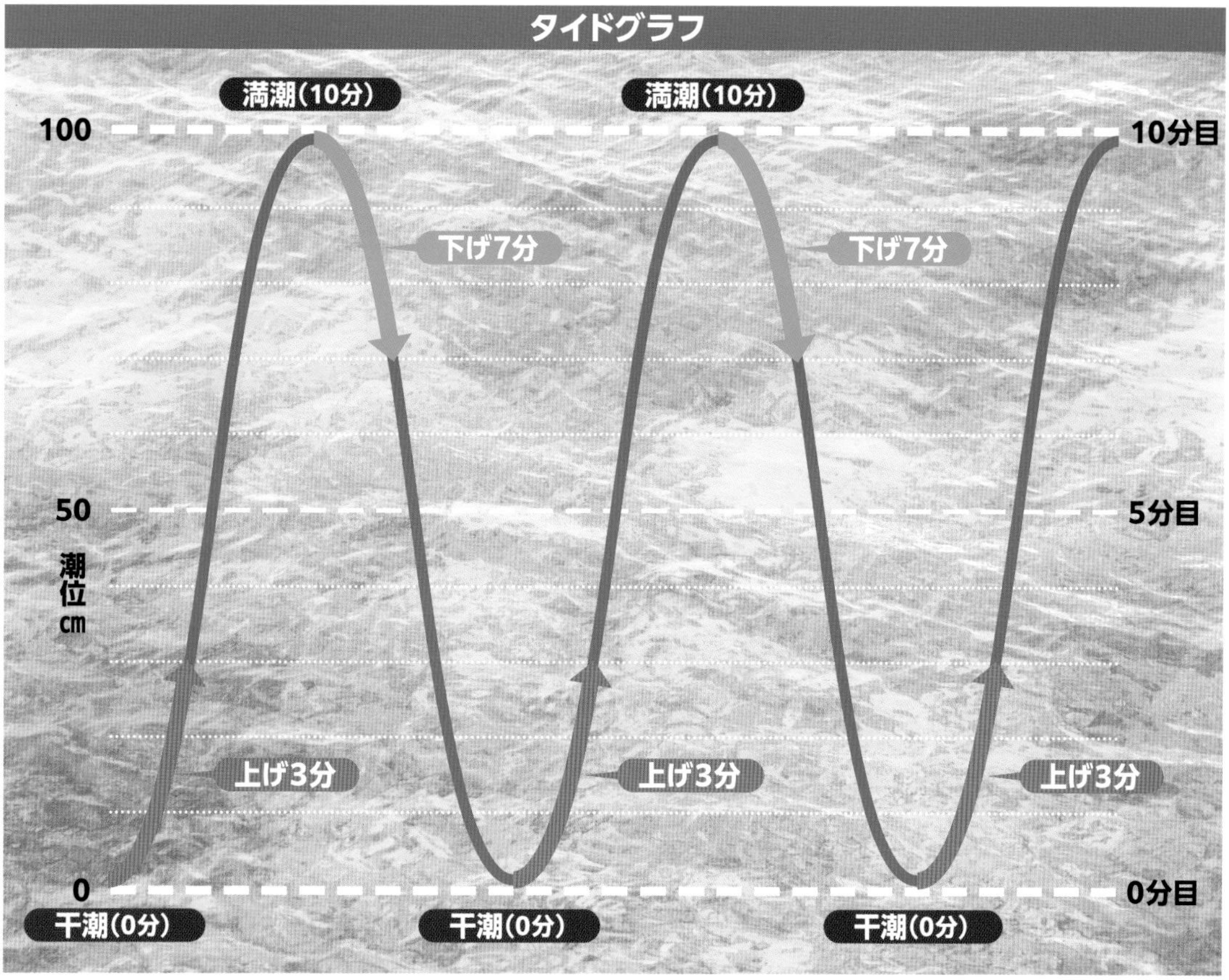

「干潮＝0分」、「満潮＝10分」としたとき、上げ潮の3分目までが「上げ3分」、下げ潮の7分目までが「下げ7分」になり、釣れやすい時間帯とされている。

釣果を上げるコツ

潮止まりは釣れないので休憩タイムと割り切る

満潮時と干潮時のピークを潮止まりとよぶ。この時間帯は潮が動かず魚の活性が落ちる。そのため無理に釣りを続けるよりも、一度休憩を入れてリフレッシュするのがおすすめ。

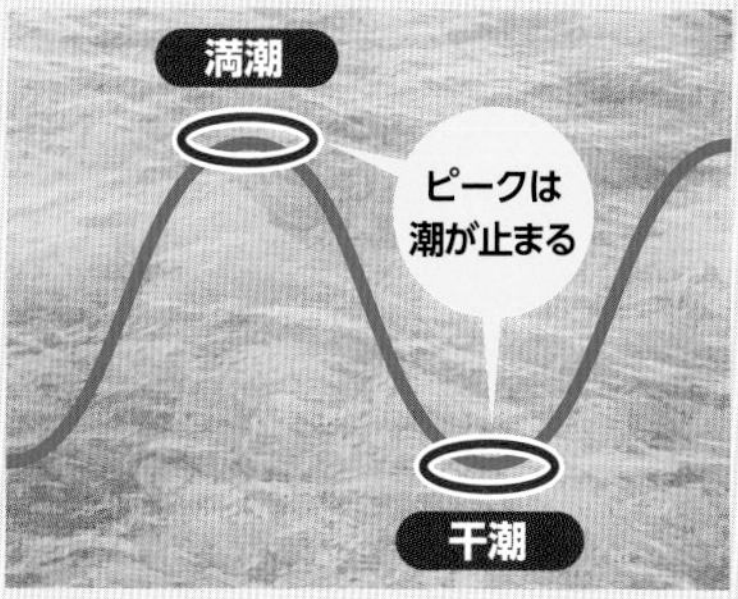

万能竿が1本あれば堤防釣りはすべてできます

釣り竿＋リール

釣り竿やリールはとても種類が多く、上級者になれば釣り方に合わせて専用のものを選ぶが、まずは万能竿セットでOK。

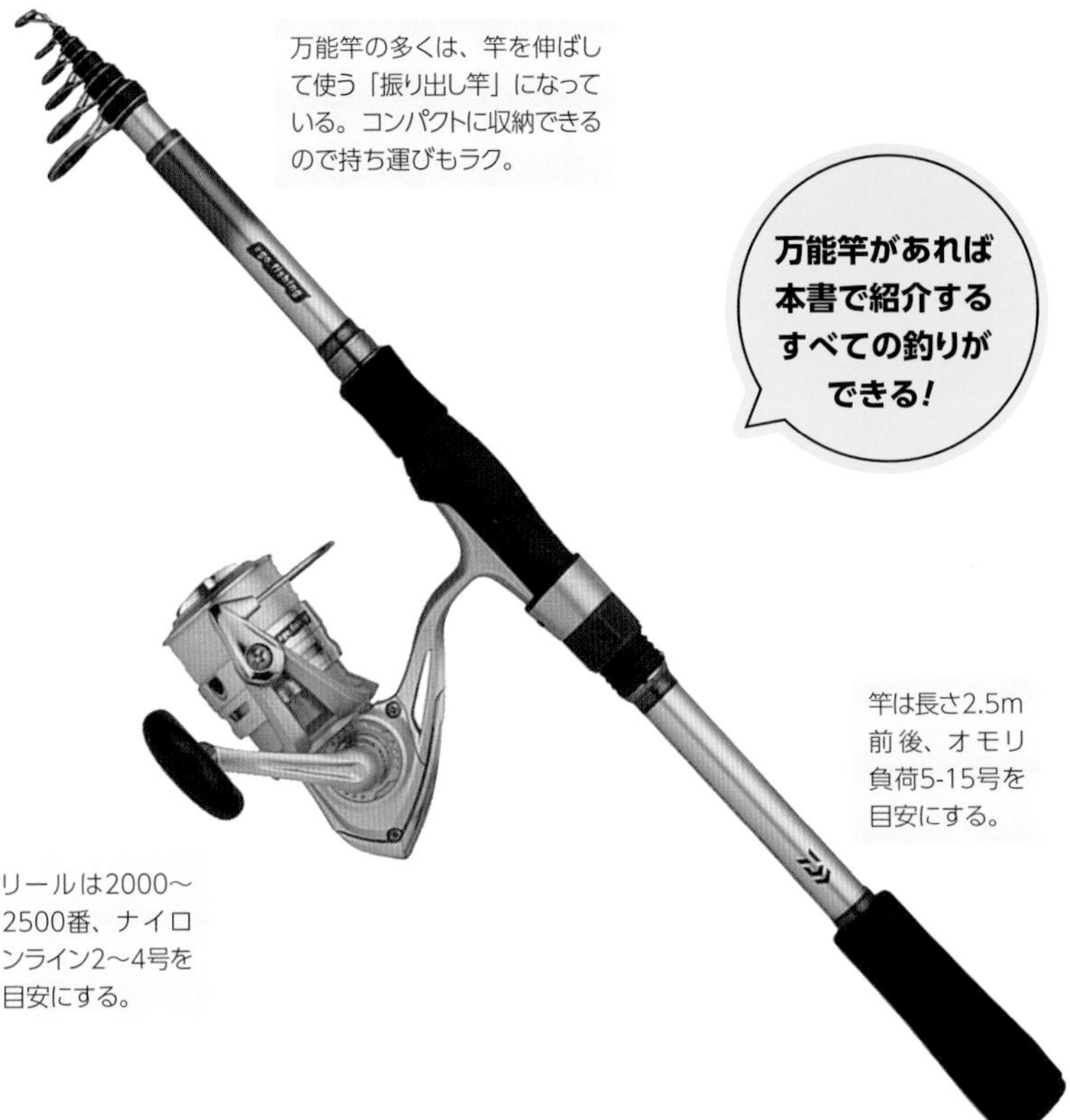
万能竿の多くは、竿を伸ばして使う「振り出し竿」になっている。コンパクトに収納できるので持ち運びもラク。
万能竿があれば本書で紹介するすべての釣りができる！
竿は長さ2.5m前後、オモリ負荷5-15号を目安にする。
リールは2000～2500番、ナイロンライン2～4号を目安にする。

驚くほど安い竿も売っているが折れる心配もあるので、質も保証されている大手釣り具メーカーのエントリーモデルセットがおすすめ。

ビギナーセットで困ることはほぼない

釣り具店に行ってまず驚くことは、その品揃えの豊富さ。狙う魚別に釣り竿やリール、ライン（釣り糸）がいくつも並べられている。しかし釣りビギナーのうちは、そのような専門的なものよりも、万能タイプがよい。大手釣り具メーカーのビギナー向け万能竿セットであれば、本書で掲載している堤防釣りをすべておこなうことができる。

そのほかの道具については、釣りを快適にさせるものが数多くあるので、予算と相談して少しずつ揃えていこう。

堤防釣りに必要な小物

釣り竿とリール、エサ以外に堤防釣りをするときに最低限必要な道具を紹介する。一応、これだけ揃えれば釣った魚を持ち帰ることまでおこなえる。

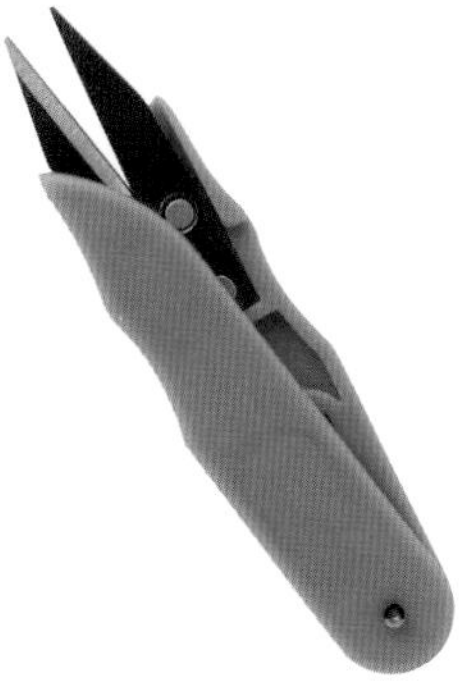

ハサミ

結び目の余ったラインを切るときなどに必要になる。

仕掛け

必要な仕掛けを用意する。「セット」と書かれたものを選べば、基本的にはミチイトに結ぶだけで使用できる。

クーラーボックスと氷

魚を持ち帰るときに必要になる。氷があると魚の鮮度を保てるので必ず用意したい。詳しい持ち帰り方は123ページを参照。

水くみバケツ

堤防は水面から高さがあるので、紐つきのバケツを用意する。手を洗ったり、クーラーボックスに海水を入れるときに必要になる。

あると便利な小物

持っていると便利な道具を紹介する。とくにフォーセップや魚トングあたりは、安全に魚を扱うために用意しておきたい。

フォーセップ

ハリ外し用ツールのひとつ。ハリ外しにはさまざまなタイプがあるが、フォーセップはとても使いやすいのでビギナーにおすすめ。

魚トング

トゲのある魚や、ヒレに毒がある魚など素手で触ると危険な魚もいるので、ひとつ持っておくと安心。

生きエサトング

アオイソメなどの生きエサを素手で触ることに抵抗がある人は、このようなトングがあると安心。手にニオイもつかないのでおすすめ。

タオル

釣りエサは集魚効果を高めるためにニオイがキツイものが多く、こまめに手を洗うことになるのでタオルを腰にかけておくと重宝する。

ビニール袋

不要になった仕掛けをまとめたり、濡れたタオルを入れたりと、ビニール袋があると便利なシーンは多い。

折りたたみイス

短時間なら立ったままでもよいが、1日釣りをする場合は、小さいものでよいので用意したい。

釣り竿とリールはどう使うの？

釣り竿とリール各部位の名称や使い方を覚えましょう

釣り竿とリール各部位の名称

快適に釣りをするために知っておきたい各部位の名称と特徴を紹介する。竿は伸び縮みする一般的な万能竿、リールはスピニングリールだ。

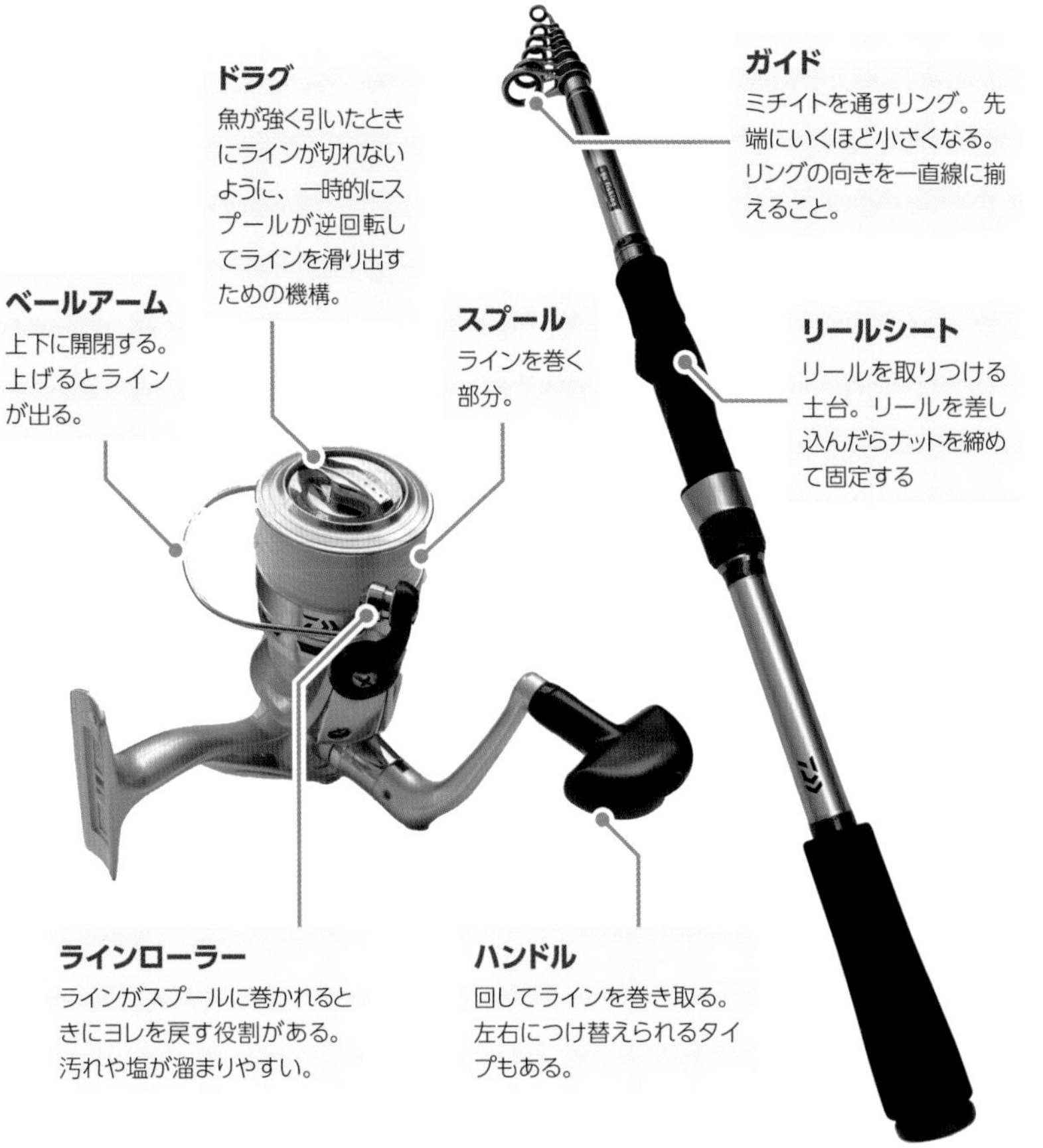
ドラグ
魚が強く引いたときにラインが切れないように、一時的にスプールが逆回転してラインを滑り出すための機構。
ガイド
ミチイトを通すリング。先端にいくほど小さくなる。リングの向きを一直線に揃えること。
ベールアーム
上下に開閉する。上げるとラインが出る。
スプール
ラインを巻く部分。
リールシート
リールを取りつける土台。リールを差し込んだらナットを締めて固定する
ラインローラー
ラインがスプールに巻かれるときにヨレを戻す役割がある。汚れや塩が溜まりやすい。
ハンドル
回してラインを巻き取る。左右につけ替えられるタイプもある。

釣りを楽しむために道具は丁寧に正しく扱う

釣り竿とリールを使用するときの主な注意点を解説する。

竿は先端にいくほど細いので、雑に扱うと折れてしまうことがある。持ち運び時に竿が飛び出さないように、しっかりケースに収納するなど、取り扱いには気を配りたい。

リールに関しては、慣れるまでは、ラインが勢いよく出て絡まるというトラブルが起こりやすいので、ドラグ調整や人差し指にラインをかけてからベールアームを上げることは忘れないようにしておこう。

釣り竿使用時の注意点

一般的な万能竿は伸び縮みするので、使用するときは、先端から引き伸ばして、接続部をしっかり固定させる。また、使用前にガイドがまっすぐ一直線になっているかを確認する。

先端から伸ばす

ミチイトをガイドに通したら先端から伸ばしていく。竿は先端になるほど細いので折れないように扱いには注意しよう、収納するときは根元から縮めていく。

ガイドの向きを確認

ガイドが竿に固定されていないタイプの場合は、竿を引き伸ばしたあとにガイドが一直線になっているか確認する。曲がっているとミチイトをスムーズに巻き取れない。

リール使用時の注意点

リールの種類はいくつかあるが、本書の堤防釣りではスピニングリールを使う。万能竿セットに付属されているのもこのタイプ。扱いが容易なので、慣れてしまえばすぐに使いこなせる。

ドラグを調整する

スピニングリールの上部にあるドラグを回してラインの出やすさを調整する。緩めるとラインは出やすく、締めると出づらくなる。仕掛けを結ぶときは締めておくと便利（→P32）。

アームを上げたら指をかける

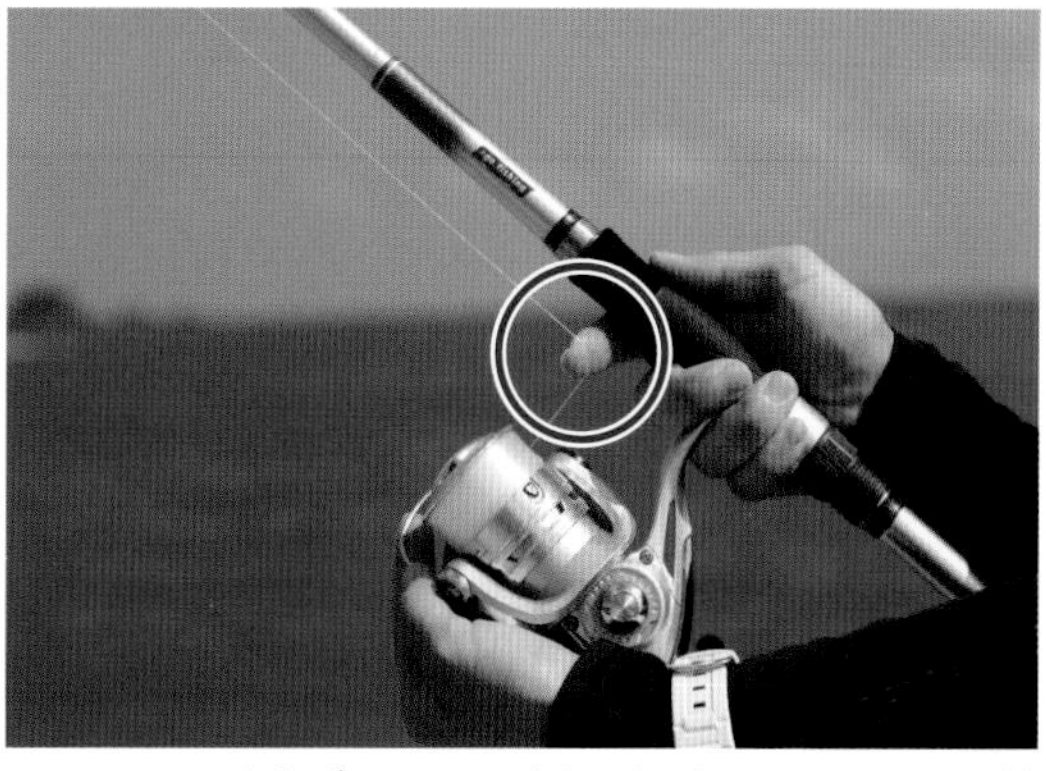

ベールアームを上げるとラインがどんどん出てしまうので、人差し指にラインをかけること。キャストするときに必要になる技術なので忘れないようにしよう（→P38）。

仕掛けって何？

リールから出たラインの先につけるのが仕掛けです

ミチイトの先に仕掛けを結ぶ

釣りをするときはリールから出たライン（ミチイト）の先にウキやハリ、オモリなどをつけるが、それらをまとめて「仕掛け」とよぶ。

ハリやオモリをひとつずつこだわって選ぶのも楽しいが、ビギナーにはすべてがパッケージされた「仕掛けセット」が断然おすすめ。

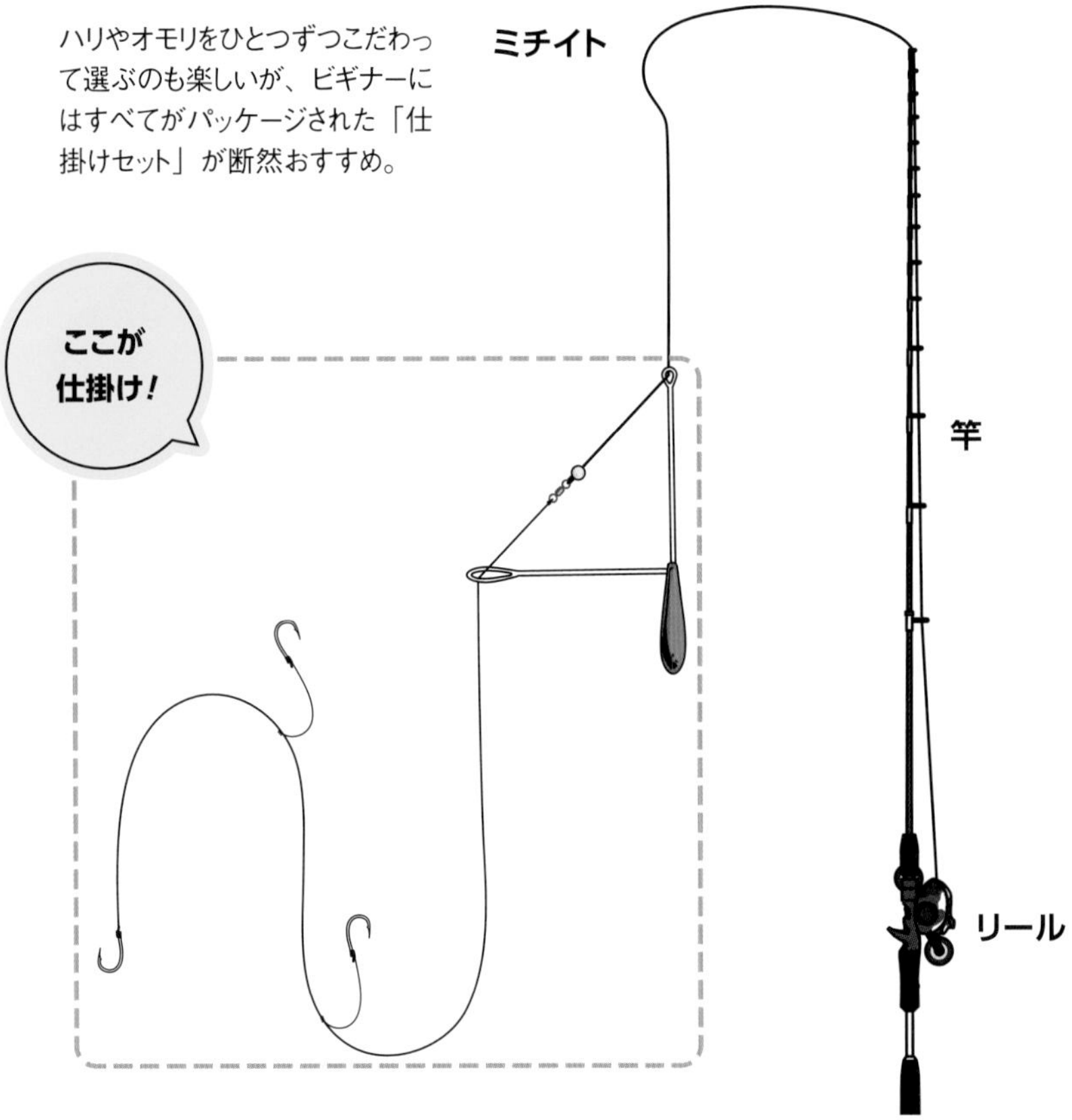

仕掛け選びが釣果を大きく左右する

仕掛けとは、ウキやハリ、オモリなど、リールから出ているミチイトの先につけるものの総称。選択する仕掛けによって、釣果は大きく変わる。同じ場所で釣りをしても、ハリのサイズがひとつ違うだけで、隣の人は釣れているのに、自分は釣れないということもある。

探り釣りやルアー釣りはミチイトにブラクリやルアーをつけるだけのシンプルなものだが、サビキ釣りやウキ釣りはやや複雑になるなど、釣り手法によって仕掛けは大きく異なる。

釣り方別仕掛けの一例

エサをカゴに入れたり、テンビンオモリを使ったり、またはウキをつけたり、ミチイトの先にブラクリやルアーをつけたりと。釣り方によって仕掛けは大きく異なる。

ウキ釣り

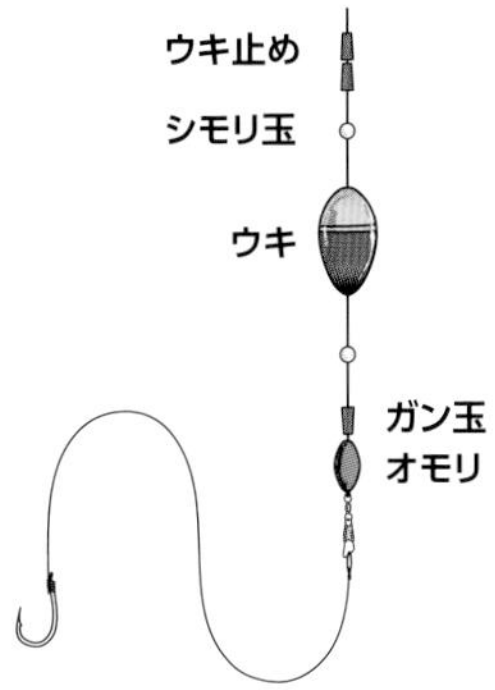
ウキ止め
シモリ玉
ウキ
ガン玉
オモリ

ウキ釣りはその名のとおり「ウキ」を仕掛けの一番上につけ、その下に「ガン玉オモリ」をつけて一番下にハリをつけるのが一般的。

サビキ釣り

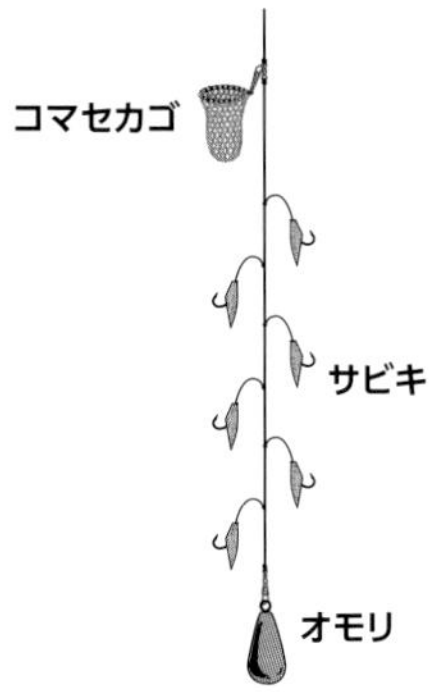
コマセカゴ
サビキ
オモリ

サビキ釣りの特徴はエサを詰めるカゴを使うことと、ハリの数が多いこと。カゴの位置をハリの上にするか下にするかは好み。

ルアー釣り

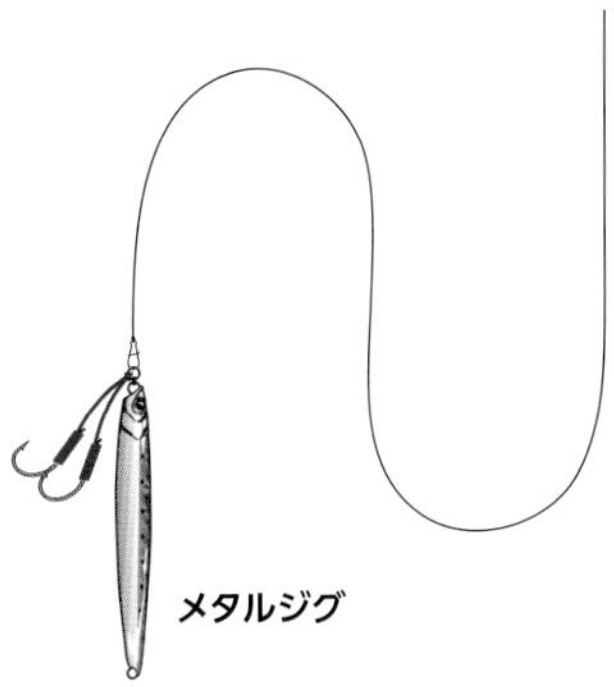
メタルジグ

本書で紹介するルアー釣りは「メタルジグ」という金属製の重みのあるハードルアーをミチイトに結ぶだけというシンプルなもの。

ちょい投げ釣り

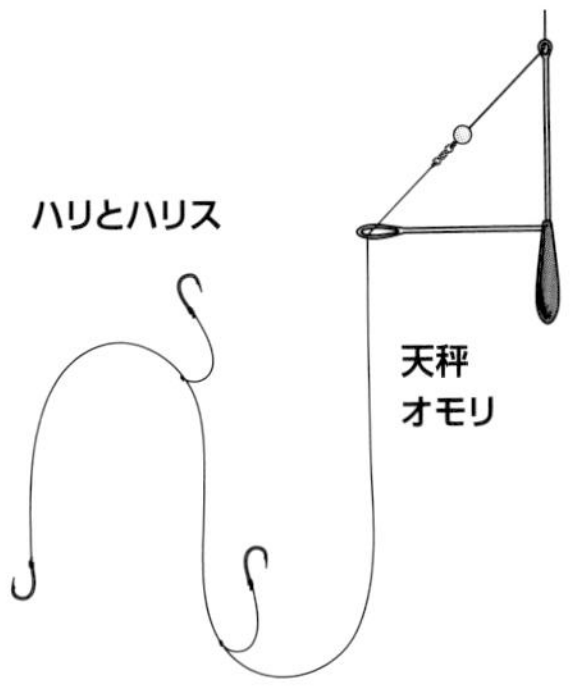
ハリとハリス
天秤
オモリ

ちょい投げ釣りではキャスト時に仕掛けが絡まないように「天秤オモリ」を使い、その先にハリを2〜3本程度つける。

探り釣り

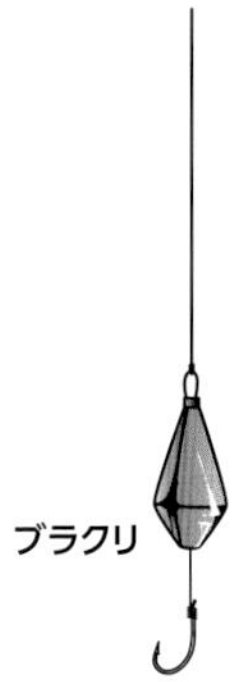
ブラクリ

仕掛けを真下に落とすだけの探り釣りは、仕掛けもシンプル。オモリとハリが一体になった「ブラクリ」をつけるだけ。

ビギナーズメモ
Beginner's Memo

慣れるまでは仕掛けセット一択！

絡まったり、根掛かりするなどして仕掛けを失うことが多いビギナーは、まずはセットになっているタイプを選ぼう。これならつけ替えもラクだし、細かいパーツも付属なので釣り場で困ることがない。

エサはどうするの？

釣りに行く前日に購入できれば安心です

エサは釣り具屋で購入する

道具であればネットショッピングもできるが、エサに限っては基本的に釣り具屋で購入することになる。

釣り場周辺に釣り具屋がなければ、前日までに用意する必要がある。当日入手する場合は、事前にエサの有無や開店時間を確認しておくこと。

虫エサだけは釣りの前日か当日に手にいれる

釣りで一番厄介なのが虫エサの購入だ。冷凍保存できるアミエビや身エサなどは、まとめ買いをして冷凍庫に入れておいてもよいが、虫エサはそうもいかない。購入から1～2日しか持たないので、釣りに行く前日か当日に入手する必要がある。

近所に釣り具店がなく、現地調達をする場合は、そもそも釣り場近くにエサを購入できる店があるのかを確認しておく。また、お店がある場合は開店時間や置いてあるエサの種類などもチェックしておこう。

堤防釣りで使用する主なエサ

堤防釣りで使用するエサは、ルアーを除けば、下の4つがポピュラー。なかでも虫エサのアオイソメは多くの魚にとって好物になる。

アミエビ

サビキ釣りでカゴに詰めたり、コマセ（撒きエサ）として使われる。冷凍されたブロックタイプとチューブに入った常温タイプがある。

虫エサ

写真はアオイソメ

アオイソメやジャリメなど浅瀬や砂地に住む多毛類に属する生物を使うのが一般的。冷蔵保存で1〜2日持つ。

オキアミ

アミエビよりも一回り大きく、ハリに刺して使うことが多い。見た目はエビだが、正確にはオキアミ目に属するプランクトン。

身エサ

サバやサンマ、イカの切り身やアサリのむき身などに集魚効果を高めるためにニオイをつけている。探り釣りなどでよく使われる。

服装はどんなのがいいの？

ライフジャケットを装備して日焼けや防寒対策をします

普段着で問題ないが ライフジャケットはほしい

　磯釣りや船釣りであれば、釣り専用のウェアや靴の方が安心だが、堤防釣りであれば基本的にそこまで気を遣う必要はない。ただライフジャケットは着用してほしい。腰巻きタイプであれば動き回っても邪魔にならないのでおすすめだ。

　それ以外では、季節によって対策をしておこう。海は日陰が少なく、街中よりも風が強いので、春夏であれば肌の露出を抑えて紫外線対策をすること、秋冬であれば厚手のウェアやカイロを用意した方がよい。

腰巻きライフジャケット

ライフジャケットはベストタイプをイメージする人が多いと思うが、堤防釣りでは腰に巻くタイプの方が動きやすくておすすめ。

腰巻きタイプなら動き回ることの多い堤防釣りでも支障がない。また腰に巻くので重ね着をしている冬場でも違和感がない。

春夏は紫外線対策

春夏で気をつけるべきは紫外線。できるだけ肌の露出は避け、帽子は必ず着用しよう。肌が紫外線に慣れていない初夏の頃に1日中屋外にいると肌へのダメージは大きい。

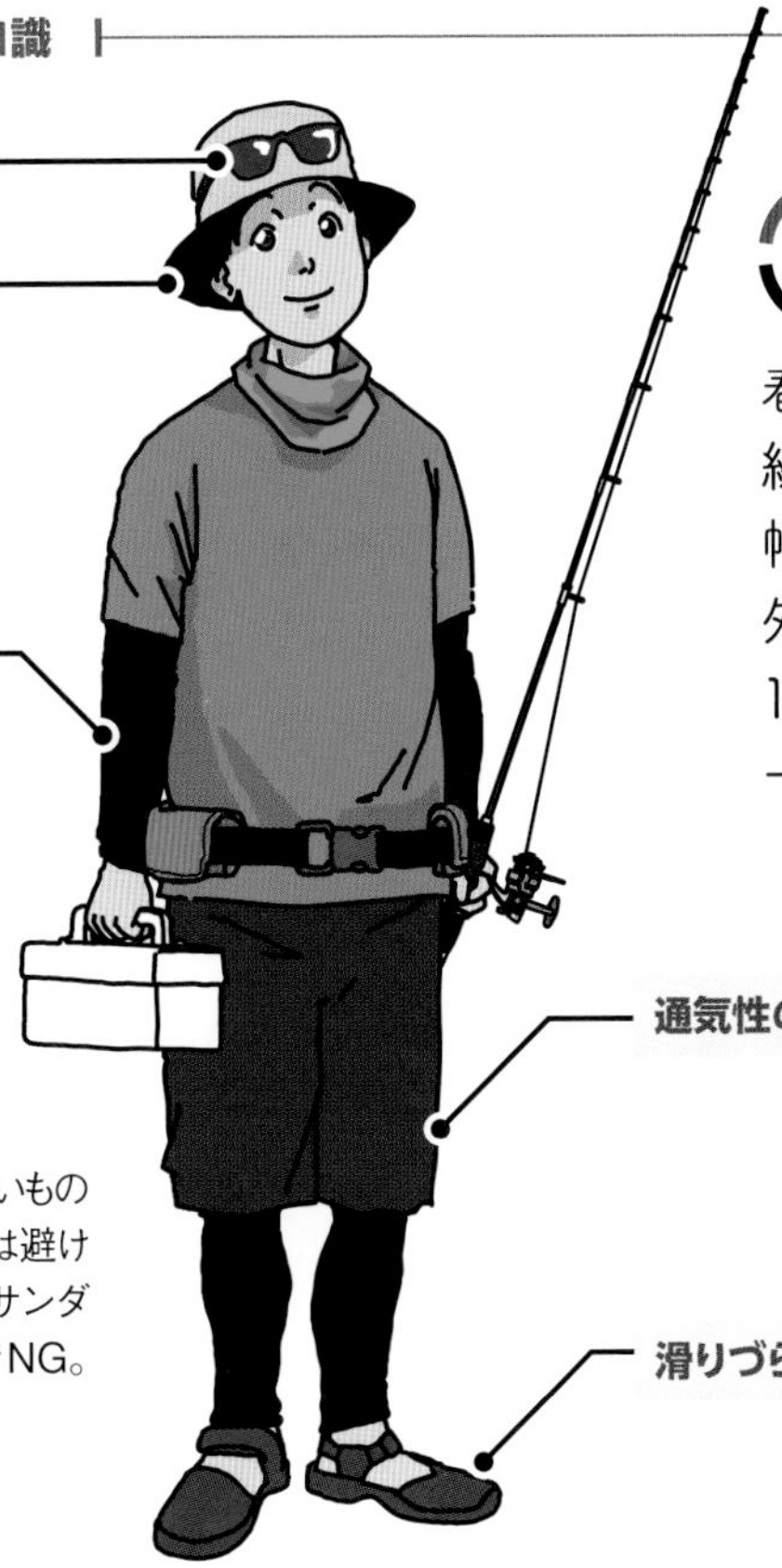
サングラス
帽子
通気性のよい長袖シャツ
通気性のよいパンツ
滑りづらい靴

ウェアは風通しのよいものがよいが肌の露出は避けたい。またビーチサンダルは滑りやすいのでNG。

秋冬は防寒対策

秋冬で気をつけるべきは寒さ。海岸は陸にくらべて遮るものがないので風が強く、それだけ体感気温も下がる。防風性能の高いウェアを着て、カイロも用意しておこう。

ネックウォーマー
手袋
厚手のウェア
厚手のパンツ
ブーツ

強く吹く風は体温を下げるので、風をシャットアウトできる厚手のウェアを選ぶ。またカイロを腰周りに貼っておくのもよい。

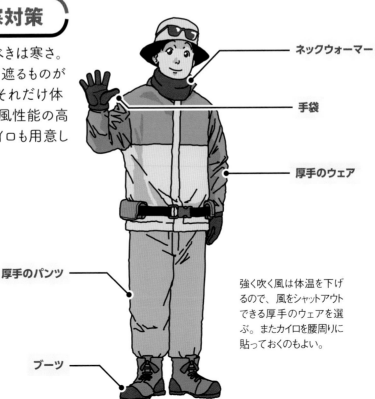

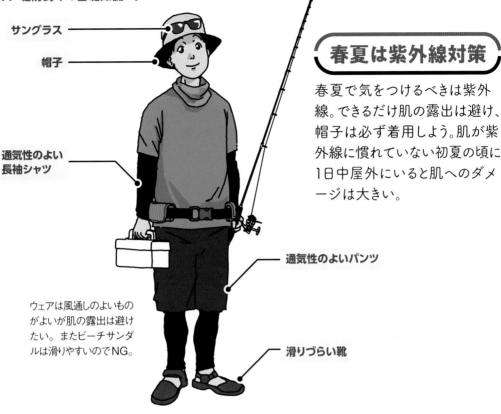

COLUMN 脱 釣りビギナーの道①

ラインの種類と特徴を知る

釣りで使用するラインは、主にナイロンライン、フロロカーボンライン、PEライン、エステルラインの4種類。それぞれの特性を理解するには「ラインの伸縮性」について知っておく必要がある。そもそもラインが伸縮することに驚くかもしれないが、程度の差こそあれ、ラインは伸縮する。そして「伸縮性」と聞くと、高い方がよいと思いがちだが、ラインに関していえば一長一短がある。

ラインが伸縮するということは柔軟性があるのでスプール（リールに巻きつける部分）との馴染みがよく、ライントラブルが少ない。つまりビギナーでも扱いやすい。これがメリットだ。

しかし、柔軟性があるということは衝撃が吸収されてしまうということでもある。底のわずかな地形の変化や、小さなアタリを感じ取ることが難しくなる。つまり感度が鈍いということ。これがデメリットだ。

価格でみると伸縮性が高いラインの方が安価な傾向にあり、万能竿セットで使われているのはほぼナイロンライン。ビギナーであればこれで問題なく、慣れてきたタイミングでPEラインなどにチャンレンジしてみるとよいだろう。ただし感度の高いPEラインとエステルラインは切れやすいため「リーダー」として別のラインを挟む必要がある。リーダーについては次のコラムで解説する。

ナイロンライン

安価で扱いやすく、ビギナー向き。

長所
- 伸縮性が高く扱いやすい
- 結びが容易でライントラブルが少ない

短所
- 感度が鈍い
- 劣化しやすい

フロロカーボンライン

耐摩擦性が高く、主に仕掛けで使われる。

長所
- 耐摩擦性が高く切れづらい
- 比重が高く水中で沈みやすい

短所
- 張りが強くクセがつきやすい
- ラインが太め

PEライン

感度が高く、主にルアー釣りで使われる。

長所
- 伸縮性が低く感度が高い
- 劣化しづらい

短所
- 根ズレによって切れやすい
- 結束が難しい

エステルライン

感度が高く沈みやすい。主にアジングで使われる。

長所
- 伸縮性が低く感度が高い
- 水中で沈みやすく、細い号数を選べる

短所
- PEラインよりも切れやすい
- 結束が難しく絡まりやすい

PART2

堤防へ着いたら

堤防に着いてからの流れを解説。人気の場所になると、週末は多くの釣り人で賑わうことになる。同じ堤防であっても、少しずれるだけで釣果は変わるので、できるだけ釣果の期待できる場所で釣りをしよう。

釣り場を決める

潮の流れや海底の地形が変化する場所が狙い目です

堤防のココをチェック！

魚がいる場所にはある程度傾向がある。ここでは堤防に着いたら、まずチェックすべき場所を解説する。

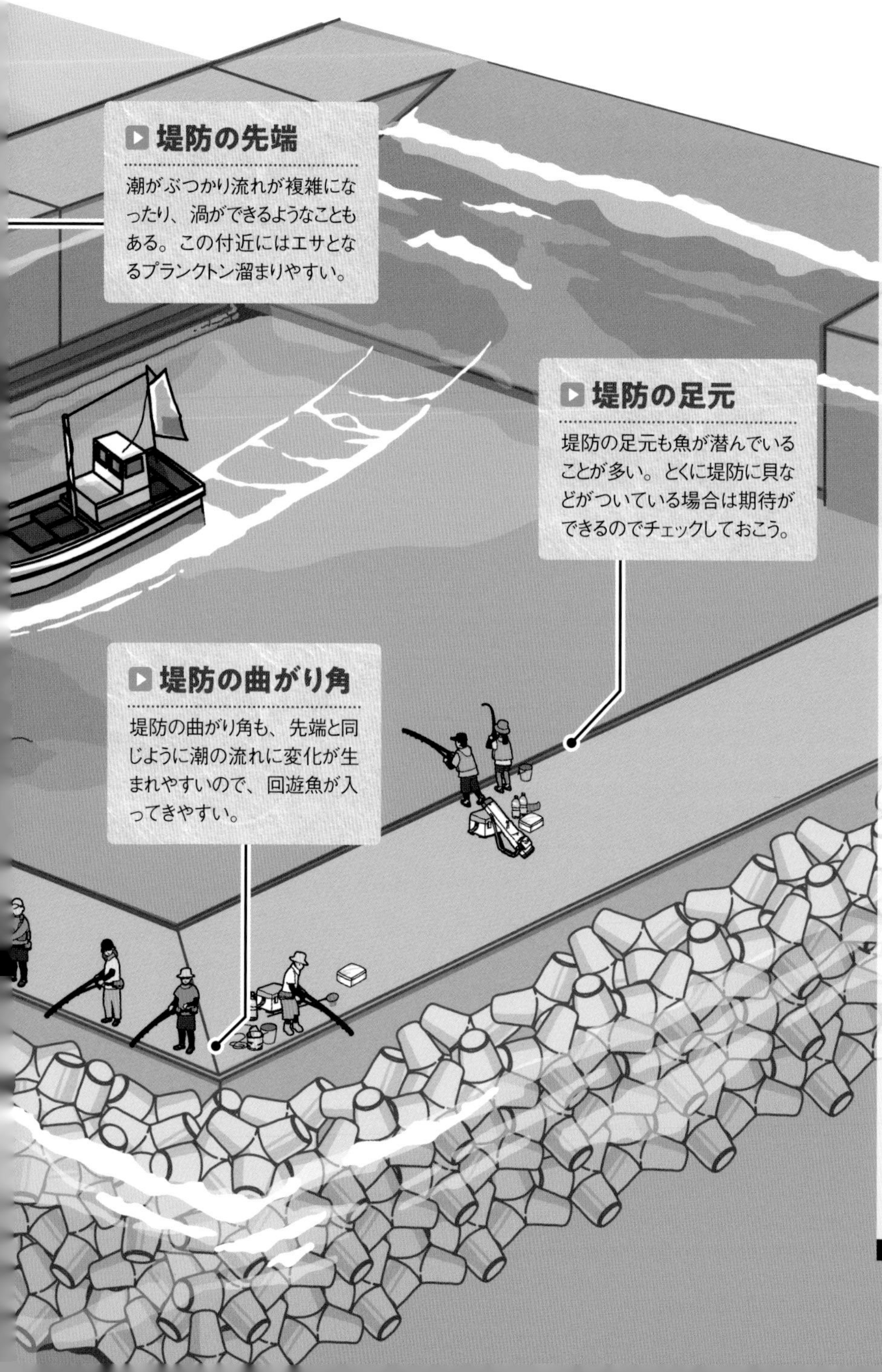

堤防の先端
潮がぶつかり流れが複雑になったり、渦ができるようなこともある。この付近にはエサとなるプランクトン溜まりやすい。
堤防の足元
堤防の足元も魚が潜んでいることが多い。とくに堤防に貝などがついている場合は期待ができるのでチェックしておこう。
堤防の曲がり角
堤防の曲がり角も、先端と同じように潮の流れに変化が生まれやすいので、回遊魚が入ってきやすい。

魚がいそうな場所をイメージしよう

堤防に着いたら、どこに釣り座（釣るための場所、本陣）をかまえるか決めよう。誰もいなければ、場所を変えながら釣りをするのもよいが、混雑する週末などはそうもいかないので、最初の場所選びが重要になる。

回遊魚を狙うなら、沖に突き出た堤防の先がよい。沖から回遊してくる入り口になるし、潮通し（潮の流れ）もよい。またちょい投げで船道のカケアガリも狙える。

根魚を狙うなら、消波ブロックや岩礁帯など魚の棲家となりうるような場所がよい。

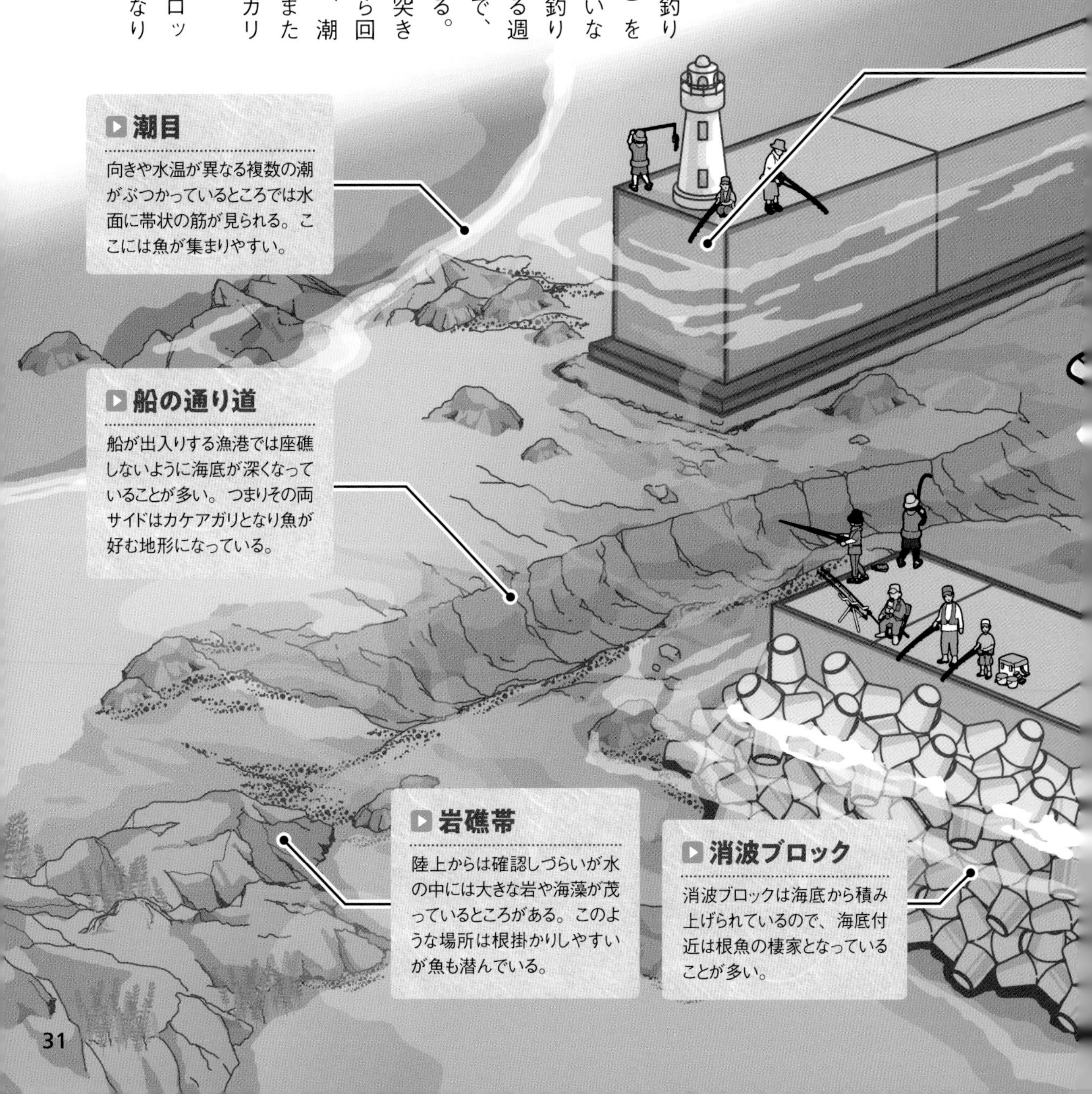
潮目
向きや水温が異なる複数の潮がぶつかっているところでは水面に帯状の筋が見られる。ここには魚が集まりやすい。
船の通り道
船が出入りする漁港では座礁しないように海底が深くなっていることが多い。つまりその両サイドはカケアガリとなり魚が好む地形になっている。
岩礁帯
陸上からは確認しづらいが水の中には大きな岩や海藻が茂っているところがある。このような場所は根掛かりしやすいが魚も潜んでいる。
消波ブロック
消波ブロックは海底から積み上げられているので、海底付近は根魚の棲家となっていることが多い。

竿にリールを取りつけてガイドにラインを通します

竿にリールを取りつける手順

リールシートのナットを緩める
リールフットが入るようにリールシートにあるナットを緩める。

リールシートにリールを差し込む
リールフットをリールシートに差し込んだらナットを締めて固定する。

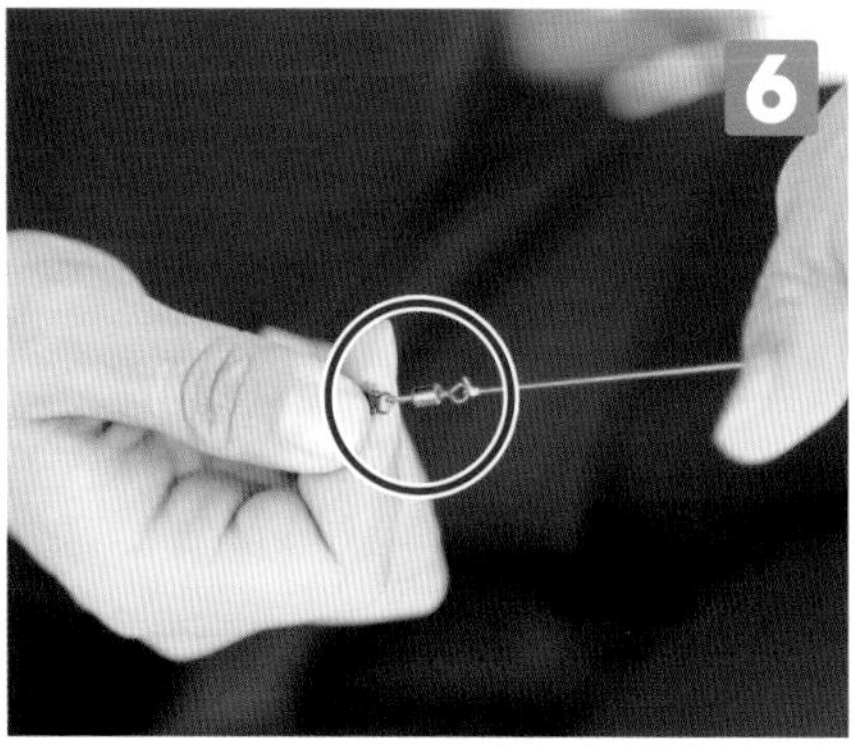

ライン先端にヨリモドシを結ぶ
ラインの先端にスナップつきヨリモドシを結ぶ（結び方はP35参照）

前日にここまでやる！
ラインを結ぶ作業などに不慣れのうちは、前日にこの状態まで済ませると安心。持ち運ぶときはスナップをガイドの根元にかけておく。

焦らずおこなえば難しいことはない

釣り座を決めたら、次は釣り具をセットしよう。ポイントは工程6のヨリモドシを結ぶタイミング。特殊な結び方で、また堤防は風が強いこともあるので、慣れるまではここまでの工程を自宅で済ませてもよいかもしれない。ただし、探り釣りやルアー釣りではヨリモドシを使わないので注意しよう。

また、ガイドにラインを通すときは、ベールアームを上げてラインを出すよりも、ドラグを調整した方がラインが必要以上に出ないので扱いやすい。

釣り場を決めたら、竿にリールをセットする。ポイントはドラグの調整。
ガイドに通すときは緩めて、通したら締める加減を身につけよう。

ラインをストッパーから外す
ラインをストッパーから外し、ベールアームに対して下から上へかける。

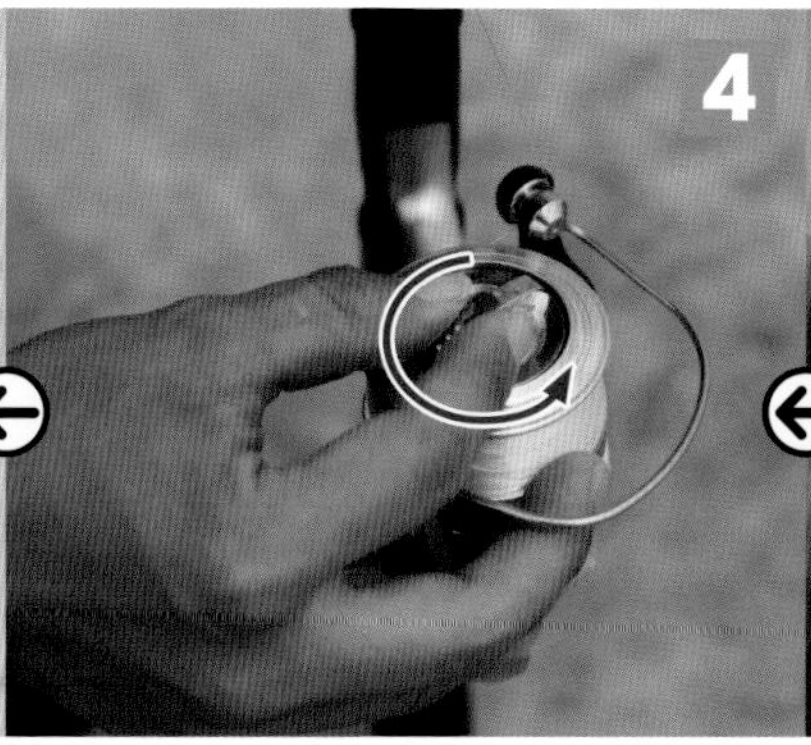

ドラグを緩める
ラインをかるく引っ張れば出る程度にドラグを緩める。

ラインをガイドに通す
ラインを一番下のガイドから順にすべてのガイドに通す。

ロッドを先端から伸ばす
ベールアームを上げたままにしてロッドをひとつずつ先端からしっかり伸ばす。

ガイドがまっすぐかを確認
ガイドがひとつでも曲がっているとラインがスムーズに出ないので注意しよう。

ドラグを締め強度を確認
ドラグを締めたらラインを引っ張り強度を確認。「ジジジ」という音とともにラインが出ればOK。

ビギナーズメモ
Beginner's Memo

ベールアームへラインをかけることを忘れずに！

写真のようにラインをベールアームにかけずにガイドへ通して、ヨリモドシまでつけてしまうミスはビギナーに多い。二度手間になるので注意しよう。

ミチイトの先端にスナップつきヨリモドシを結びましょう

ヨリモドシとは？

ヨリモドシをミチイトの先端につけることで、ラインがねじれたときに回転して仕掛けをまっすぐに戻してくれる。

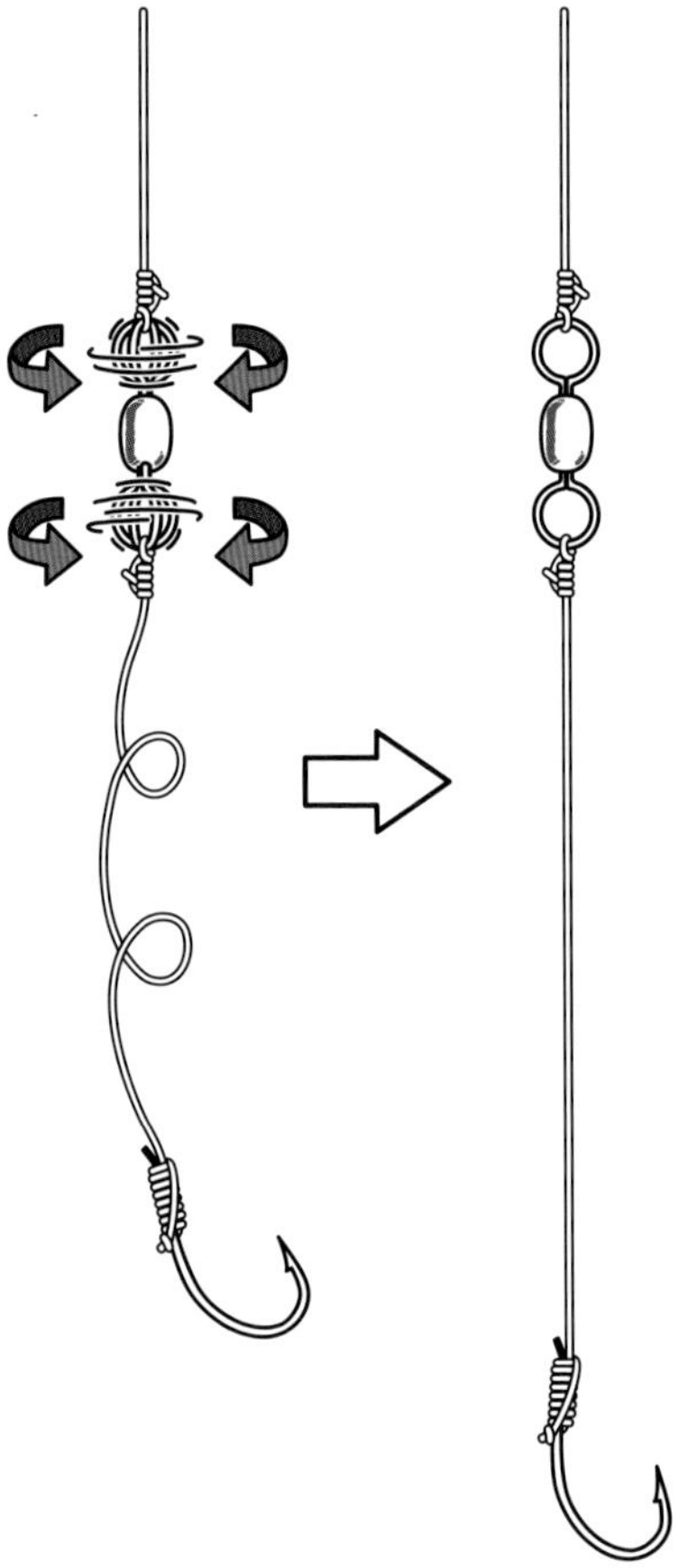

一般的にサビキ釣りやちょい投げ釣りではヨリモドシを使い、探り釣りやウキ釣り、ルアー釣りでは使用しない。

おすすめはコレ

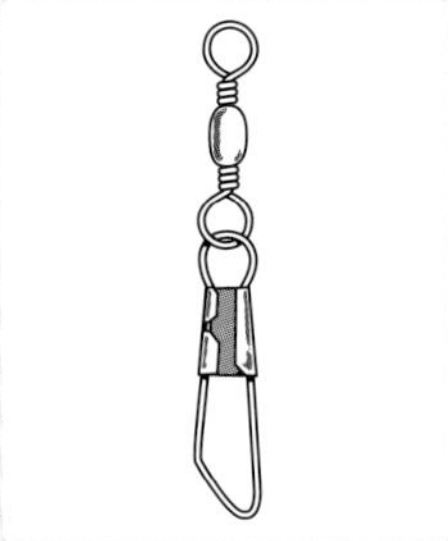

ヨリモドシにワンタッチで仕掛けを付け替えられるスナップがついたものを「スナップつきヨリモドシ」とよぶ。とても便利なアイテムだ。

仕掛けのヨレを防止する優れもの

ヨリモドシはミチイトと仕掛けを接続する金具。キャストしたときに仕掛けがヨレることが多いのだが、ヨリモドシが回転することでまっすぐに戻るようになっている。それにより魚が警戒心を抱かずにエサに食いついてくれるという利点もある。

　ヨリモドシには多くの種類があるが、ビギナーにおすすめなのはスナップつきタイプ。仕掛けセットの多くは、先端にヨリモドシがついているので、スナップをその輪に通すだけで仕掛けの交換がおこなえる。

ヨリモドシとミチイトの結び方（クリンチノット）

ラインの結び方はいくつもあるが、堤防釣りで知っておきたいのはクリンチノット。基本の結び方ともいえるもので、本書ではこれができればすべての釣りを楽しめる。

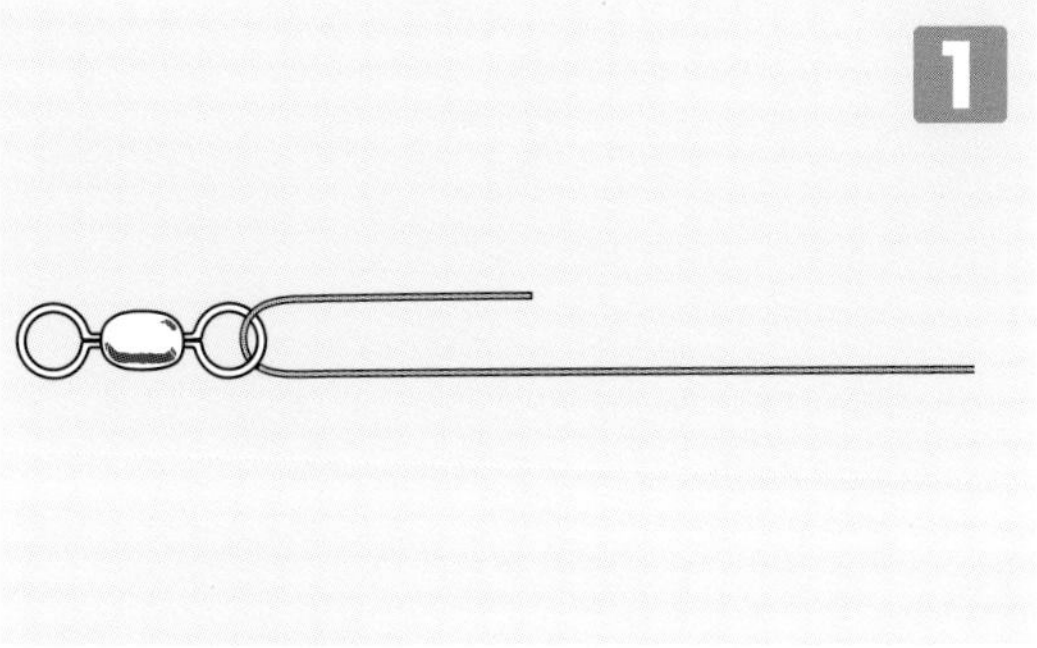

ヨリモドシの輪に通す

リールから出ているミチイトをヨリモドシの先端にある輪に通す。

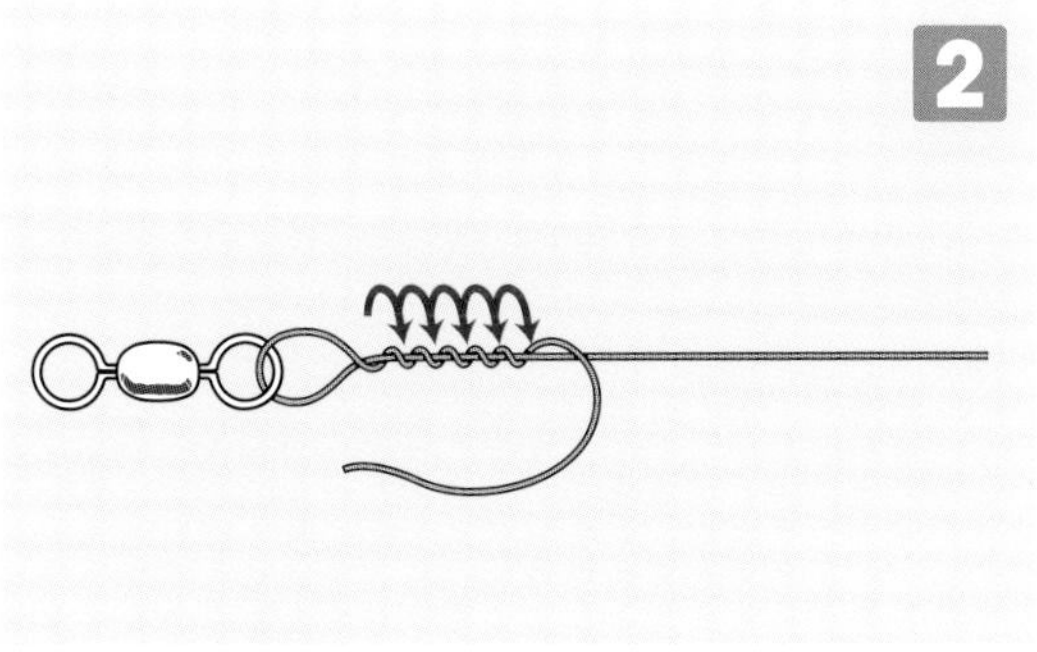

ミチイトに5回巻きつける

ミチイトを伸ばしてテンションをかけた状態にして、5回巻きつける。

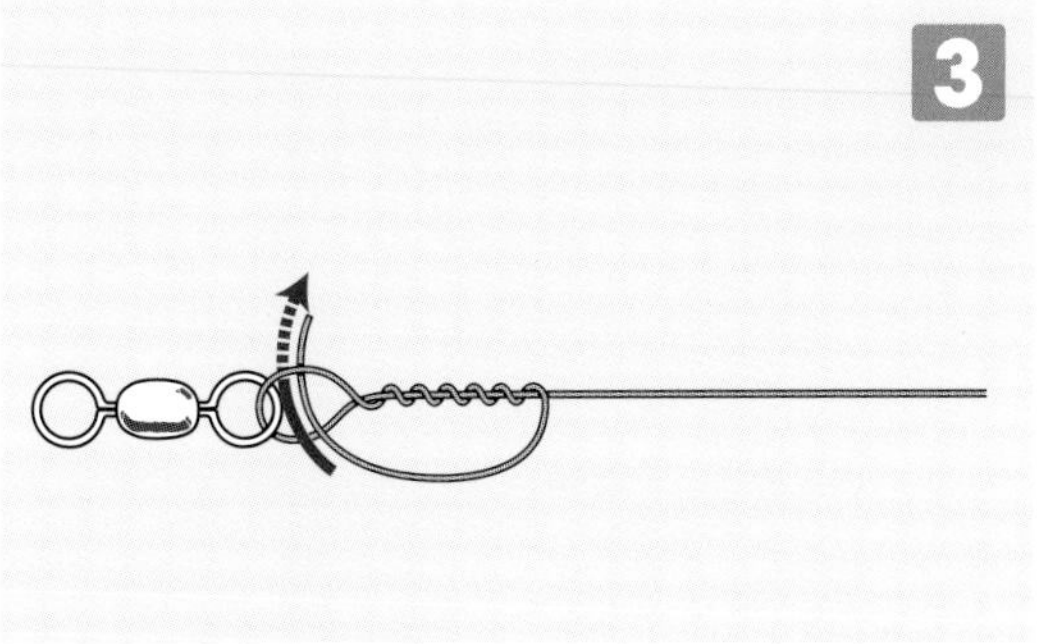

ヨリモドシ側の輪に通す

ラインの先端をつまんで、ヨリモドシ側にできている輪に通す。

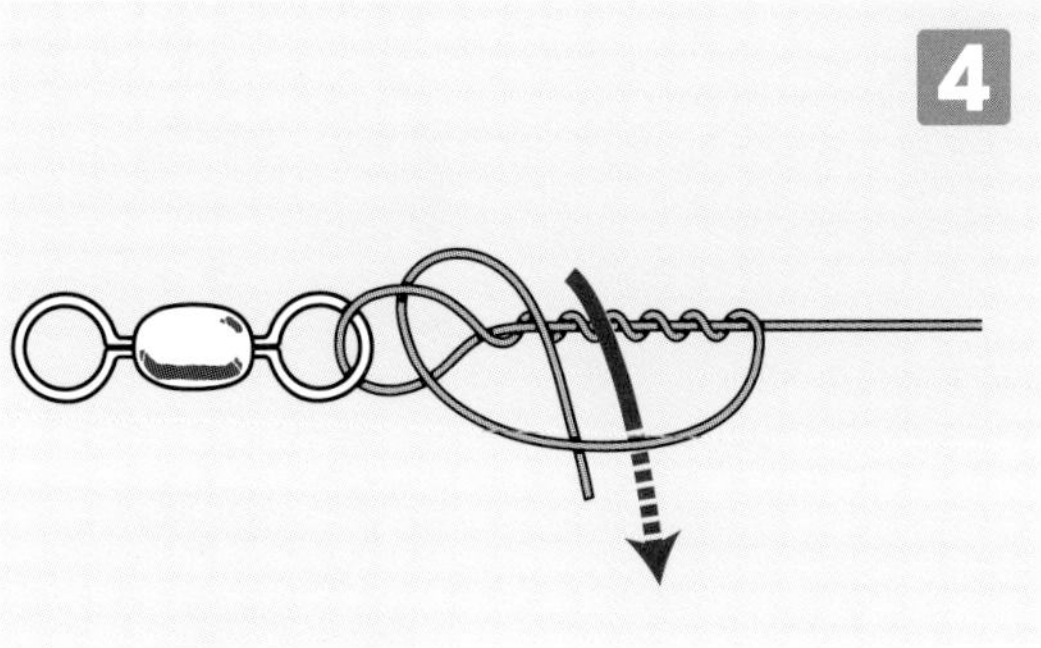

新たにできた輪に通す

③でヨリモドシ側の輪に通すことで、新たに輪ができる。今度はそこに通す。

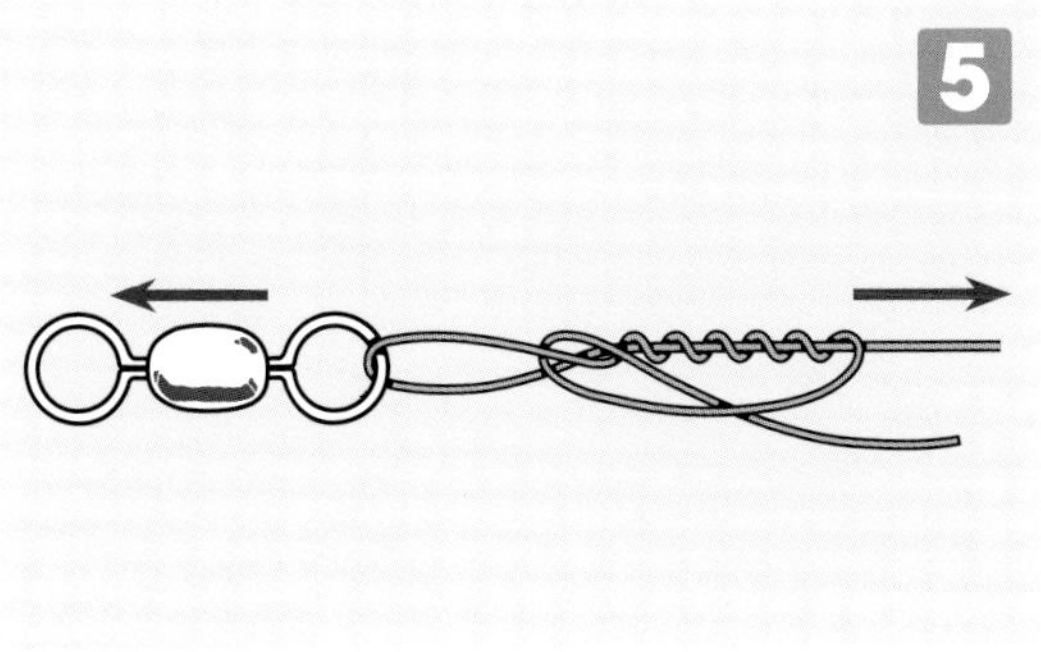

ゆっくりと締める

ヨリモドシ本体とリール側のミチイトをつかみ、ゆっくりと引いて締める。

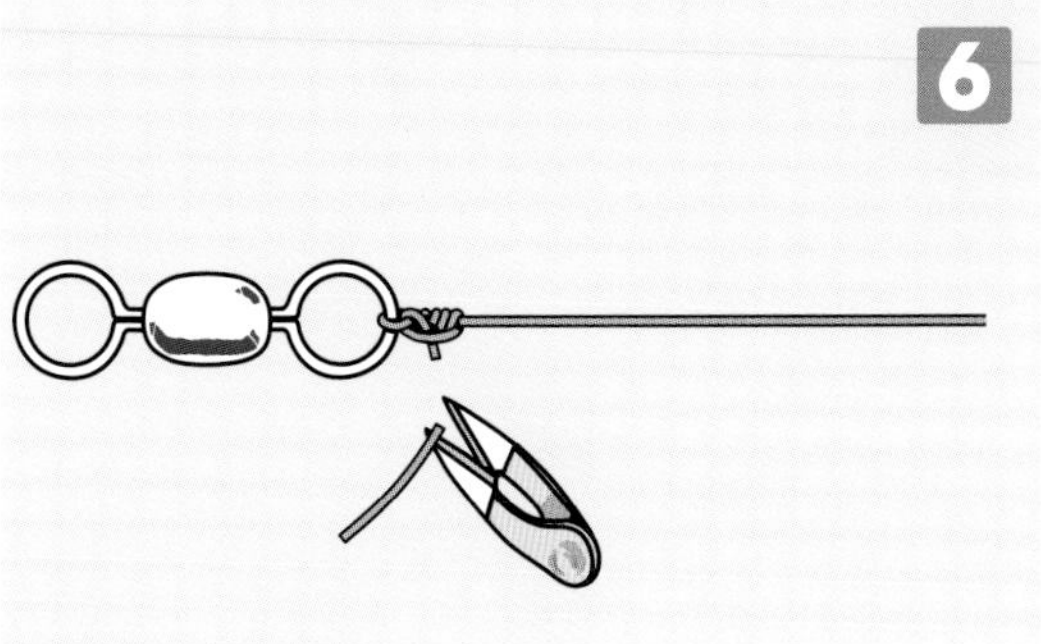

余分なラインをカット

一気に締めると摩擦熱が生じるので、ツバなどで湿らせて最後まで締め、余分なラインをカット。

虫エサつかみを使えば触らずにつけることができます

メインで使うエサは釣り手法ごとに異なる

本書で紹介しているなかで、ハリにエサを刺す釣りは、ちょい投げと探り、ウキの３つ。それぞれメインで使うエサが異なり、ちょい投げ釣りは「アオイソメ」とよばれる虫エサ、探り釣りは「切り身」、ウキ釣りは「オキアミ」を使う。

虫エサはクネクネ動いたり、ハリを刺せば黄色い体液が出てきたりと、慣れるまでのハードルは高い。どうしても抵抗がある人は虫エサつかみを使おう。指先に触れることはあっても、直接つかむことは避けられる。

虫エサつかみを使用する

虫エサを素手で扱うことに抵抗がある人は虫エサつかみを使おう。指にニオイもつかず、噛まれる心配もないのでおすすめ。

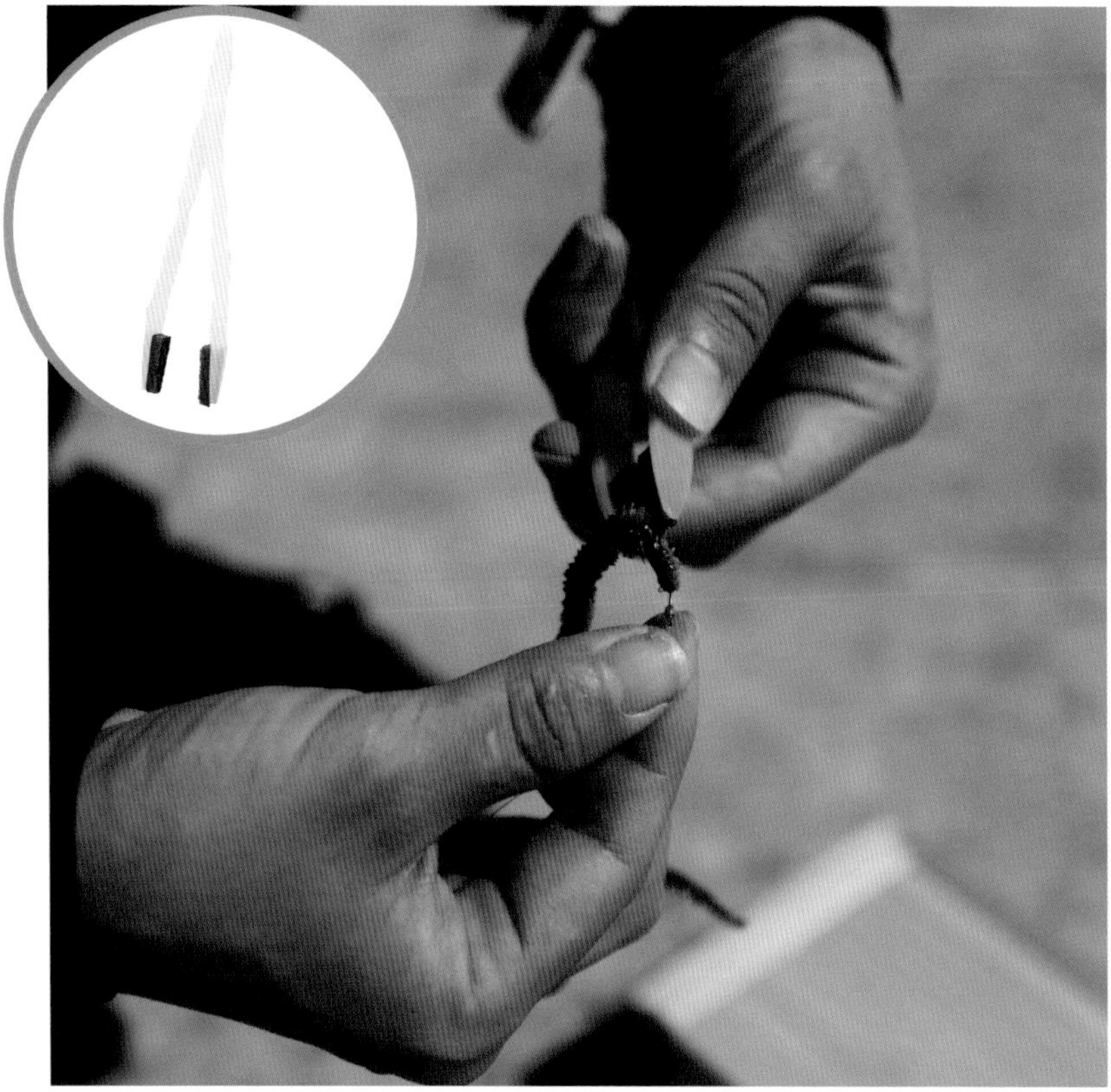

多くのメーカーが虫エサつかみを発売しているが、力を入れずに素手感覚で扱えるようなものがよい。

主なエサのつけ方

エサのハリへの刺し方にはいくつかの方法があるので、ここでは代表的なものを紹介する。これらができるようになれば、堤防釣りで困ることはない。

サバの切り身のちょん掛け

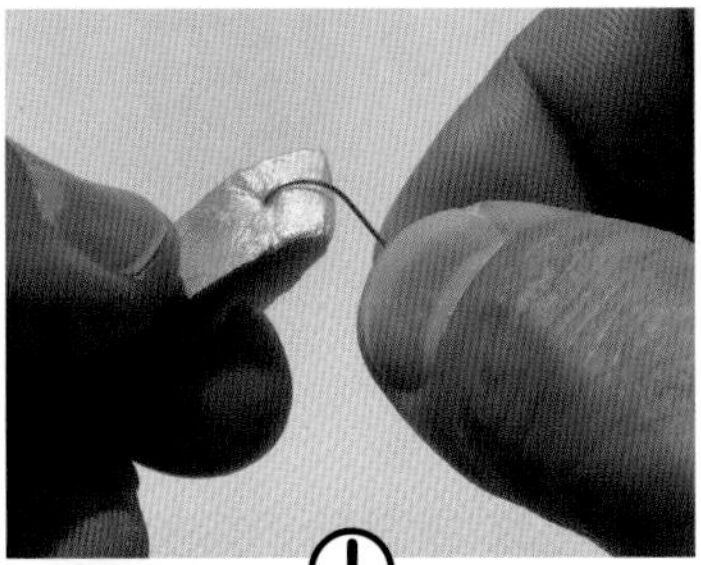

切り身の端の皮目からハリ先を入れる。

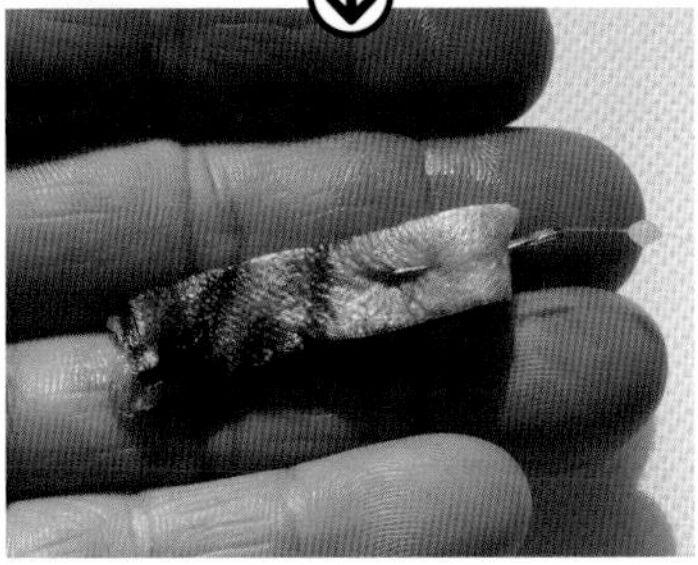

ハリを回し刺して再び皮目から出す。切り身がまっすぐになるようにする。

アオイソメの通し刺し

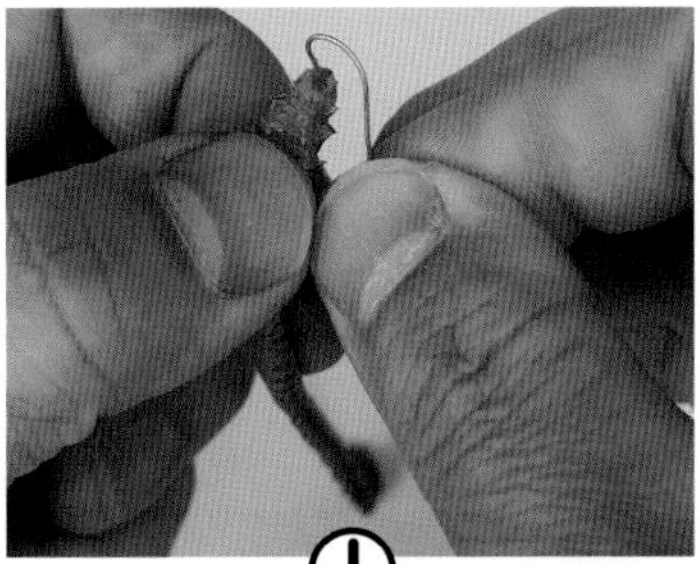

虫エサのポピュラーな刺し方。ハリの根元をつかみ、ハリではなく虫エサをハリに沿って動かす。

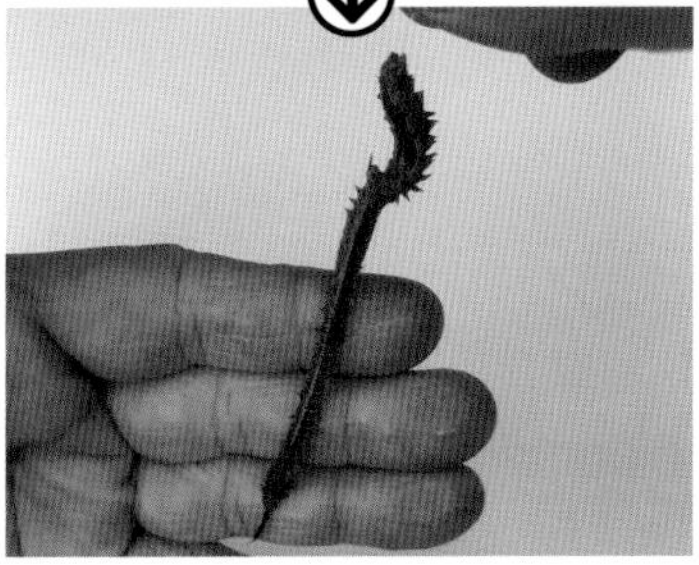

虫エサの胴体に沿ってハリを通していく。

オキアミの腹掛け

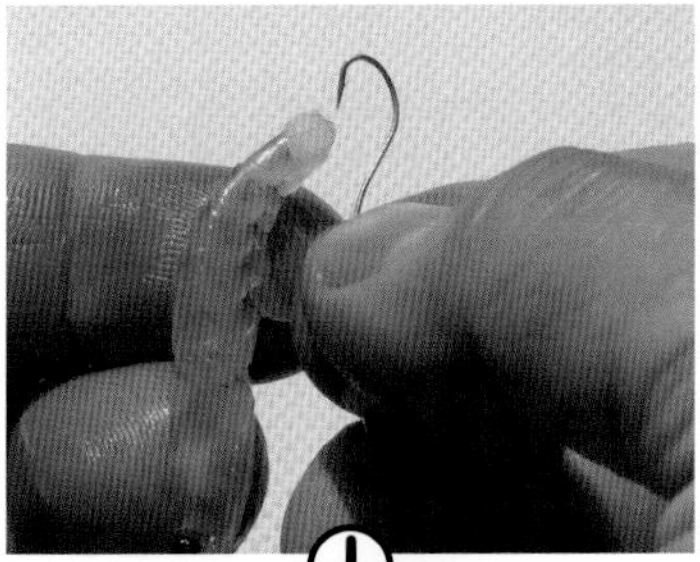

オキアミの尾を切り落とす。

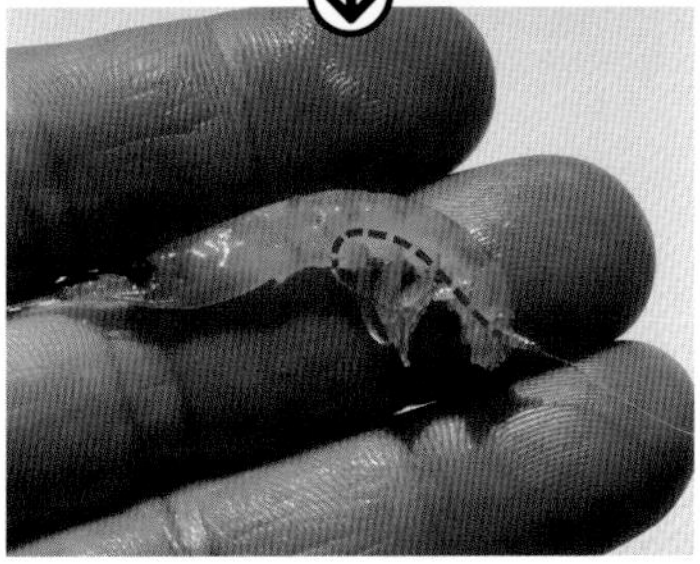

尾からハリ先を入れ、オキアミを動かしハリのカーブに沿わせて刺す。

アオイソメのちょん掛け

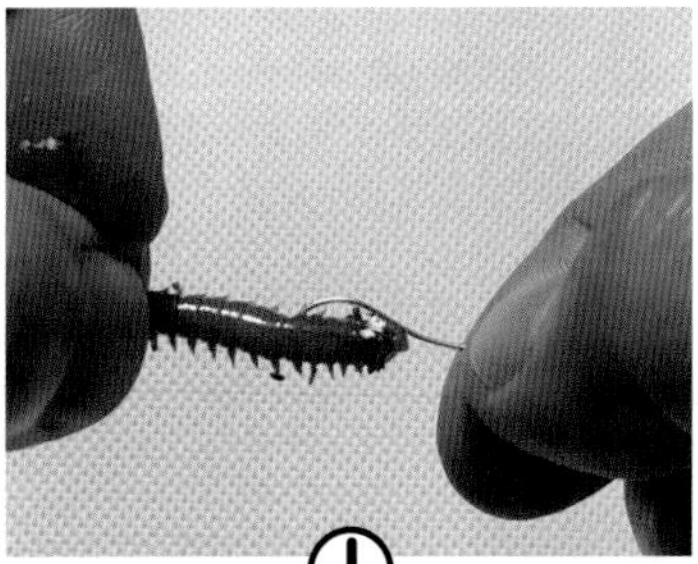

虫エサの頭の横から引っ掛けるようにハリを刺す。

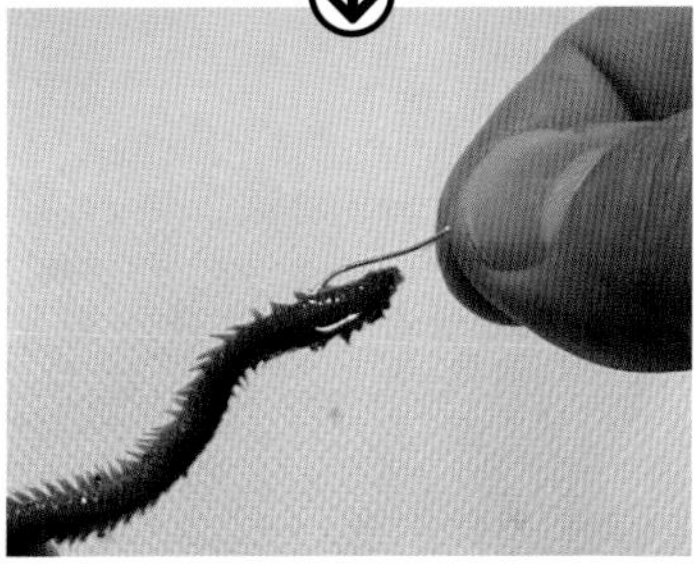

虫エサが自由に動けアピール力が高いが、エサだけをとられやすい。

近くに落とすなら下から ちょい投げなら上からキャスト

距離に応じて3つの投げ方を使いわける

仕掛けを海に投げる方法は主に3つあり、飛ばしたい距離によって使いわける。

1つ目は真下に落とす方法。サビキ釣りや探り釣りで使う。カンタンなのでまずはここで釣り竿の扱いに慣れるとよい。

2つ目は下から投げる方法。近距離を投げるときに使う。うまくなれば着水も静かにおこなえるようになる。

3つ目は上から投げる方法。長距離を投げるときに使う。投げるコツは指をラインから離すタイミングをつかむことだ。

キャスト方法

仕掛けを飛ばすことをキャストという。ここでは堤防釣りでおこなうキャストの種類を紹介する。

方法① 真下に落とす

➡ サビキ釣り、探り釣り

堤防から腕を伸ばして、竿先から真下に仕掛けを落とす。

方法② 下から投げる

➡ サビキ釣り、ウキ釣り、ルアー釣り

5m程度の近くへキャストする場合は、振りかぶらずに下手投げがよい。

方法③ 上から投げる

➡ ちょい投げ釣り、ウキ釣り、ルアー釣り

ある程度の距離を投げる場合は、振りかぶって上投げをする。

方法① 真下に落とす場合

腕を伸ばして真下に仕掛けを落とす。サビキ釣りや探り釣りで使うキャスト方法だ。ポイントは、リールのラインを押さえて仕掛けを少しずつ静かに落とすこと。

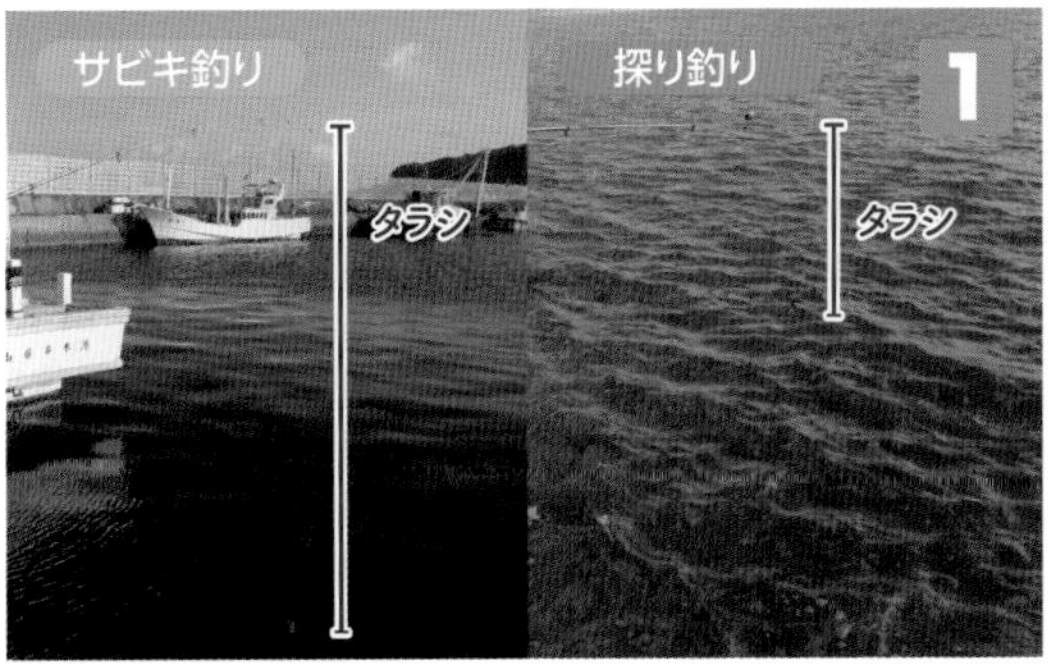

タラシの長さを調整

仕掛けが海面につかない程度にタラシの長さを調整する。

ベールアームを上げる

仕掛けを落とすためにベールアームを持ち上げる。

ラインを押さえておく

ベールアームを持ち上げるときはラインが出ないように押さえながらおこなう。

仕掛けを海面に下ろす

仕掛けを静かに投入したいので海面ギリギリまで下ろす。

仕掛けを落としていく

ラインを押さえて出るスピードを調整しながら仕掛けをゆっくり落とす。

イトフケを巻き取る

狙った棚まで落としたらベールアームを戻してリールを巻いてイトフケを巻き取る。

方法② 下から投げる

仕掛けの下側をつかみ、ラインを張った状態からつかんだ仕掛けを離す。竿がしなり5m程度先に仕掛けをキャストできる。主にサビキ釣りやウキ釣り、ルアー釣りで使われる。

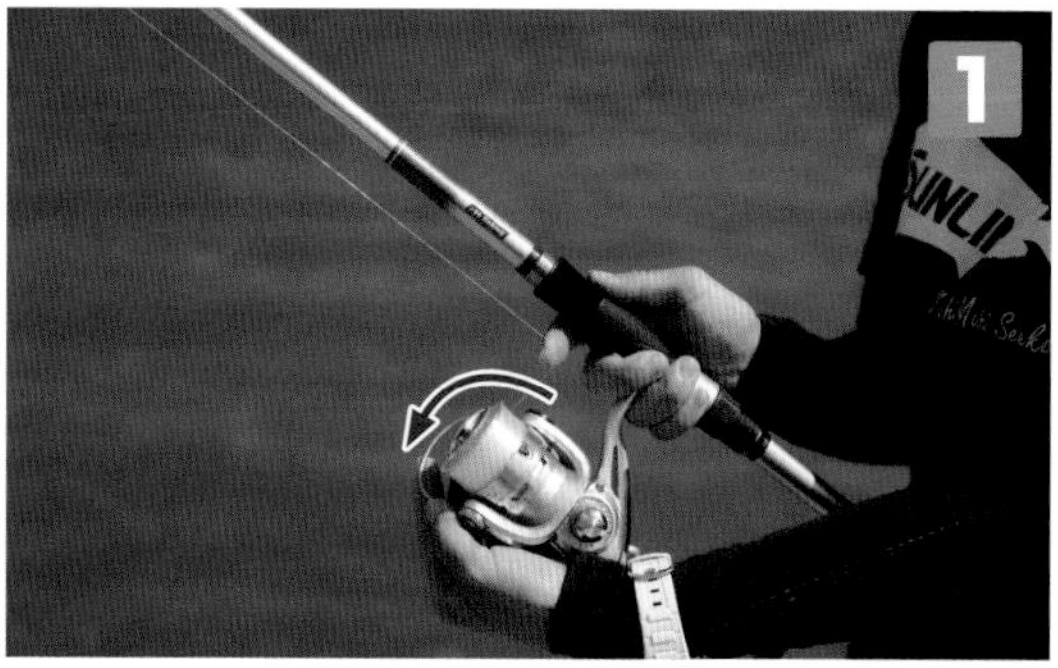

ベールアームを上げる

人差し指をラインにかけてからベールアームを持ち上げる。

仕掛けの下側をつかむ

仕掛けの下側をつかみ、ラインにテンションをかける。

仕掛けを離す

仕掛けをパッと離すことで、竿先がかるくしなりながら仕掛けが飛ぶ。

数m先に仕掛けを落とす

この投げ方で届くのは5m程度。狙ったところにキャストできるようになろう。

ベールアームを戻す

仕掛けが狙った棚まで落としたらベールアームを戻す。

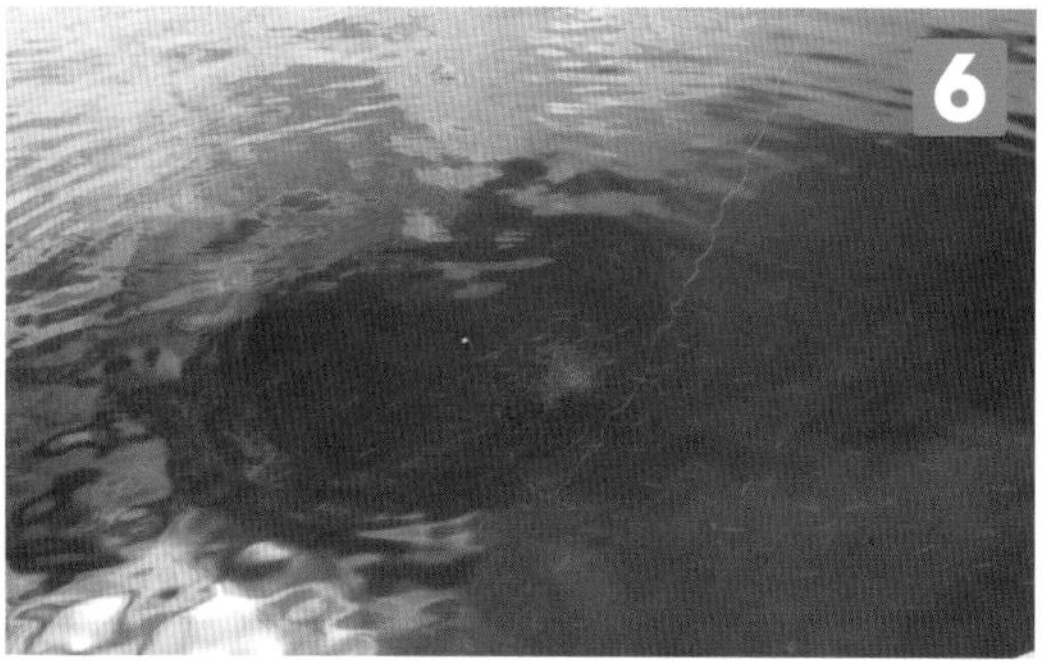

イトフケを巻き取る

たるんだラインを巻き取り、ピンと張った状態を保つ。

方法③ 上から投げる

竿先を背後に回し、肩越しから上投げをする。竿がしなり遠くまで飛ぶことができる。ポイントは腕の力ではなく、オモリの重さを使って遠心力で投げることだ。

タラシの長さを調整
竿先からオモリまでの長さは30cm前後が投げやすい。

ベールアームを上げる
人差し指をラインに掛けてベールアームを持ち上げる。

後方を目視で確認する
ちょい投げをするときは、必ず事前に後方を目視で確認する。

竿を振りかぶる
人がいないことが確認できたら、竿を振りかぶる。

2時の角度で指を離す
腕の力ではなくオモリによる遠心力で投げ、2時の角度で指を離す。

イトフケを巻き取る
狙った棚まで仕掛けを落としたら、リールを巻いてイトフケを取る。

根掛かりの外し方

慌てずにひと呼吸してから冷静に対応しましょう

根掛かりって何？

ハリが海中の岩などの障害物に引っ掛かってしまい、ラインを巻き取ることができなくなってしまう状況を指す。

海底に岩が転がっている場所は根掛かりしやすい。海に残った仕掛けは分解されることがないので注意しよう。

海に残すラインは最小限に留めたい

　ある程度経験を積めば、根掛かりしそうか予測はできるが、だからといって必ずそれを回避できるわけではない。根掛かりはある意味ではつきもの。

　根掛かりは力まかせでは外れない。冷静になり、ハリと逆方向へ動かすことを考える。どうしても外れずにラインを切るときは、手元を切るのではなく、竿と一直線になるように思い切り引く。これで竿に負担をかけずに仕掛けの結び目が解けたり、切れたりするので、海に残るラインを最小限に留められる。

根掛かりの外し方例

どんなに釣りが上手な人でも根掛かりを100％避けることは難しい。ここでは根掛かりしたときに障害物からハリを外すためのやり方を紹介するので覚えておこう。

一旦待つ

力ずくでは根掛かりは外れない。冷静になるためにも一旦竿を持つ手をニュートラルにする。

真上にかるく揺さぶる

根掛かりは手前に引く過程で起こるので、まずは真上に竿先を上げて外れるかを試す。

横方向へ移動する

真上がダメなら横へ動かす。竿だけでなく自分が横に動くことで外れやすくなる。

手元のラインを引っ張る

上も横もダメなときは、手元のラインを引っ張り、強く張った瞬間にパッと離す。瞬間的にラインが緩み外れることがある。

最後は直線的に引く

どうしても外れないときは、ラインと竿を一直線にして引く。仕掛けの結びが解けるか、先端側で切れやすい。ハサミで手元を切るのはNG。

ビギナーズメモ
Beginner's Memo

オモリだけで引き底を探る

はじめての場所で底の状況がわからないときは、ハリをつけずにオモリだけで底の状況を探ってみよう。岩礁帯やカケアガリの有無などを確認できたら上出来だ。

ハリの外し方

トゲのある魚もいるので魚トングを使った方が安心です

安全に釣りをするなら魚トングとハリ外し

海釣りではどんな魚が釣れるかわからない。なかにはヒレにトゲのある魚や、ハリごと飲み込んでしまう魚もいるので、魚トングやハリ外しを用意しておくと安心だ。

また、魚は変温動物なので素手で直接触ると、魚が火傷する可能性があるという。釣った魚をリリースすることも考えると、できるだけ魚トングを使いたい。

フォーセップなどのハリ外しは、ハリごと飲み込んでしまうカサゴのような魚を釣り上げたときに重宝する。

魚トングがあれば安全につかめる

海釣りでは狙った魚が釣れるとは限らない。ときには、トゲや毒のある予期せぬ魚が釣れることもあるので、魚トングは常備したい。

「フィッシュグリップ」ともよばれる魚トングは、釣りに行くときは必ず常備しておきたいアイテムのひとつだ。

魚からハリを外す方法

アジやイワシなど口の柔らかい魚はすぐに外すことができるが、なかには口の硬い魚やハリごと丸呑みしてしまう魚もいるので、ハリ外しも常備しておきたいアイテムになる。

飲み込んでいる場合

1

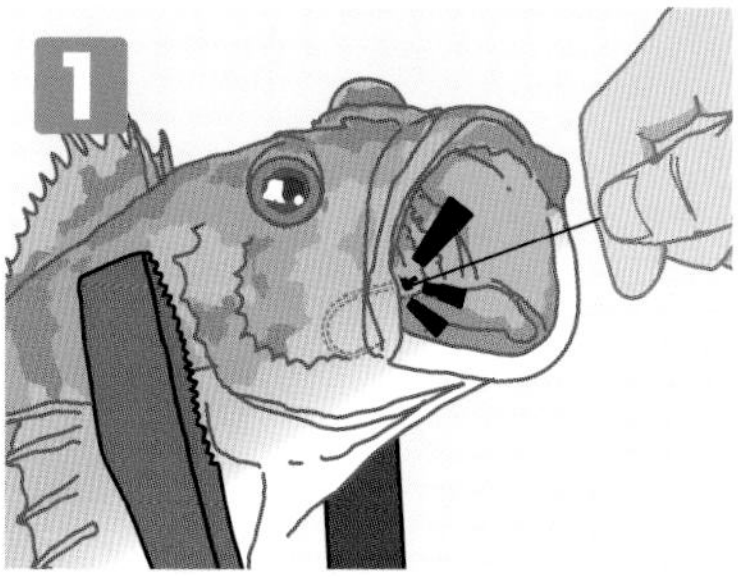

魚トングで釣り魚をしっかりとつかみ、ハリの所在や向きを確認。

2

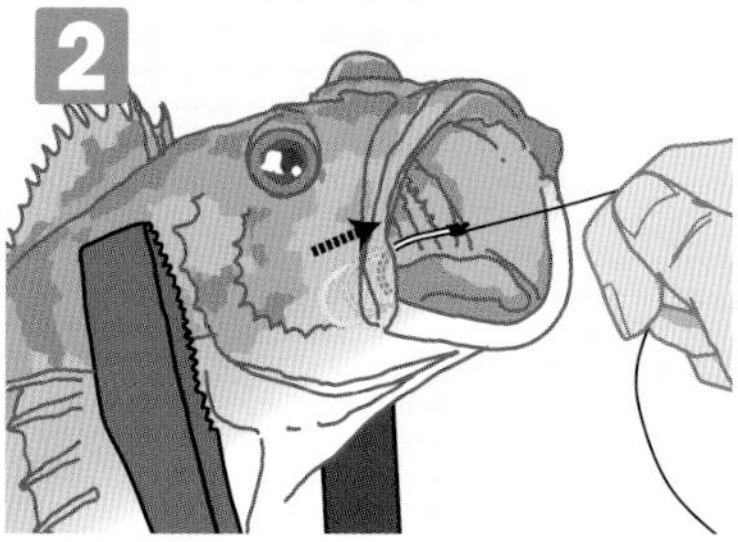

ハリが見えない場合は、ハリが見えるところまでハリスを引っ張る。

3

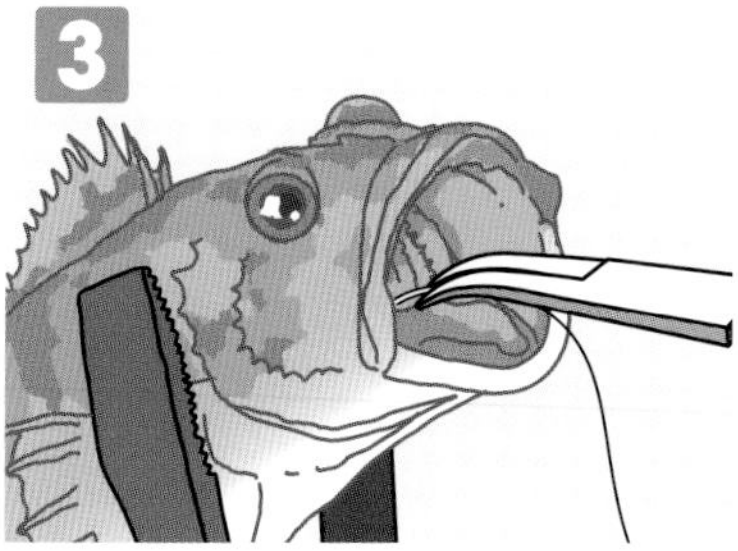

フォーセップなどを使って、ハリの根元をつかむ。

4

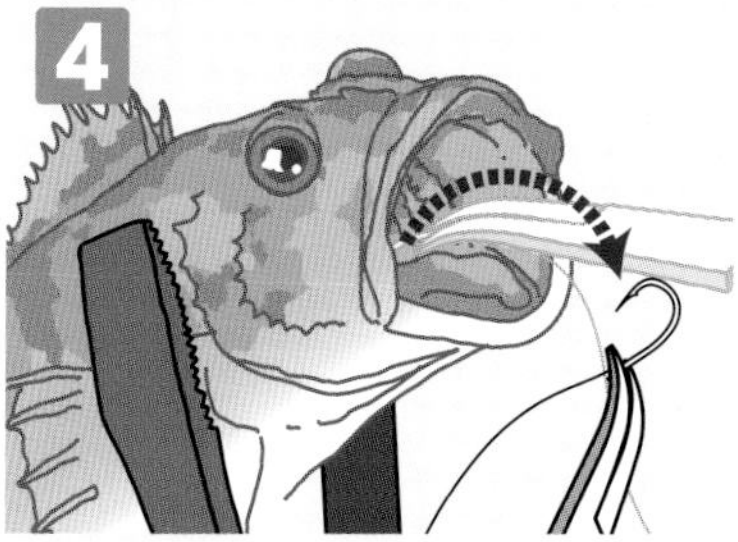

ハリ先とは逆方向へ弧を描くように動かして、ハリを外す。

口元にかかっている場合

1

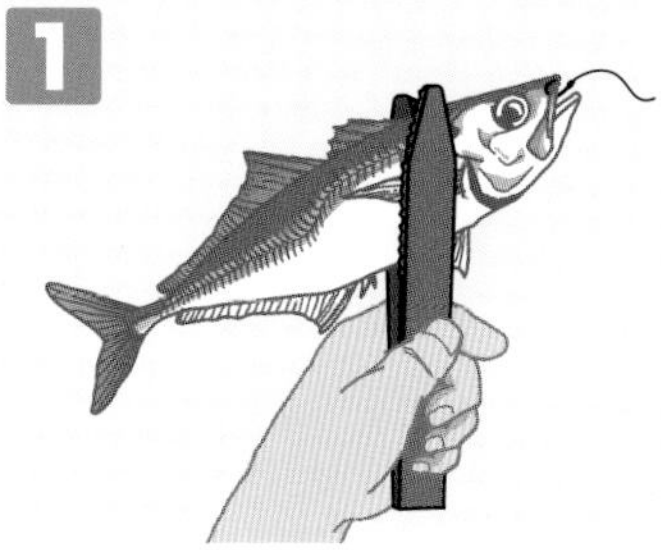

魚トングで釣り魚をしっかりとつかみ、ハリの向きを確認。

2

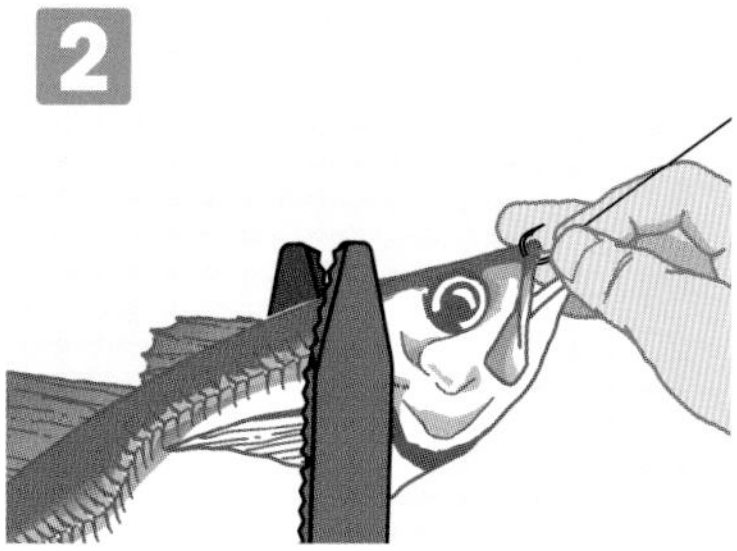

利き手の親指と人差し指でハリの根元を正確につかむ。

3

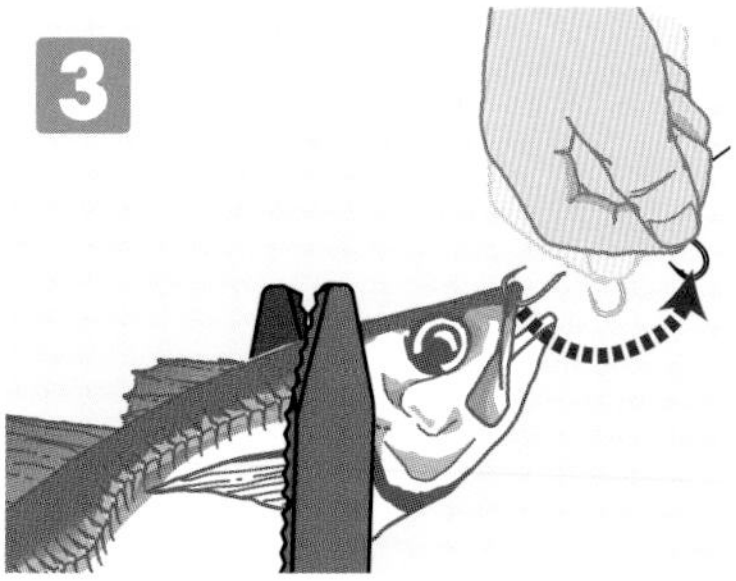

ハリ先とは逆方向へ弧を描くように動かす。

4

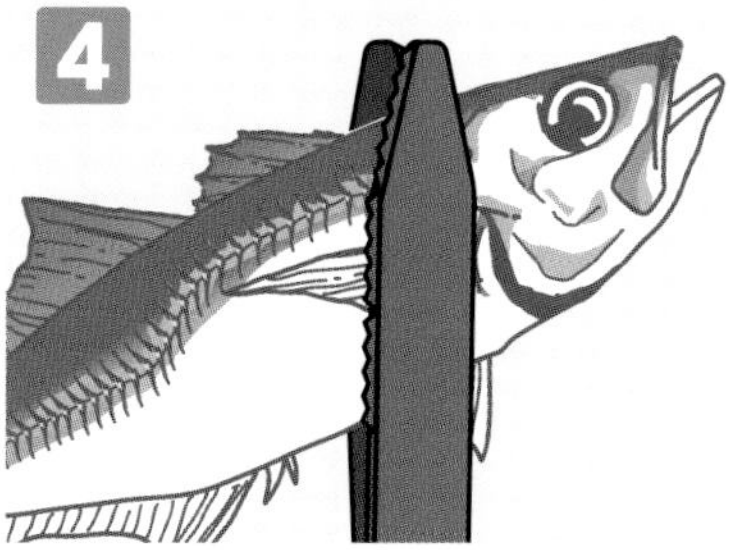

ハリをつかめる場合は、このやり方で外すことができる。

釣りのマナー

誰もが気持ちよく釣りができるように心がけましょう

大前提として釣りOKなのか確認

残念なことに、釣り人のマナーの悪さから釣りが禁止される漁港が年々増えてきているのが実情だ。

一部エリアのみOK、またはルアー釣りは禁止というような場合もあるので、各自治体HPや案内板などで釣りが許可されているか確認しよう。

謙虚さを忘れずに釣りを楽しもう

残念なことではあるが、釣り人のマナーが悪いために釣りが禁止となる漁港が年々増えている。路上駐車やゴミのポイ捨て。係留された船にラインを絡ませたり、ラインを外すために係留船に飛び乗ったり。釣り人口が増えるにつれて、このような横暴な振る舞いが目につくようになってきたという。

これからはじめる人にとっても迷惑な話だが、この現状を理解して、誰もが不快な思いをせず楽しめるように、マナー遵守を心がけてほしい。

守るべきマナー

釣りのマナーといっても「環境に配慮する」、「他人に迷惑をかけない」といった一般社会でも当たり前のこと。だが近年はマナー悪化の流れもあり、改めてここで解説する。

隣の人と間隔を空ける

交通の便がよい堤防は週末になると混むことがある。キャスト時に周囲の人にハリが掛かるという事故も起きているので、ビギナーの方はとくに注意してほしい。

ゴミは持ち帰る

釣り人にとってはたまに訪れる堤防であっても、そこに住む地元住民がいることを忘れてはいけない。来たときよりもキレイにするくらいの心持ちでいてほしい。

通路いっぱいに荷物を広げない

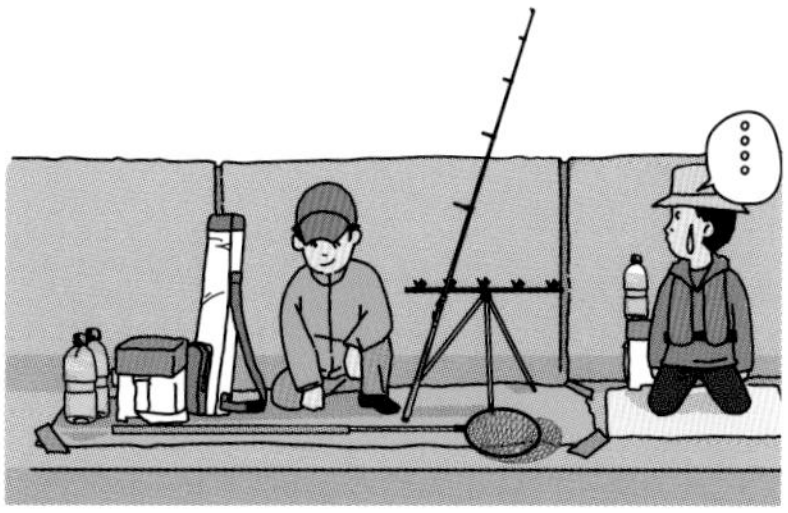

周囲の人が歩けなくなるほど荷物を広げてしまうのもNG。手の届く範囲にできるだけコンパクトにまとめよう。

ライフジャケットを着用する

自己責任とはいえ、万が一水難事故が起こったら、それ以降その堤防は釣り禁止になってしまうことも考えられる。自分のためでもあり、周囲の人のためにもライフジャケットを着用しよう。

大勢で来て騒がない

まれに音楽を流しながらグループで釣りをする人がいるがこれは大迷惑。堤防は限られたスペースなので、できるだけ少人数で訪れてほしい。

漁船の邪魔をしない

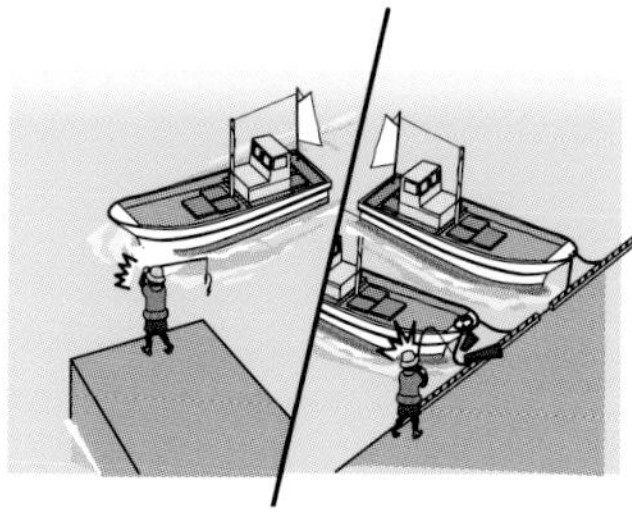

漁港で釣りをする場合は、漁船の邪魔をしないことを第一優先に考える。船が通るときはキャストしないのはもちろんのこと、係留船のロープに仕掛けを引っ掛けないように注意しよう。

COLUMN

脱

釣りビギナーの道②

高感度ラインにはリーダーが必須

本書で紹介しているサビキ釣りや探り釣り、ウキ釣りはナイロンラインで不自由はしないが、ちょい投げ釣りやルアー釣りでは、経験を重ねていくと不便さを感じてしまうことがあるかもしれない。

ナイロンラインは伸縮性が高いので扱いやすい反面、感度が低い。そのため、ちょい投げ釣りで仕掛けを着底させたときに「トン」と手元に伝わる感覚を得られないことや、ルアー釣りで小さなアタリを感じ取りづらいことがある。そのようなことから経験者の多くはちょい投げ釣りやルアー釣りでは、PEラインを使っている。

PEラインは伸縮性が低いので感度が極めて高い。小さな振動も手元にしっかり伝わるため、海底の変化にも気づきやすい。釣果を上げるには、感度の高さはとても重要になる。

しかしPEラインには、結束強度と耐摩擦性が低いというデメリットがある。特殊な結び方で正確に締めなければ、仕掛けが解けて海中にルアーをロストしたり、海中の岩などに擦れてしまうとラインがすぐに切れてしまう。

そこで、これらデメリットを補うために、PEラインやエステルラインを使うときは仕掛けの手前にリーダー（ショックリーダーライン）として、ナイロンラインやフロロカーボンラインを挟む。結束強度や耐摩擦性のあるこれらラインを挟むことで、強い負荷がかかってもラインが解けず、また岩に擦れてもラインが切れづらくなるのだ。

ミチイトであるPEラインとリーダーであるナイロンラインやフロロカーボンラインは「FGノット」で結ぶとよい。これは結束強度が極めて高い結び方なので解けづらい。だが正確に結ばなければ、その効果を発揮できずに解けてしまうので注意が必要。「FGノット」については次のコラムで解説する。

PEラインとリーダーを使用した仕掛け例

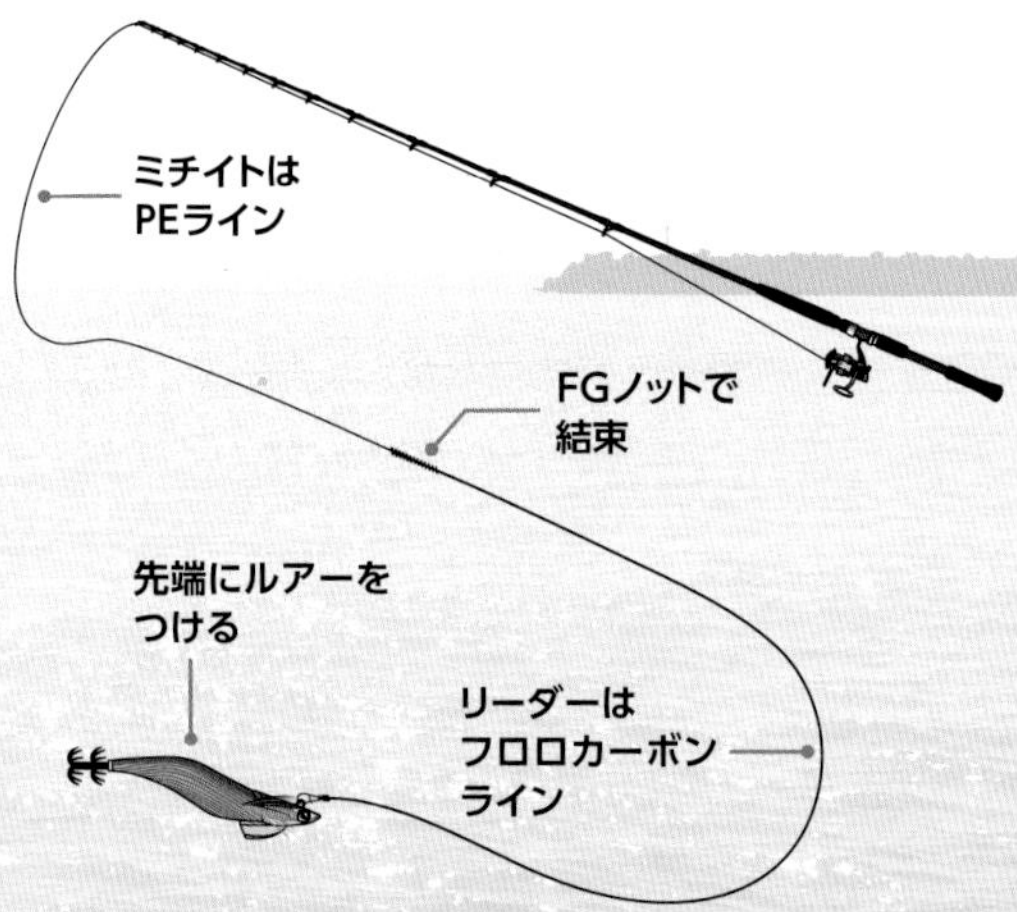
ミチイトは
PEライン
FGノットで
結束
先端にルアーを
つける
リーダーは
フロロカーボン
ライン

PEラインやエステルラインを使用するときは、ルアーや仕掛けとの間にリーダーを挟み、高感度ラインの弱点である結束強度や耐摩擦性の低さを補う必要がある。

PART3

たくさん釣れる！
サビキ釣り

多くの擬似バリがついた仕掛けを使うサビキ釣り。アジやイワシ、サバなどの回遊魚が足元まで入ってきたタイミングでおこなえれば、誰でもたくさん釣り上げることができるため、はじめての堤防釣りでおすすめだ。

ひとつの仕掛けに多くのハリがついているので数を狙えます

サビキメインだとしても別の仕掛けも用意する

家族で行く堤防釣りで定番なのがサビキ釣りだ。虫エサを必要としないし、竿を遠くまで投げることもしない。カゴにアミエビを詰めて、下に落とすだけ。こんなにカンタンなのに、回遊魚がタイミングよく入ってきたら、たちまち入れ食いとなる魅力的な釣り。

しかし回遊魚が入ってこないとまったく釣れなくなってしまう。そのためサビキ釣りがメインであっても、探り釣りなど別の仕掛けを用意しておくとよいだろう。

サビキ釣りの特徴

群れをなす回遊魚が堤防付近まで入ってくれば、サビキ仕掛けを垂らすだけで入れ食い状態になることもある。

特徴① 一度にたくさん釣れる

ひとつの仕掛けにおよそ5～8本のハリがついているため、群れをなす回遊魚が入ってきたら、竿を垂らすだけで複数釣れる可能性が高い。

特徴② 虫エサが苦手な人も楽しめる

サビキ釣りは、仕掛けの上か下についたカゴの中にアミエビというエサを詰めておこなうので、虫エサに抵抗がある人でも楽しめる。

特徴③ 回遊魚がいないと釣れない

海中で拡散したアミエビには小型回遊魚を集める効果があるが、それでも堤防付近に入ってきていないと釣果はあまり期待できない。

サビキ釣りの対象魚

対象魚は表層から中層の回遊魚がメイン。地域によって多少違いはあるがアジやイワシ、サバが定番になる。

対象魚	1月	2月	3月	4月	5月	6月	7月	8月	9月	10月	11月	12月
アジ	△	△	△	△	○	○	○	○	○	○	○	△
イワシ	○	○	○	○	○	○	○	○	○	○	○	○
カワハギ	△	△	△	○	○	○	△	○	○	○	△	△
キュウセン	△	△	△	△	△	○	○	○	○	○	△	△
サバ	△	△	△	△	○	○	○	○	○	○	○	○
メジナ	○	○	○	△	△	△	△	△	△	△	○	○

※上記は関東エリアにおける釣果目安です。

アジ

イワシ

カワハギ

キュウセン

サバ

メジナ

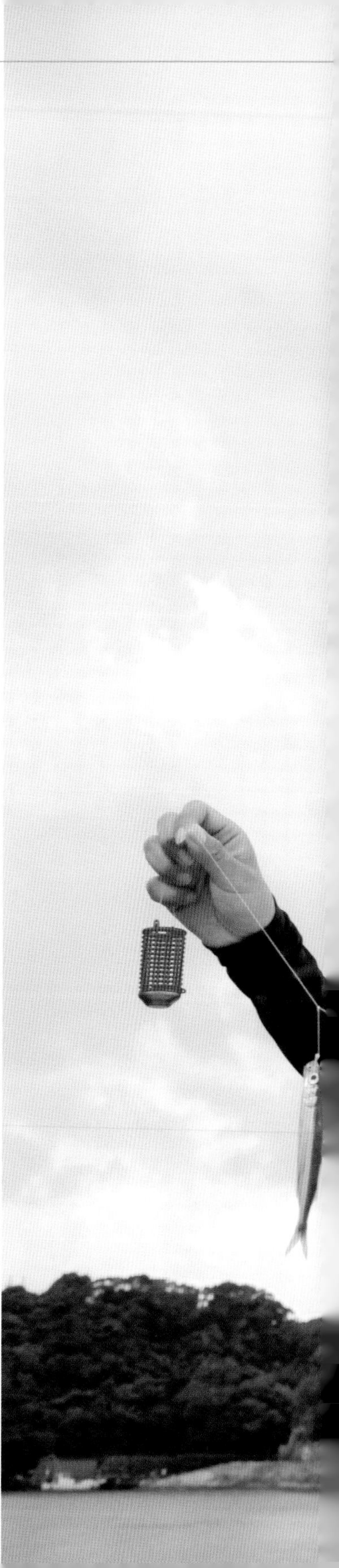

サビキ釣りのポイント選び

回遊魚が入ってきそうな場所と棚を狙うことが大切です

回遊してくる時間を狙い撃ちしたい

サビキ釣りの人気は高いが、回遊魚が入ってこないと釣れないため、受け身の釣りともいえる。魚が回遊するタイミングは、1日1回夕マズメのときだったり、朝夕の2回だったりと、場所や時期によって異なるため、地元の人に聞いてみるのもよいだろう。

基本的には表層にはイワシや小サバが泳ぎ、アジは中層から深層にいる傾向がある。狙う場所は水深があり潮通しのよいところ。夜間なら常夜灯が当たる場所にも集まりやすい。

サビキ釣りの対象魚泳層イメージ

サビキ釣りは、堤防の足元からすぐに深くなっているような場所が適している。また魚サイズは深層になるほど大きくなる傾向がある。

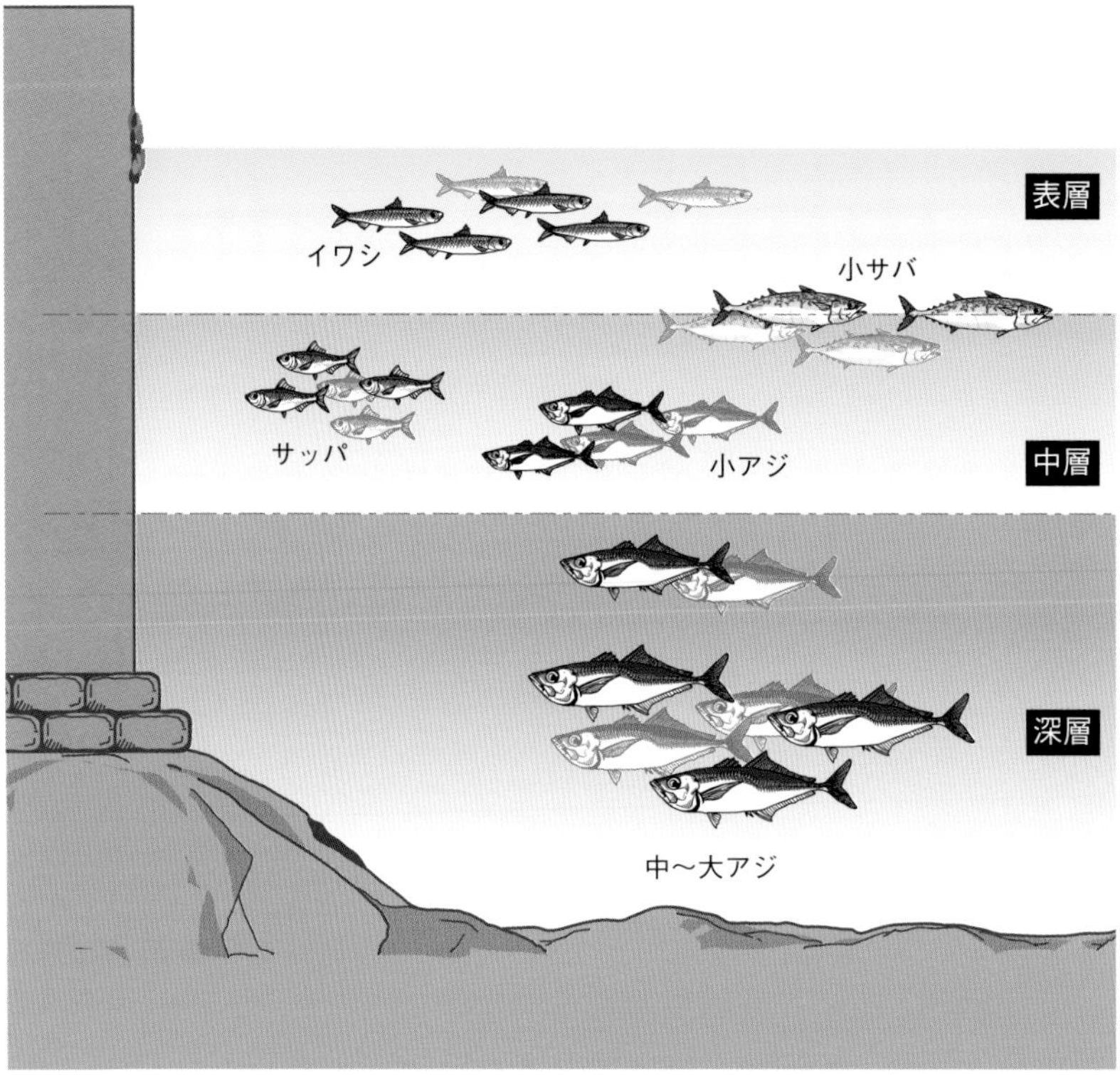

一般的にイワシや小サバは表層から中層を泳ぎ、
アジは中層から深層にいることが多い。

サビキ釣りのおすすめポイント

回遊魚は一つの場所に留まることがないため、堤防付近まで回遊してきたときがサビキ釣りのタイミング。そのため回遊しそうな場所を見極めることが重要になる。

おすすめポイント①

足元から深い堤防

沖に突き出た堤防や沖に浮かぶ海釣り施設など、足元から水深のある場所の方が小型回遊魚は入ってきやすい。

おすすめポイント②

潮通しのよい外向き堤防

潮の流れのない内向きの堤防では回遊魚も入りづらい。そのため、基本は潮通しのよい外向き堤防がよい。

おすすめポイント③

堤防の先端や曲がり角

堤防の先端や曲がり角は、潮通しがよいだけでなく、潮の流れが変化しやすくエサとなるプランクトンが溜まりやすい。

おすすめポイント④

夜間の常夜灯周り

夜間サビキ釣りをする場合は、常夜灯周りが断然おすすめ。光にアジやイワシが寄ってくることが多い。

小さなカゴに詰めたエサが拡散して魚を集めます

ビギナー向け サビキ釣りの仕掛け

サビキ釣りの仕掛けは、複数のハリがついているため仕掛けが長い。そのため慣れるまでは仕掛けが絡まないよう扱いに注意する。

ハリには
エサをつけない!

下カゴ=「関西式」　上カゴ=「関東式」

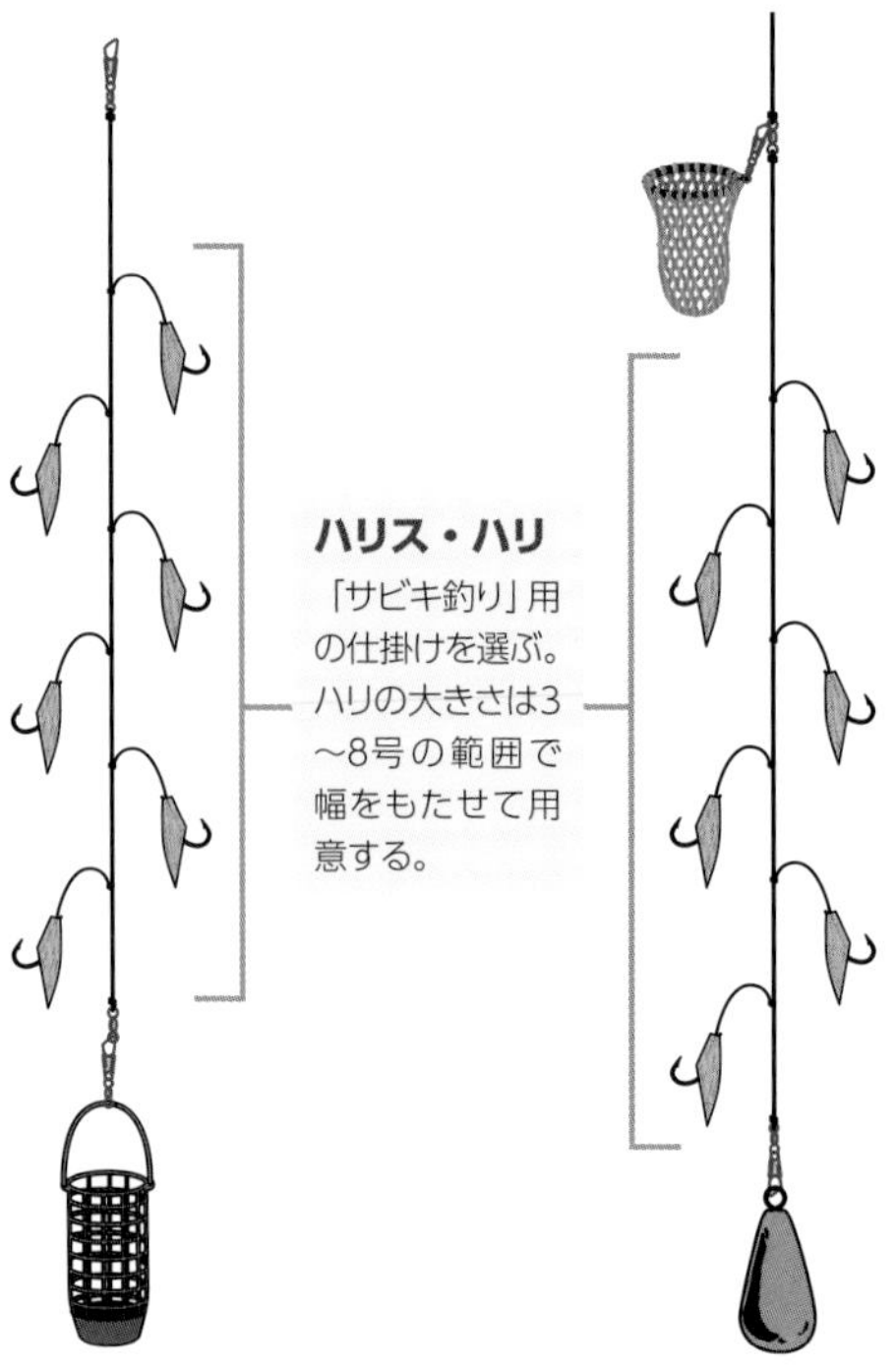
ハリス・ハリ
「サビキ釣り」用の仕掛けを選ぶ。ハリの大きさは3～8号の範囲で幅をもたせて用意する。

まずエサが一気に拡散され、そこにハリを落としていく。魚が表層にいるときに有効。

エサがハリに向かって落ちていく。比較的魚が深層にいるときに有効。

おすすめはこのタイプ

ソフトアミエビ
ピンク
下カゴ式
職
サビキ
セット

下カゴ式はカゴにエサを詰めるのもラクなのでビギナーにおすすめ。

仕掛けはひとつに絞らずバリエーションをつける

サビキ釣りの仕掛けで一番気にかけたいところはハリのサイズ。対象魚となるアジやイワシは口が小さいのでハリが大きすぎるとかからないことがある。

また、ハリには一般的なハリに魚の皮をつけた「ハゲ皮」やゴム素材をつけた「スキン」とよばれる擬似バリを使う。どちらが優れているということはなく、両方持っておくと、食いが悪いときに変更できるのでよい。カゴの上下についても、一長一短あるので両方持っておくとよいだろう。

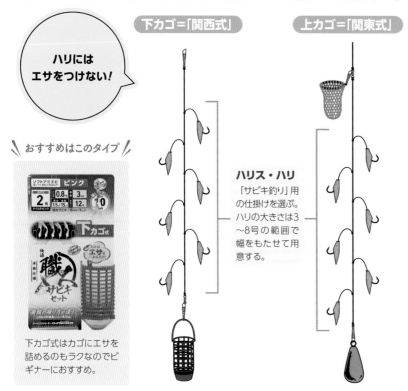

仕掛けを選ぶポイント

サビキ釣りの対象魚となるアジやイワシは口が小さいためハリサイズが大きすぎるとかからないことがある。そのためハリサイズは幅をもたせて用意しておくこと。

ポイント①
上カゴタイプはオモリが必要

カゴを上につける場合は、仕掛け最下部にナス型オモリをつける。仕掛けセットならオモリも付属されている。重さの目安は5号を基準に、潮の流れが速いときは7～8号、遅いときは3～4号の3サイズあれば間違いない。

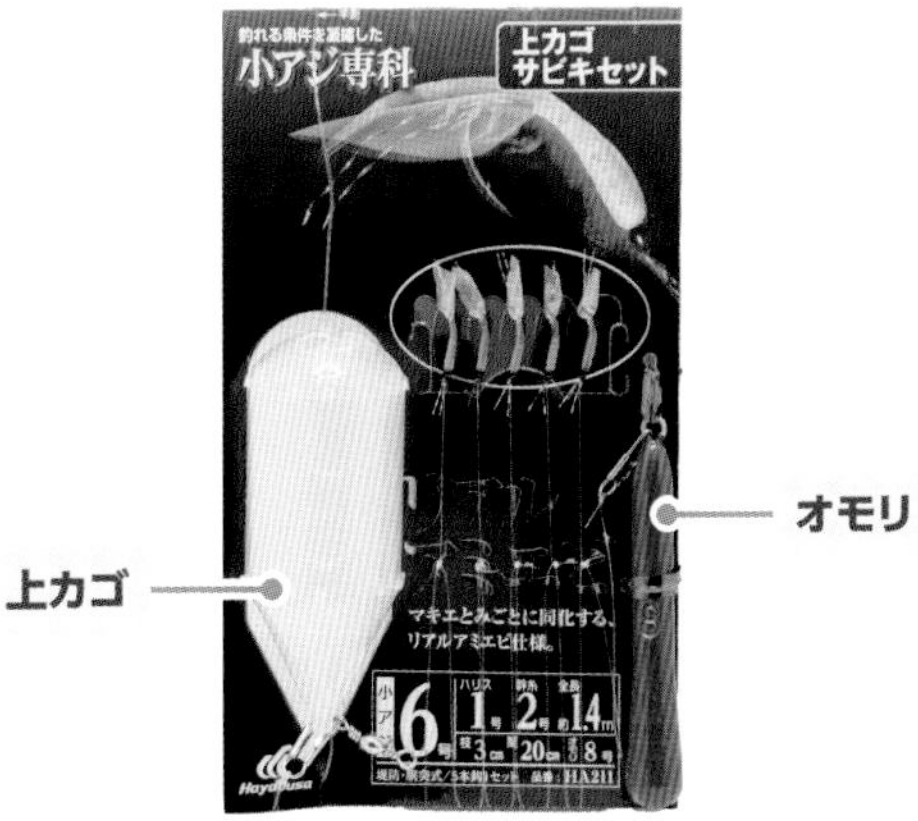

ポイント②
下カゴタイプはオモリ一体型

カゴを下につける場合は、カゴとオモリが一体型になったものを選ぶ。仕掛けセットなら、通常一体型のカゴがついている。重心が最下部になるためビギナーにも扱いやすい。

ポイント③
ハリのサイズは幅をもたせる

両隣は釣れているのに自分だけ釣れないというときは、ハリサイズが合っていないことが多い。そのため5号を基準に3～8号あたりを揃えておき、食いのよいサイズを使おう。

時期によるハリサイズの目安（対象魚：アジ）

春	豆アジ（7cm前後）	3～4号
夏	小アジ（12cm前後）	5～6号
秋	中アジ（17cm以上）	7～8号

ポイント④
擬似バリの種類も複数用意

擬似バリには多くの種類があるが、一般的にはカワハギの皮を使った「ハゲ皮」やサバの皮を使った「サバ皮」、ゴム素材を使った「スキン」が定番。食いが悪いときにつけ替えられるように複数用意しておく。

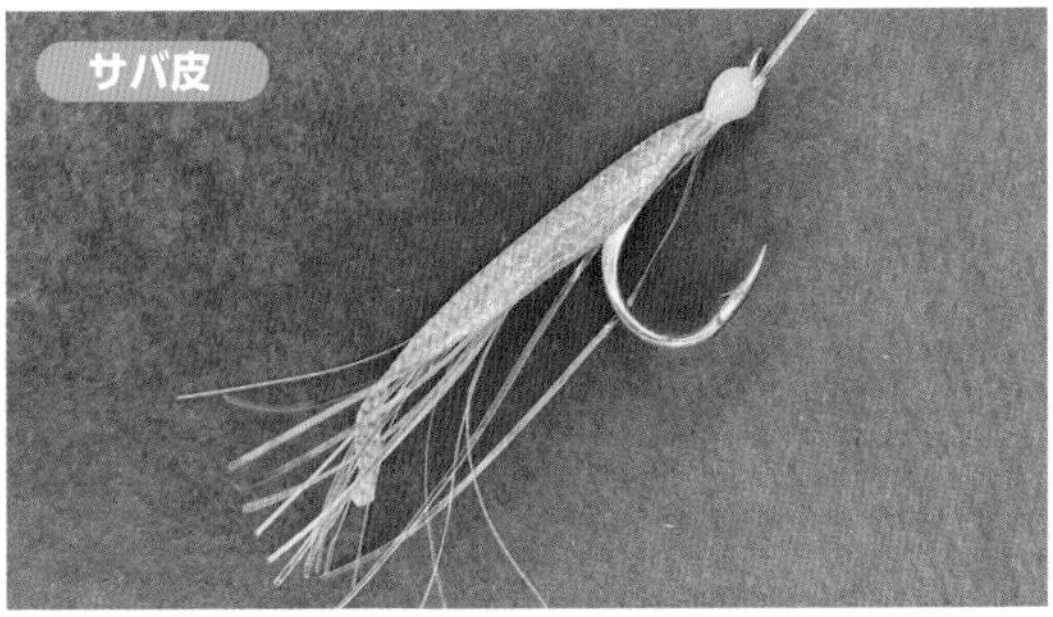

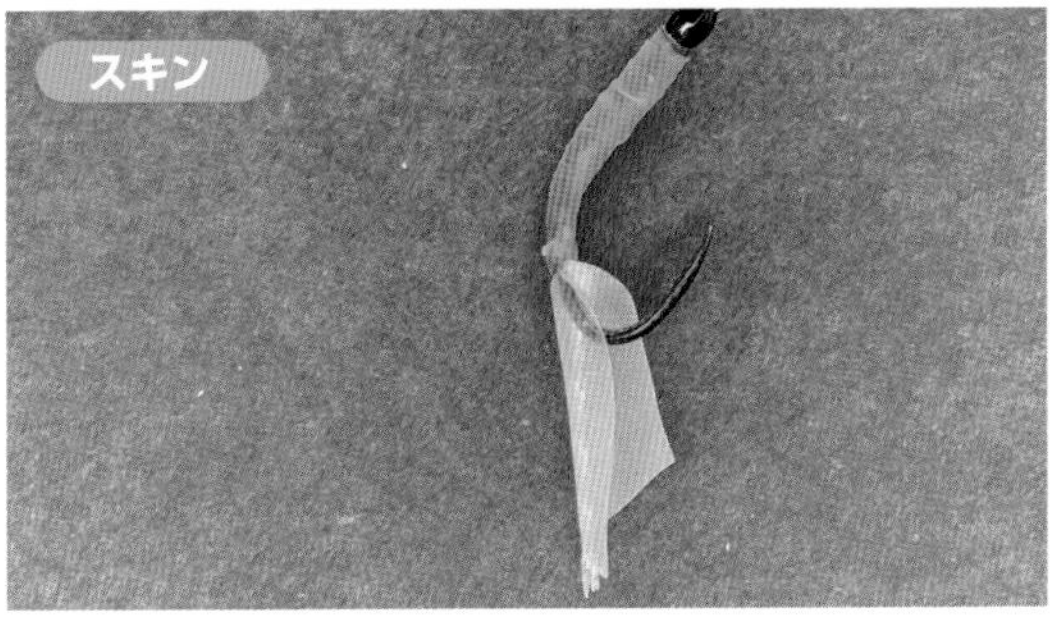

サビキ釣りにあると便利な道具

サビキ釣りは誰もがカンタンに楽しめる反面、用意する道具は多い。しかしアミエビを使って快適に釣りをするには欠かせないものばかりだ。

コマセバケツ

アミエビを入れるためのバケツ。フタつきのタイプを選ぶ。メーカーによっては、バケツにカゴを落とすだけでエサを詰められるものもある（P61）。

ヒシャク

コマセ（撒きエサ）を撒くために使う道具。サビキ釣りではコマセは必須なので必ず用意しておこう。

ロッドスタンド

仕掛けが長いサビキ釣りでは、陸上で仕掛けが絡まることが多い。ロッドスタンドがあれば両手を使えるので何かと便利。

水くみバケツ

アミエビに海水を混ぜるときやロッドスタンドの重石としても使う。上部にメッシュがあると、魚の飛び跳ね防止になるのでおすすめ。

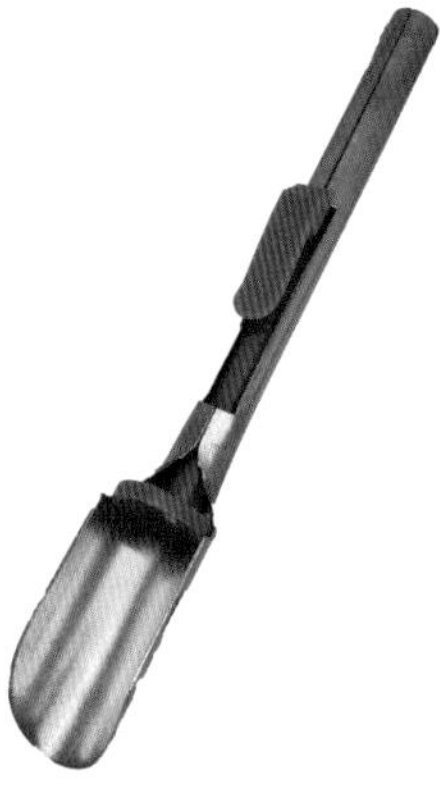

スプーンor割り箸

カゴにアミエビを詰めるときにスプーンや割り箸があるとよい。専用のスプーンであれば、適量をカゴに押し込むことができて便利。

魚トング

ゴンスイなど、美味しく食べられる魚でもトゲやヒレに毒がある魚もいるので魚トングは必須。

サビキ釣りのエサ

サビキ釣りのエサはアミエビ一択。あとは「冷凍」にするか、「常温」にするかの問題。コストパフォーマンスなら断然冷凍タイプだが、使い勝手は常温タイプがよい。

冷凍アミエビ

サビキ釣りの定番。解凍する手間とニオイが問題だが、前日からバケツに入れておけばOK。1日釣るなら2～3kg用意したい。

常温アミエビ

チューブタイプで本体を絞ればカゴに詰められるため手を汚さない。人工的ニオイがつけられ不快感はない。消費期限も長い。

配合エサ

アミエビだけでもサビキ釣りはできるが、配合エサを混ぜれば粘りが出て沈下スピードを緩やかにし、集魚効果も高められる。

ビギナーズメモ
Beginner's Memo

アミエビは放置せずに必ずバケツに入れること

冷凍状態では無臭のアミエビも、解凍されるとビニールの隙間からドリップが漏れ出し強烈なニオイを放つ。この液体が車内にこぼれたら、普段車酔いしない人でも気持ちが悪くなることもあるほどだ。そのため、冷凍アミエビを購入したら、すぐに袋ごとコマセバケツに入れてフタをし、心配ならさらにバケツごと大きなゴミ袋などに入れて口を縛っておこう。集魚効果が高いだけあって解凍されたアミエビのニオイはとても強烈だ。もし液体が車のシートなどについた場合、ニオイがしばらくとれなくなってしまう。

解凍されビニール袋から漏れ出したドリップが底に溜まっている。ニオイが強いので扱いに注意しよう。

また、釣りの最中にうっかりアミエビを踏んづけたりして、その靴のまま車内に乗り込みアミエビがカーペットに付着すると、これも悪臭の原因になるので気をつけよう。

TOPICS

アミエビとオキアミ、アキアミの違いを知っていますか？

サビキ釣りで使用する「アミエビ」と似た名称で「オキアミ」や「アキアミ」というものもある。見た目はどれもエビそのもの。多くの人が混同してしまうが、釣りエサとしてはどれを使うべきなのか。一つずつ整理していこう。

オキアミは甲殻類の総称

まず左の図を見てほしい。本来「オキアミ」とはオキアミ目に属する甲殻類の総称であり、その中にツノナシオキアミと南極オキアミがある。

前者が「アミエビ」という名で流通し、後者が「オキアミ」という名で流通している。どちらも見た目はエビなのだが、オキアミ目なので正確にはプランクトンである。

この時点で十分に紛らわしいのだが、次に紹介する「アキアミ」がこの紛らわしさに拍車をかけていく。

地域によってはアキアミもアミエビ

もうひとつ主に食用として流通しているものに「アキアミ」というものがある。こちらは塩

「アミエビ」、「オキアミ」、「アキアミ」の違い

アキアミ
流通名
アキアミ or アミエビ

↓

**プランクトンではなく
エビ（十脚目）**

オキアミ＝オキアミ目に属する甲殻類の総称

ツノナシオキアミ
流通名
アミエビ

南極オキアミ
流通名
オキアミ

↓

ともにプランクトン（オキアミ目）

アキアミ
十脚目サクラエビ科に分類される。主に食用として流通しており、塩辛やキムチの風味づけとして使われる。

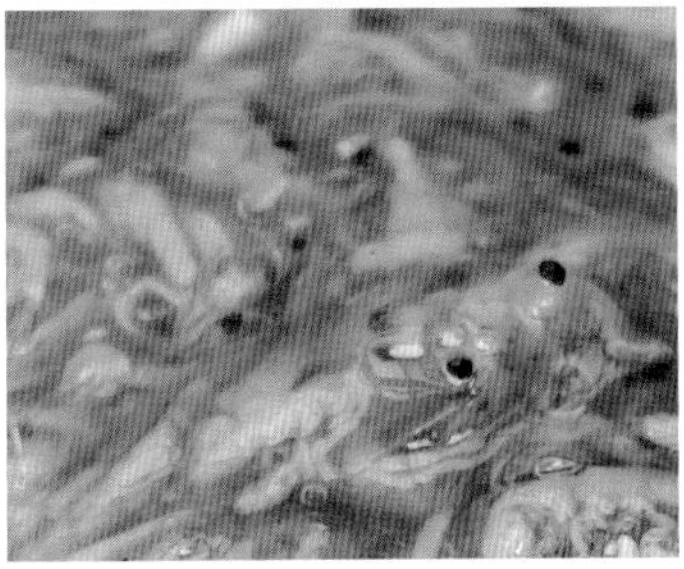

アミエビ
「ツノナシオキアミ」とよばれるオキアミ目に分類されるプランクトン。流通名がアミエビになり、主にサビキ釣りのエサとして使われる。

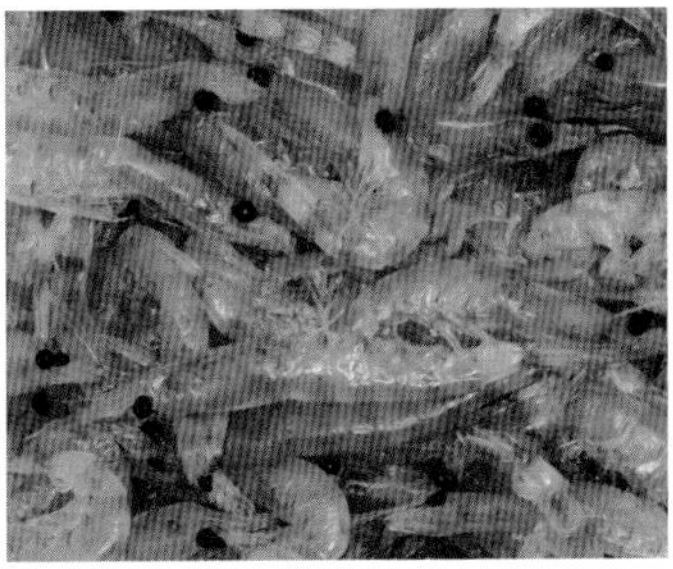

オキアミ
「南極オキアミ」とよばれるオキアミ目に分類されるプランクトン。流通名がオキアミになり、主にウキ釣りのエサとして使われる。

辛やキムチの風味づけとして使われるのが一般的だが、地域や商品によってはなんと「アミエビ」とよばれているのだ。

　そのため「ツノナシオキアミ＝アミエビ」と混同してしまうのである。ちなみにこのアキアミは、十脚目（エビ目）に属するためエビである。

サビキ釣りでは アミエビを使う

　肝心の釣りエサとして使うべきなのは、小型回遊魚を狙うサビキ釣りでは「ツノナシオキアミ＝アミエビ」がよい。体長は20ミリ前後で小さく、ゆっくりと沈んでいくためコマセに最適である。

　一方、ハリに腹掛けにして使うようなときは「南極オキアミ＝オキアミ」がよい。「ツノナシオキアミ＝アミエビ」よりも大きく身持ちもよい。

サビキ釣りのエサづくり

アミエビをカゴに詰める方法はいくつかあります

カゴに詰める作業はひとキャスト毎におこなう

サビキ釣りでは、ひとキャストごとにカゴにアミエビを詰めるので、手返し（エサを詰めて再びキャストすること）はスムーズにおこないたい。とくに入れ食い時はキャスト数と釣果が比例するので、手返しにスピードが求められる。

　常温アミエビではチューブを絞ることになるが、冷凍アミエビでは吸い込みバケツがおすすめ。底にスリットが入っており、バケツの中で数回上下させるだけでアミエビに触れることなくカゴに詰めることができる。

方法① チューブを絞って詰める

常温タイプのアミエビはチューブに入っているので、そのまま絞ればアミエビに触れることなく詰められる。

常温タイプのデメリットは冷凍タイプにくらべて集魚効果が低いこと。ただ解凍の手間がなく、日持ちもするというメリットもあるので、上手に使いわけたい。

方法② 冷凍アミエビ＋通常のバケツ

これが最も一般的な方法。使用前日に袋のままバケツに入れて解凍させておく。キャストする度にスプーンや割り箸を使ってカゴに詰める。

前日に購入すれば袋のままバケツに入れておくだけで自然解凍できる。

スプーンなどでカゴに詰める。エサが手につきやすいというデメリットはあるが、チューブタイプより集魚効果が高い傾向にある。

釣果を上げるコツ

配合エサを混ぜて調整

アミエビの水気が多いときは配合エサを混ぜて調整する。集魚効果も高まるし、単純にかさ増しにもなる。

方法③ 冷凍アミエビ＋サビキ釣り専用バケツ

底に特殊な溝があるサビキ釣り専用バケツを使うと、バケツ内にカゴを落として数回上下させるだけでアミエビを詰められるので、手返しが早く、エサに触れることもない。

底に溝が入ったサビキ釣り専用バケツにアミエビを入れる。

アミエビがバケツ内を漂う程度に海水を注ぐ。

バケツ中央にある溝にカゴを落として数回上下させる。

アミエビに触れることなく自然とカゴの中に詰まっていく。

写真は「すいこみバケツ」（第一精工株式会社）

エサは8割ほど詰めて水面からゆっくり落とします

エサは8割程度詰める

カゴの中がいっぱいになるまでアミエビを詰めると、水中でスムーズに拡散しないので、詰める量は8割程度を目安にする。

アミエビをパンパンに詰めると水中で拡散しづらくなるので注意。

カゴは狙った棚までゆっくりと落としていく

カゴに詰めるアミエビの量は8割ほどを目安にする。とくに容器をスライドさせて穴の大きさを調整するタイプの場合は、詰めすぎるとスムーズに拡散しないので注意しよう。

サビキ釣りのキャストは真上から落とすだけなのでカンタンだが、落とすスピードには注意したい。一気に落とすと狙った棚に到達する前にアミエビがすべて出てしまうこともある。狙った棚までできるだけゆっくり落とし、そこから数回しゃくってカゴから拡散させる。

仕掛けのキャスト方法

サビキ釣りは仕掛けが長くハリも多いので、キャスト前に絡まりやすい。またカゴから水がはねることもあるので、扱うときは仕掛け下のカゴをつかみ、常にラインを張らせておく。

仕掛けを水面まで運ぶ

カゴにエサを詰めたら、ゆっくりと水面に近づける。

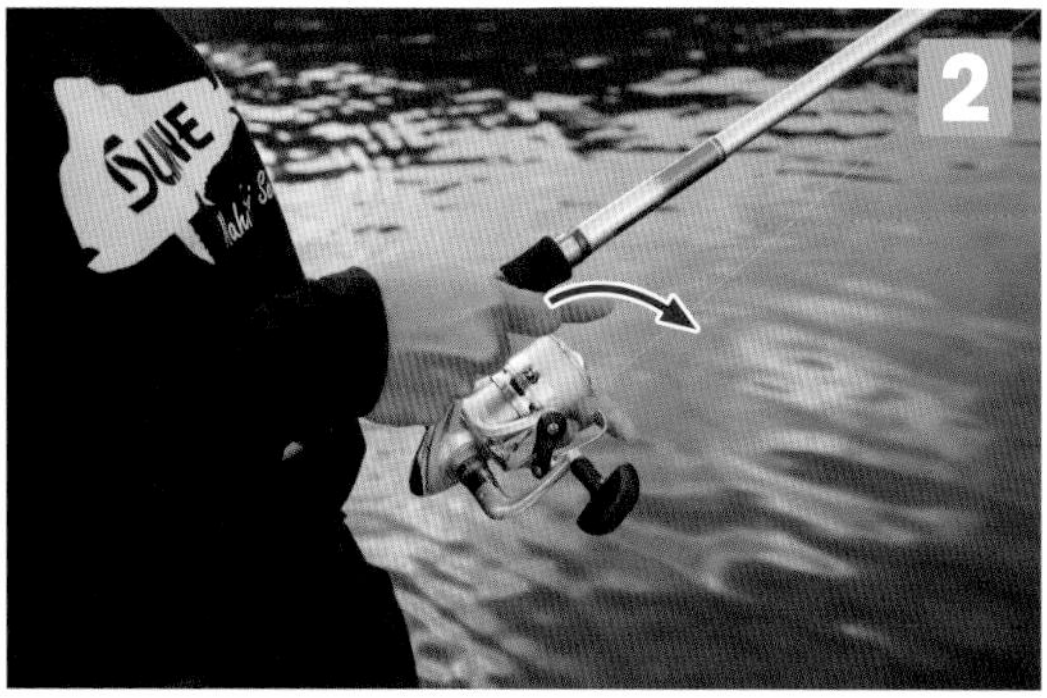

ベールアームを上げる

ベールアームを上げ、仕掛けが勢いよく落ちないように指でラインを押さえる。

ゆっくり仕掛けを落とす

指でラインを押さえながら、狙った棚まで仕掛けを落としてベールアームを戻す。

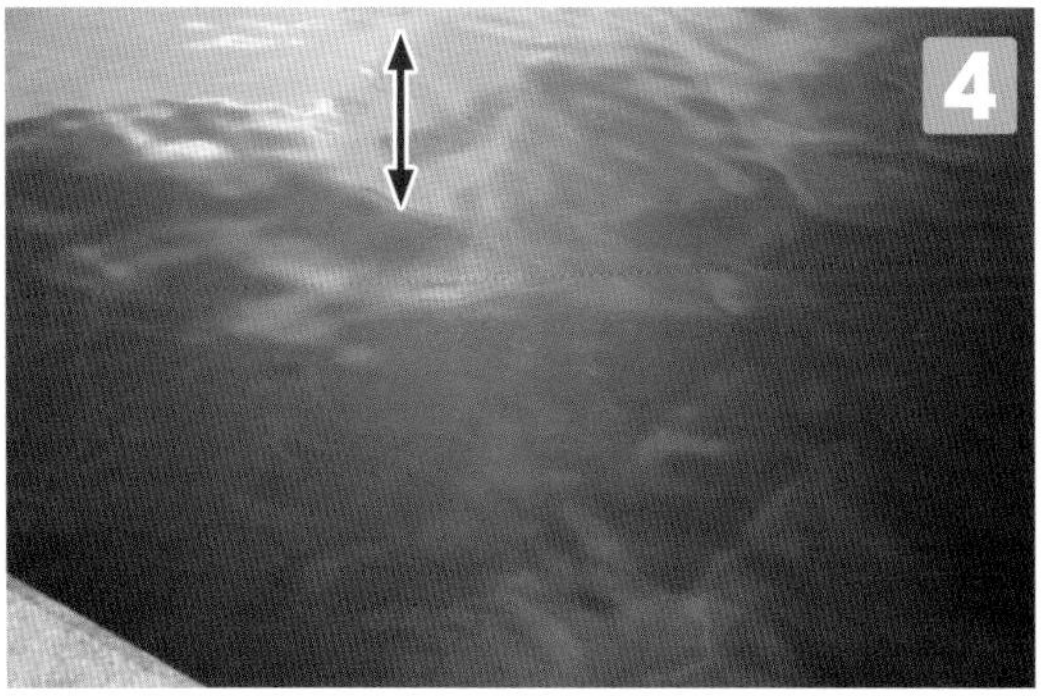

数回しゃくる

竿を上下にかるく動かしカゴからエサを出す。この日は表層のイワシ狙い。水面近くですぐに食いついてきた。

ビギナーズメモ
Beginner's Memo

深層を狙うときは地面でトントンする

キャスト前にカゴをトントンと数回地面につけると、カゴ内のアミエビが適度に詰まる。これにより水中での拡散スピードが落ち、深層まで持ちやすくなる。

水中を漂うエサの動きに仕掛けを合わせます

エサの動きにハリを同調させる

カゴから拡散し潮に流されるアミエビの動きに仕掛けを合わせ、擬似バリをアミエビの中に紛れ込ませることがポイント。

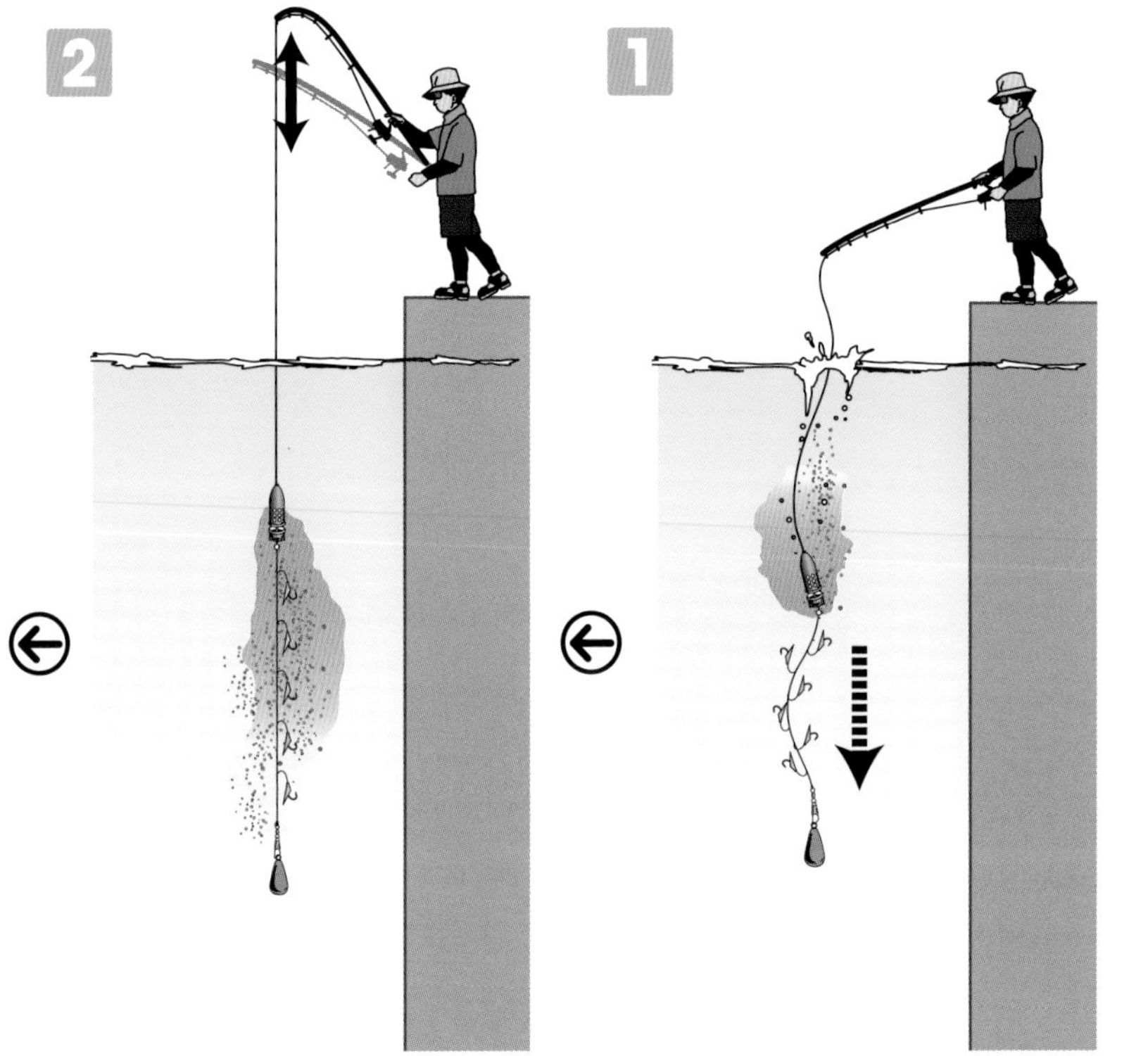

1 狙った棚まで仕掛けをゆっくりと落としていく。

2 竿を2〜3回しゃくり、カゴからエサを出す。

回遊魚が入ってきているか否かが釣果が決める

サビキ釣りはハリにエサを刺さずに擬似バリを使うため、水中を漂うアミエビの中にハリを紛れ込ませることができるかがポイントになる。

ただし、これは回遊魚が入ってきたときの話であり、魚がいないところでは、いくらアミエビと同調させても釣果は期待できない。やはりアピール力は虫エサなどには劣るので、これぱかりはしょうがない。逆に入れ食い状態のときは、カゴにアミエビを詰めなくても擬似バリだけで釣れることもある。

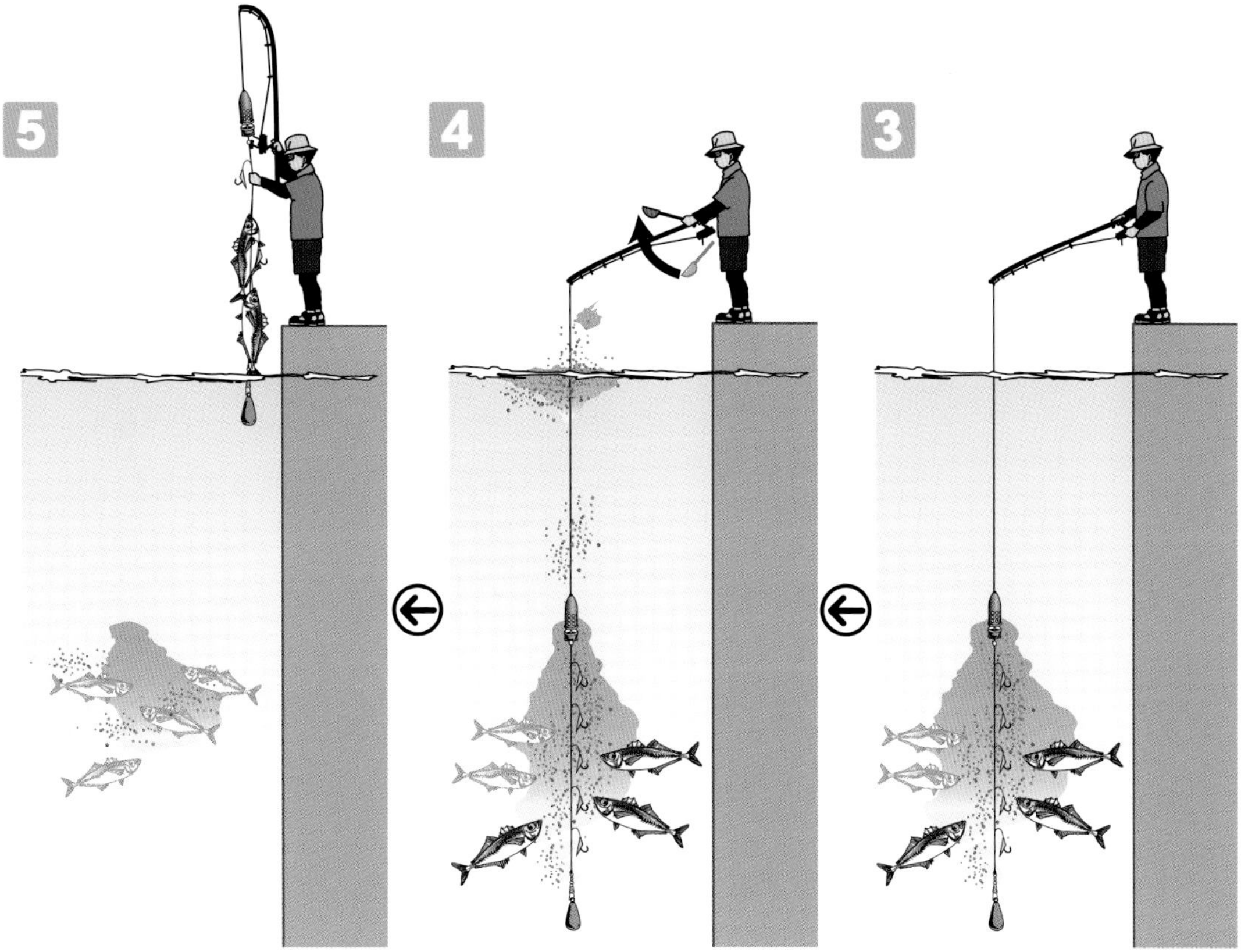

アタリがあってもすぐに上げず追い食いを狙う。

アタリがなければ付近にコマセを撒く。

拡散したエサの中に擬似バリを紛れ込ませる。

釣果を上げるコツ

すぐに引き上げずに追い食いを狙う

アジやイワシが掛かると、ほかの擬似バリも不規則な動きをする。それに周囲の魚が反応して食いつくことが多いので、最初のアタリでは上げずに少しの間待つのもアリ。ただしサバの場合は横へ走るため（強く引っ張られる感覚がある）、仕掛けが絡まりやすいのですぐに上げる。

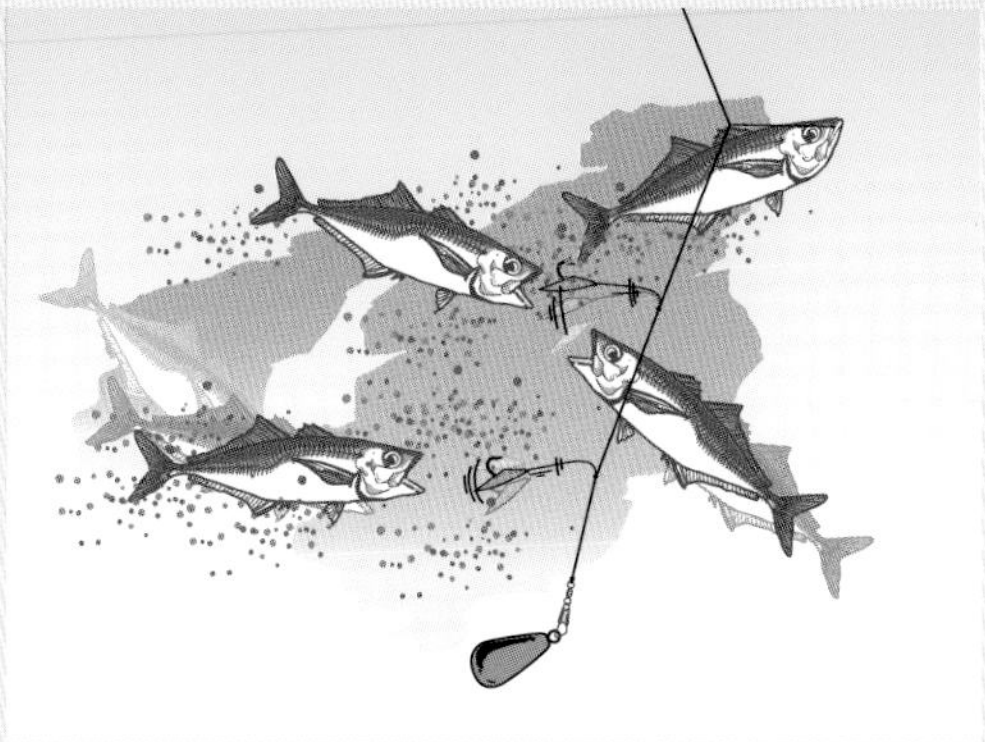

サビキ釣りのバリエーション

ウキ＋サビキなら遠くに投げることもできます

ウキサビキ釣りの仕掛け

ウキサビキではウキ、カゴ、ハリス、最下部のオモリの順番でつけるのが一般的。キャスト時に仕掛けが絡まないように注意したい。

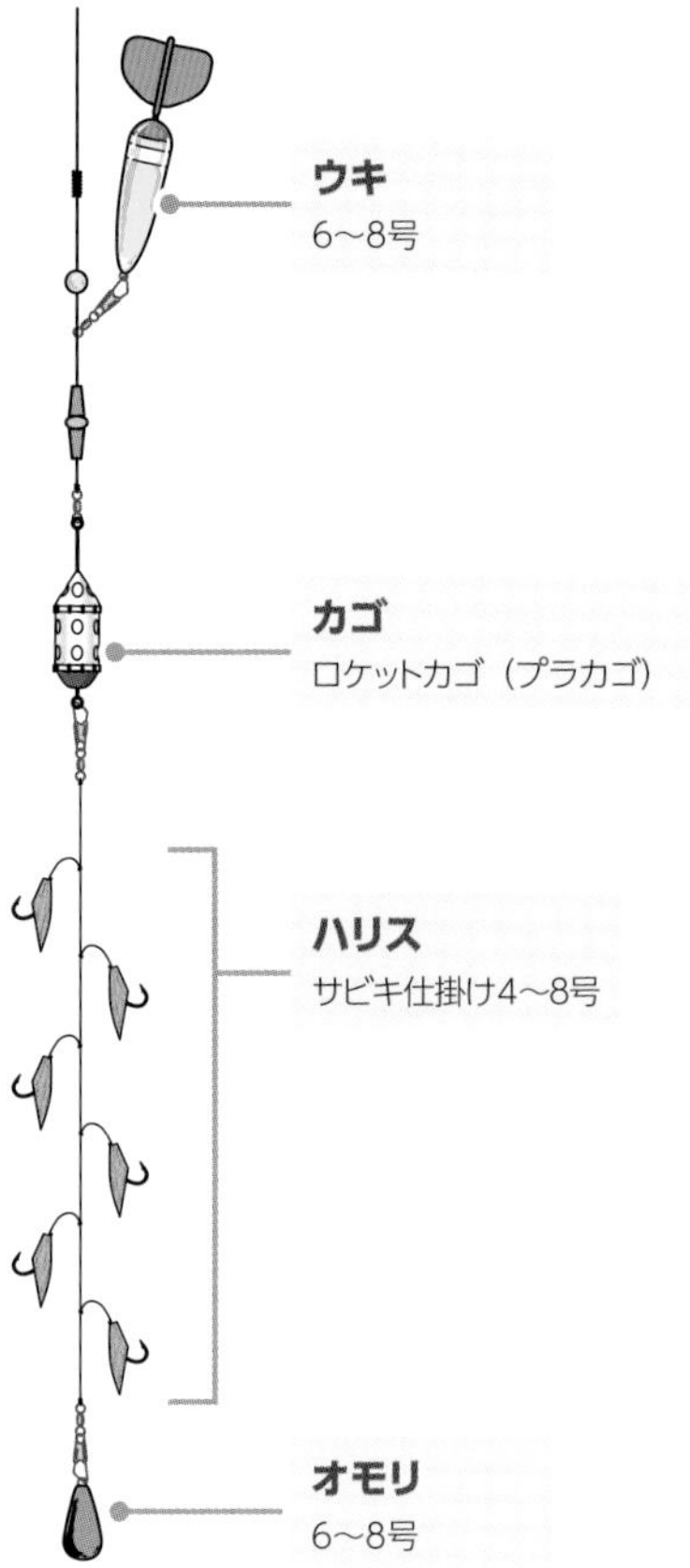
ウキ
6〜8号
カゴ
ロケットカゴ（プラカゴ）
ハリス
サビキ仕掛け4〜8号
オモリ
6〜8号

おすすめはこのタイプ

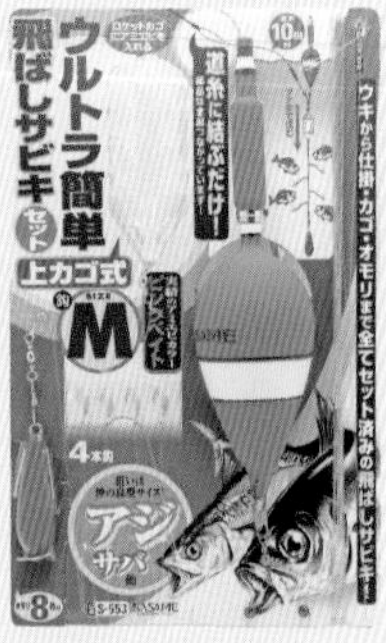
ウルトラ簡単
飛ばしサビキ
上カゴ式
M
アジ
サバ

キャスト時に空気抵抗の少ないロケットカゴを使う。仕掛けセットなら、ウキやカゴ、オモリがすべてセットになっている。

堤防から離れたポイントも狙える

サビキ釣りのバリエーションとして、ウキサビキがある。ウキは水面に浮くので、高さを変えることで、ウキ下の長さを自在に調整できる。釣果を上げるには、その日に魚がいる棚の高さを狙いたい。カゴは穴の大きさを調整できるロケットカゴタイプを使う。これならキャスト時にエサが飛び出すこともない。

ウキサビキであれば、堤防から離れた場所でも狙えるので、回遊魚の通り道となる潮通しのよい場所や、船道の脇などにキャストしてみよう。

ウキサビキ釣りのやり方

注意点は竿を振りかぶるときにカゴからアミエビの汁が飛び散らないようにコマセの水分を切るか、配合エサを混ぜておくこと。混雑時はとくに注意しよう。

エサを8割ほど詰める

水分が多いとキャスト時に周囲に飛び散ることがあるので注意しよう。

カゴを回す

ロケットカゴはエサを詰めたら、本体を回して穴の大きさを調整する。

必ず後方を確認

キャストするときは必ず事前に後方に人がいないことを確認すること。

潮上にキャストする

潮の流れを計算して、狙った場所の潮上方向にキャストする。

狙った棚まで仕掛けを落とす

仕掛けが狙った棚まで落ちるようにラインの放出量を調整する。

数回しゃくってエサを拡散

カゴからアミエビが出るように数回竿先をしゃくる。

COLUMN 脱

釣りビギナーの道③

PEラインの結束にはFGノット

ライン同士の結び方は数多くあるが、結束強度の低いPEラインとリーダーを結ぶときは、解けづらさが優先されるため、一般的には「FGノット」という結束強度が極めて高い結び方が採用される。しかし、結束強度は高い反面、結ぶのがとても難しい。上級者になれば灯りのない夜間でも数分で結べるが、ビギナーだと、日中だとしても、最初から風の吹く海辺で実践するのはおすすめできない。正確に結ばなければ、その効果を発揮できずに解けてしまう。まずは自宅で、安定した結束強度を生み出せるまで練習をしよう。

FGノットの結び方

1

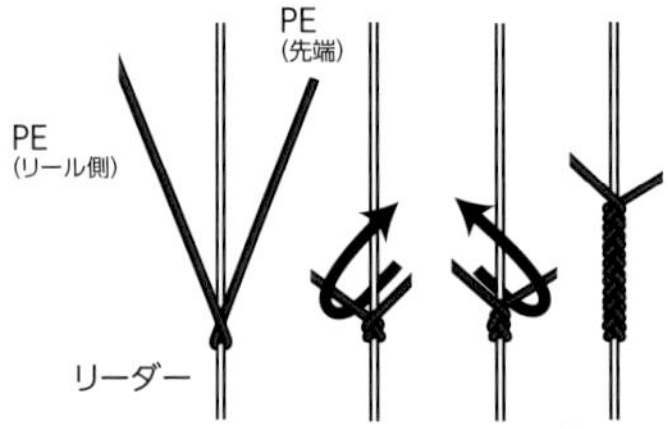

PE
(先端)
PE
(リール側)
リーダー

リーダーにPEを左右交互に10〜15回編み込んでいく。

2

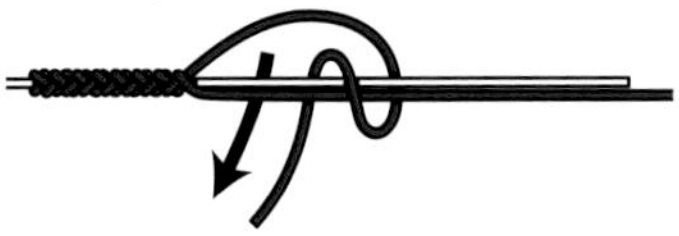

PEの先端で図のように（ハーフヒッチ）リール側のPEとリーダーを一緒に巻き込んで一度締め込む。

3

PEの先端で再びリール側のPEとリーダーを一緒に巻き込んでハーフヒッチ。1回ずつ締めながら5〜10回くり返す。

4

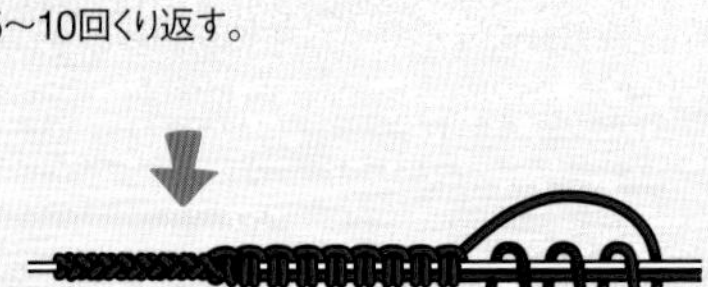

図のようにPEの先端でリール側のPEとリーダーを3回ほど巻き込んで結ぶ。

5

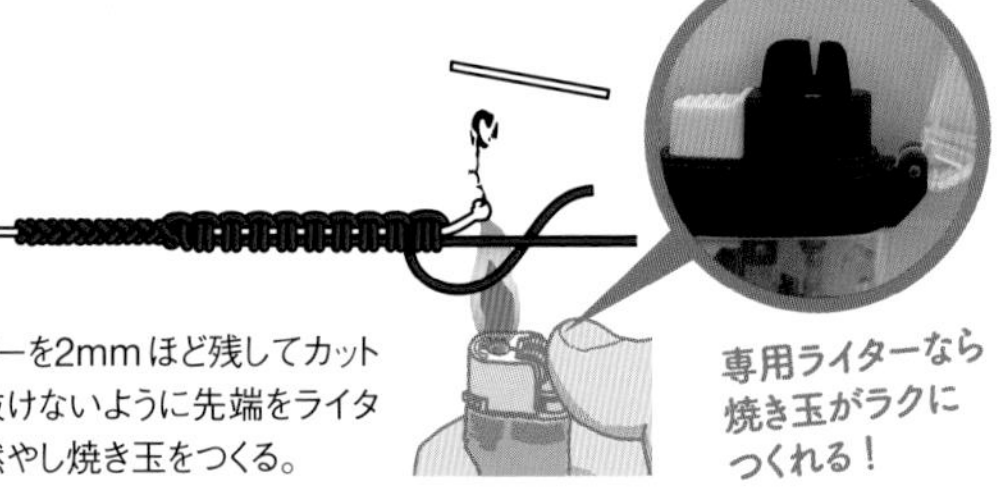

専用ライターなら
焼き玉がラクに
つくれる！

リーダーを2mmほど残してカットし、抜けないように先端をライターで燃やし焼き玉をつくる。

6

2のハーフヒッチで5〜10回編みつける。

7

最後に2回通しのハーフヒッチ（エンドノット）を2〜3回おこない余りをカットすれば完成。

これが
トップアングラーの
FGノット!!

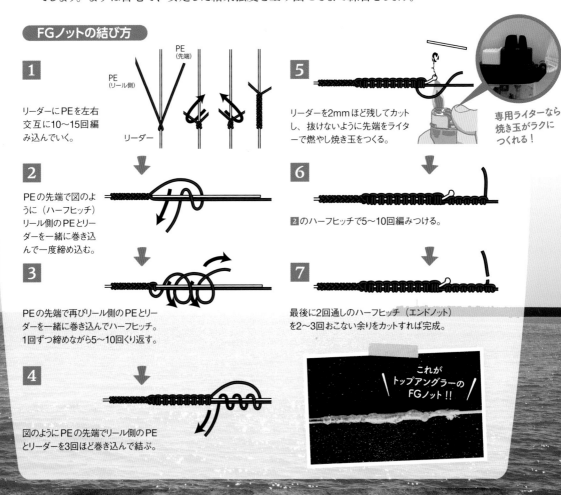

PART 4

思わぬ大物と出会う！
ちょい投げ釣り

堤防から40m程度投げて、仕掛けを底まで落とし、広範囲を探るちょい投げ釣り。リールを巻かずに、竿を置いてアタリを待ってもよいため、その手軽さから堤防釣りでは人気が高い。

ちょい投げ釣りの楽しみ方

どんな魚が釣れるのかは釣り上げるまでのお楽しみ

投げ釣りは「ちょい」がちょうどよい

なぜ「ちょい」がつくのかといえば、20号以上のオモリを使って100m以上キャストする本格的な投げ釣りと区別するため。

ちょい投げは8号前後のオモリを使い、飛距離は40mほど。だがこれで十分。オモリが重すぎないので万能竿で対応できるし、人が多い堤防周りではこのくらいがちょうどよい。

最初はキャストを難しく感じるかもしれないが、竿をしならせる感覚をつかめればすぐに楽しめるようになる。腕力の少ない人でもまったく問題なし。

ちょい投げ釣りの特徴

釣果が期待できる堤防周りだけでなく、そこからさらに広範囲に探ることもできるのがちょい投げ釣りの魅力だ。

特徴① 「五目釣り」を楽しめる

オモリが海底まで落ちてから引き寄せるため、対象魚は海底付近にいる魚全般。仕掛けには「キス用」と書かれていても、思わぬ魚が釣れることが多々ある。

特徴② 広範囲を探ることができる

堤防から20〜40m程度投げて、足元へ引き寄せるまでが探る範囲。遠くまで投げた方が釣れるわけではなく、足元でヒットすることも多い。

特徴③ 根掛かりする可能性がある

オモリを着底させてから引き寄せるので、岩や海藻が多い場所では根掛かりしやすい。ここには魚も潜んでいることが多いが、注意が必要だ。

ちょい投げ釣りの対象魚

対象魚は海底付近にいる魚全般。砂泥であればシロギスやハゼ、岩場であればアイナメやカサゴが定番。

対象魚	1月	2月	3月	4月	5月	6月	7月	8月	9月	10月	11月	12月
アイナメ	○	○	△	△	△	△	△	△	△	△	○	○
カサゴ	○	○	○	○	△	△	△	△	△	△	○	○
カレイ	○	○			○	○	△	△	△	△	△	△
カワハギ	△	△	△	○	○	○	△	○	○	○	△	△
シロギス	△	△	△	△	△	○	○	△	△	△	△	△
ハゼ	△					△	△	○	○	○	○	○

※上記は関東エリアにおける釣果目安です。

アイナメ

カサゴ

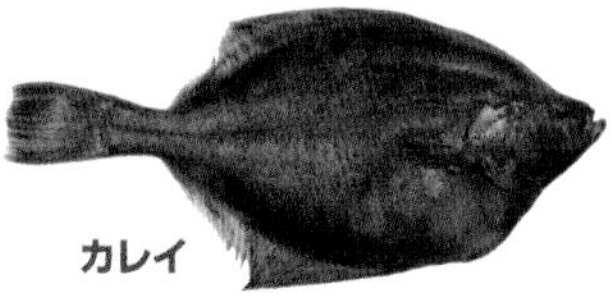

カレイ

カワハギ

シロギス

ハゼ

まずは砂浜の近くにある堤防から狙ってみましょう

ちょい投げ釣りの対象魚泳層イメージ

砂と岩礁帯では魚種が異なるが、どちらにしても地形に変化のある場所を中心に魚は潜んでいる。

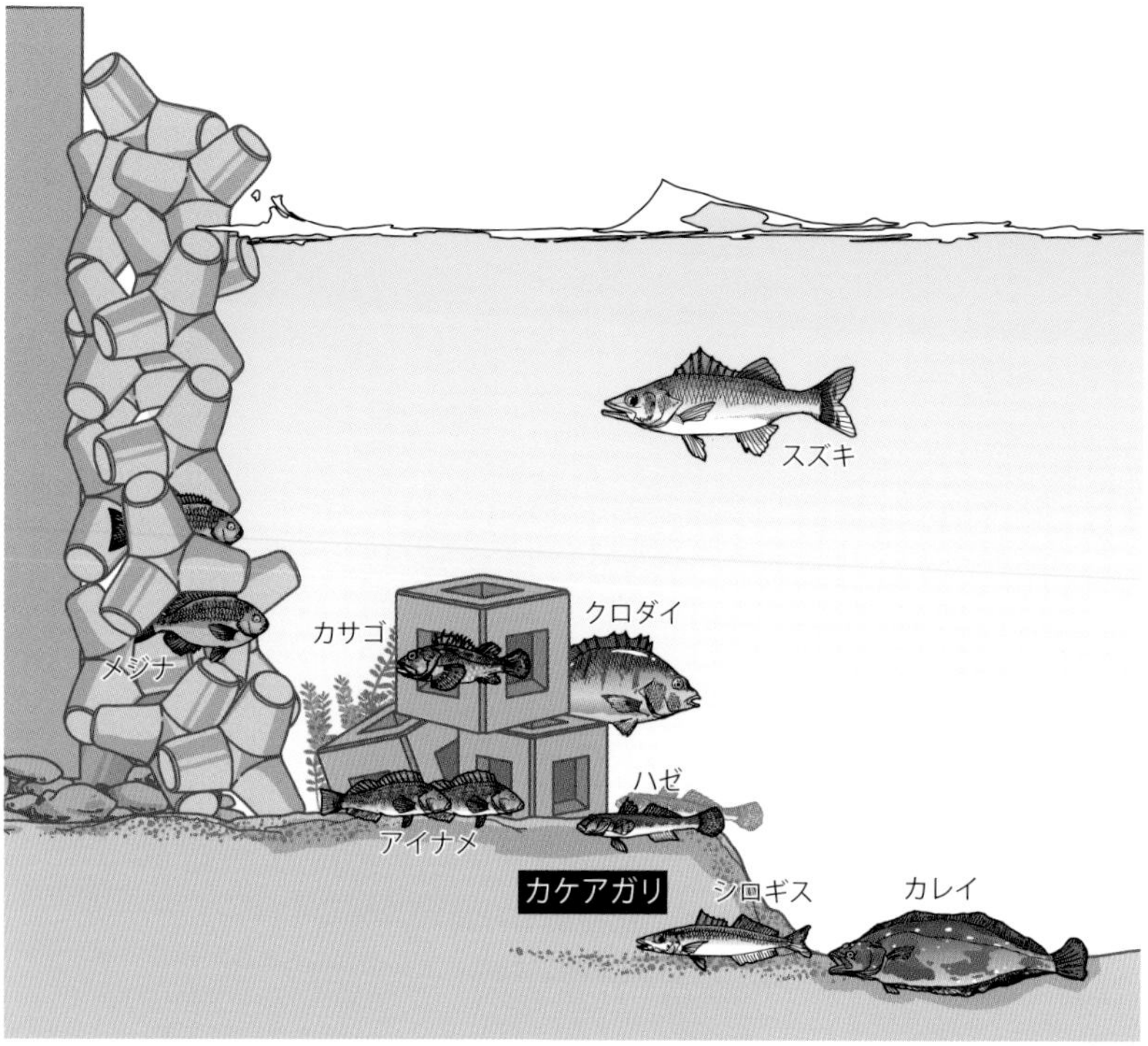
スズキ
カサゴ
クロダイ
メジナ
ハゼ
アイナメ
カケアガリ
シロギス
カレイ

砂泥にはシロギスやハゼ、カレイなどが身を潜め、カケアガリにも多くの魚種がいる。岩礁帯にはカサゴやアイナメ、クロダイなどがいる。

事前に海底の情報収集をしたい

オモリが着底するちょい投げ釣りでは、深層にいる魚がターゲットになる。

そのため釣りをする前に、海底が砂泥なのか砂利なのか、どのあたりに岩礁帯やカケアガリがあるのかなどの情報をネットや近くの釣り具屋、または常連さんから仕入れられるとよい。

砂泥ならシロギスやハゼが狙え、根掛かりの心配も少ない。

岩礁帯周りならカサゴやアイナメ、クロダイなども期待できるが、根掛かりを回避する腕も必要になる。

ちょい投げ釣りのおすすめポイント

飛距離と釣果が比例するわけではないので、無理に遠くへ飛ばす必要はない。それよりも、海底の変化を感じ取りながら丁寧にリールを巻いていくことを意識しよう。

おすすめポイント③

岩礁帯のある堤防

岩や海藻などがある岩礁帯には大物が潜んでいる可能性もある。ただし根掛かることもあるので、仕掛けは多めに用意しよう。

おすすめポイント①

砂浜付近の堤防

砂浜付近の堤防であれば、砂泥に潜むシロギスやハゼ、カレイが狙える。岩礁帯にくらべれば根掛かりの可能性も低い。

おすすめポイント④

河口付近の堤防

河口付近は多くのプランクトンが流れ込み小魚が集まりやすい。満ち潮に向かう時間帯は、小魚を追う大物を狙うチャンス。

おすすめポイント②

漁港の出入り口付近

漁船の通り道は水深が深くなっていることが多く、その通り道の両サイドはカケアガリとなっており、魚がつきやすい。

天秤オモリを使って仕掛け同士の絡みを防ぎます

ビギナー向け ちょい投げ釣りの仕掛け

ちょい投げ釣りの仕掛けは、天秤オモリの下にハリスとハリをつけるだけのシンプルなもの。このお手軽さがうれしい。

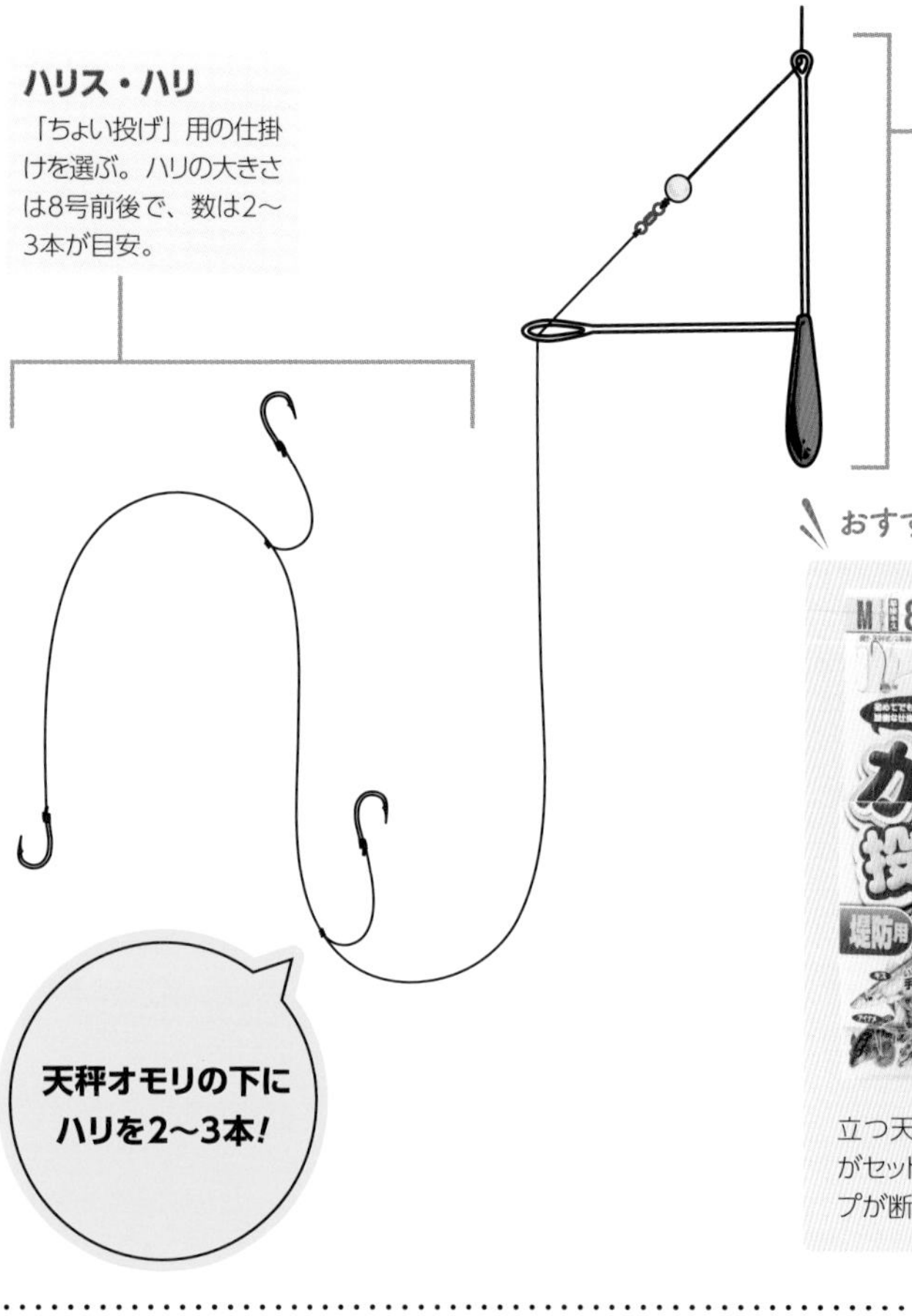
ハリス・ハリ
「ちょい投げ」用の仕掛けを選ぶ。ハリの大きさは8号前後で、数は2〜3本が目安。
天秤オモリ
天秤とオモリが一体になったタイプで5〜8号程度のオモリが使いやすい。
天秤オモリの下にハリを2〜3本!

おすすめはこのタイプ

コンパクトロッドでOK!
かんたん投げ釣りセット
堤防用
オモリ8号
60

立つ天秤とハリス、ハリがセットになっているタイプが断然おすすめ。

まずは仕掛けセットで手軽にチャレンジ

ちょい投げするには8号前後のオモリが必要になる。軽すぎても重すぎても思うように飛ばないので注意しよう。

ちょい投げ釣りはキャスト時に仕掛けが絡まりやすいので、それを防ぐために天秤を使う。

天秤の種類はたくさんあるが、釣りビギナーであれば、天秤とオモリ、仕掛けがひとつにパッケージされたタイプが断然おすすめ。ミチイトと結ぶだけで、すぐにはじめられる。なかでも、根掛かりしづらい「立つ天秤」を使ったセットがおすすめ。

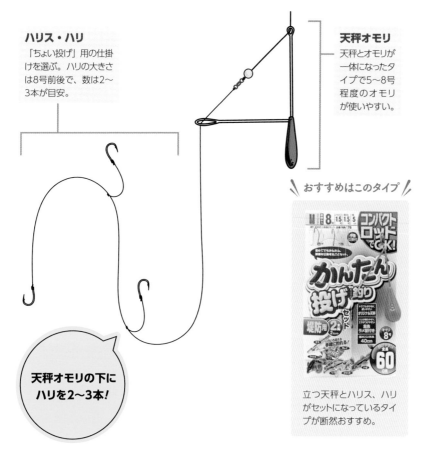

仕掛けを選ぶポイント

ちょい投げ釣りの仕掛け選びのポイントは、何といっても天秤オモリのタイプ。仕掛けの絡みづらさと根掛かりのしづらさのバランスで、自分に合うものを選びたい。

ポイント①

適応範囲内のオモリサイズ

オモリをつける目的は、仕掛けを沈ませるためと飛ばすため。オモリが軽すぎると竿がしならず、重すぎると大きく曲がり、思うように仕掛けを扱えない。一般的にオモリの適応範囲は竿に記載されているので、必ず確認しておくこと。

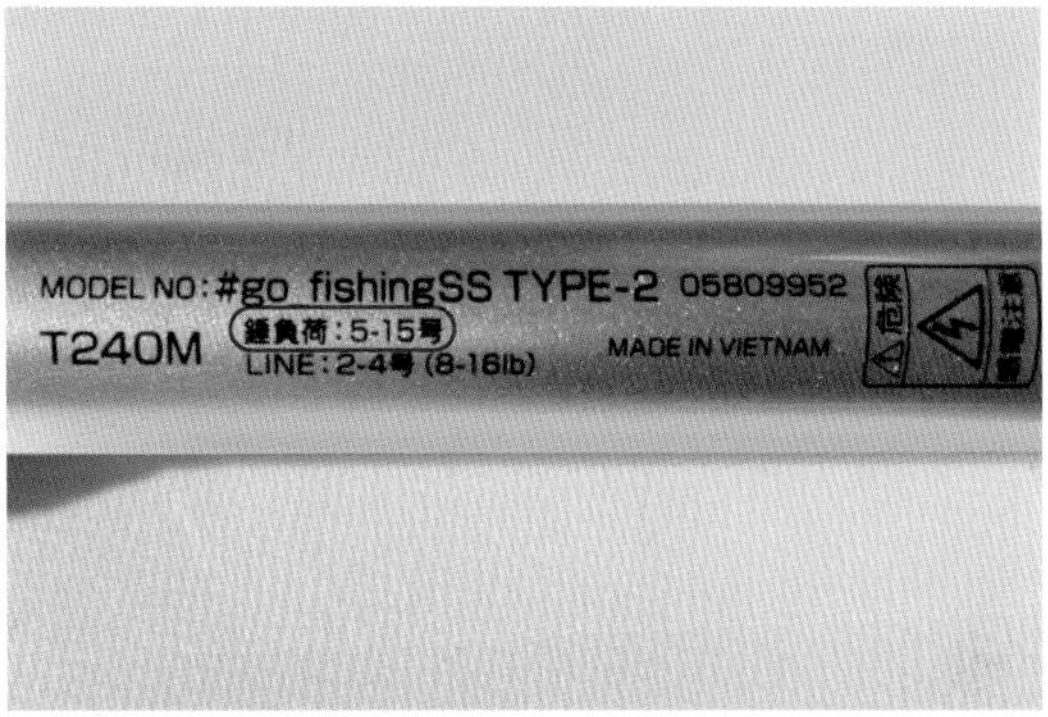

ポイント②

天秤オモリのタイプを決める

天秤を使う理由は、キャスト時のミチイトとハリスの絡み防止のため。ちょい投げで使用する天秤は主に3タイプ。

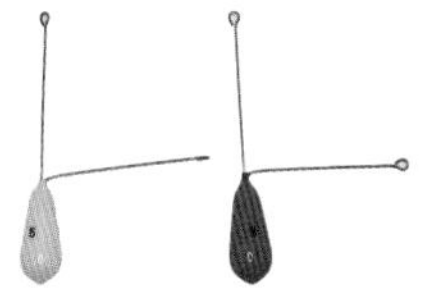

L字型天秤

片方のアームを直角に曲げて使用する。仕掛けは絡みづらいが、着底後に天秤が倒れるので根掛かりすることも。

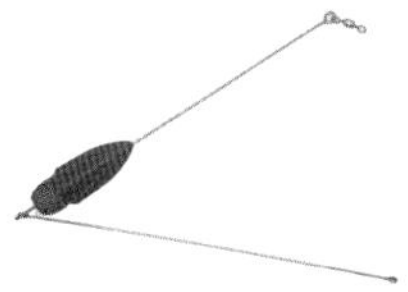

ジェット天秤

リールを巻くと羽が回転して浮き上がるので根掛かりしづらいが、可動式アームのため小物のアタリを感じづらい。

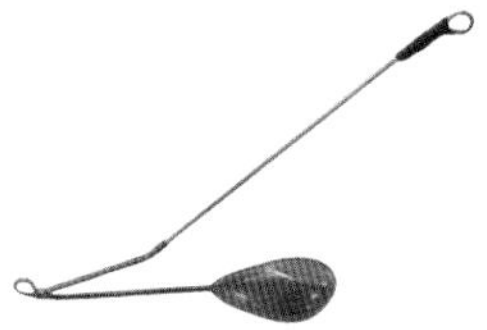

立つ天秤

オモリ着底後に天秤が倒れないので根掛かりしづらい。仕掛けも絡みづらいのでL字型の進化版ともいえる。

ポイント③

天秤とハリスのセットを購入

ショップには多くの天秤オモリやハリが売られている。それぞれ単体で購入してもよいが、両者がセットになったものの方が扱いやすいのでおすすめ。なかには人工エサまでついているのもある。迷ったら「セット」と書かれたものを選ぶとよい。

天秤オモリ＋ハリスつきハリ＋人工エサ（セット）

天秤オモリ＋ハリスつきハリ（セット）

ハリスつきハリ（単体）

ポイント④

中層と深層を同時に狙える仕掛け

ちょい投げは基本的に底を探る釣りだが、同時に中層も狙える仕掛けセットもある。仕掛け上部にフロートがあり、仕掛けが倒れずに垂直の状態で維持されるため、常に中層と深層の2つの階層を狙える。

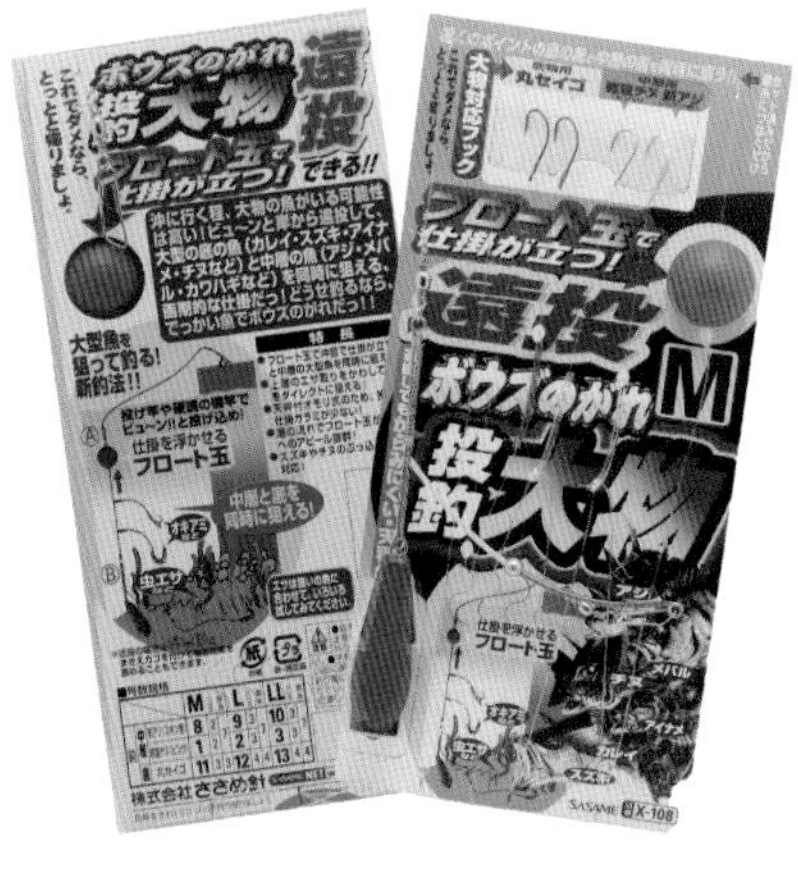

ちょい投げ釣りにあると便利な道具

ちょい投げ釣りでは「置き竿」といって、キャスト後に竿を置いておくこともあるので、ロッドスタンドが欲しい。また五目釣りになりやすいので、魚トングとフォーセップも必須。

エサ箱

木製エサ箱なら通気性がよく、購入時の透明パックよりも虫エサの持ちが断然よい。

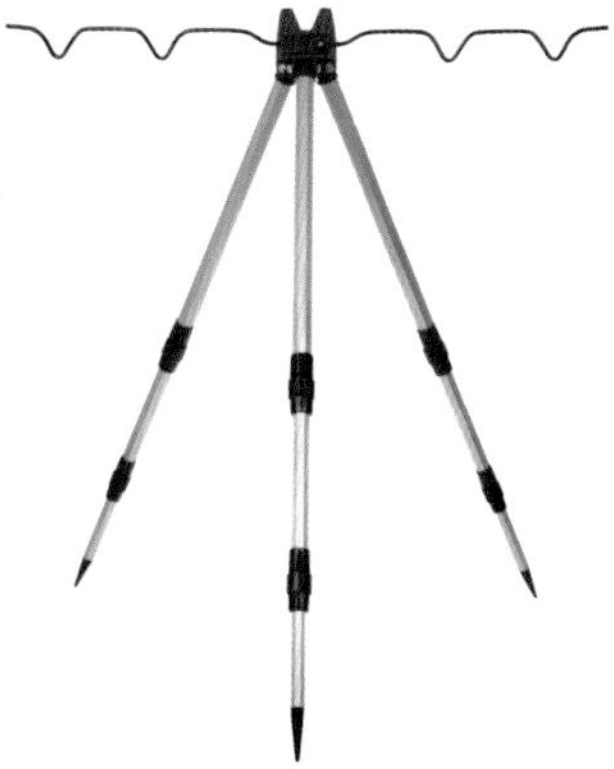

ロッドスタンド

置き竿をする際に必要になるのがロッドスタンド。竿の直置きはNG。

魚トング

釣り上げた魚にトゲがあると危険なので、魚種を見極められないうちは魚トングが必須。

フォーセップ

口が小さいシロギスやカレイがハリを飲み込むと外すのが難しいので、針外しがあると便利。

ビギナーズメモ
Beginner's Memo

水を入れたバケツで三脚を安定させる

ロッドスタンドは、脚1本を海側へ向けて立たせ、水を入れたバケツを地面から浮かせて引っ掛けて重石がわりにすると安定する。竿を地面に直置きすると、リールやミチイトに傷がつくのでNG。

ちょい投げ釣りのエサ

ちょい投げ釣りは、着水したときに衝撃がかかるため、身エサやオキアミでは外れやすい。そのため、持ちがよく外れづらい虫エサが基本になる。

マルキュー
POWER MINI ISOME
パワー
ミニイソメ
釣果はビッグ
中
MEDIUM
M

人工エサ
虫に抵抗がある人は人工エサでもOK。虫エサと比較すると食いは悪いが、活性がよい時間帯なら期待できる。

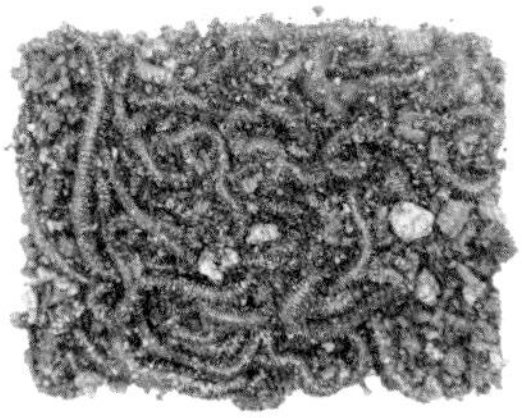

ジャリメ
口の小さいシロギスやハゼを狙うときは、アオイソメより細いジャリメの方が食い込みがよいこともある。

アオイソメ
ちょい投げ釣りはアオイソメが基本。イキのよいものを選び、しっかりアピールさせたい。食いつきが悪いときは、長さなどを調整する。

食いつきが悪いときのエサのつけ方

魚の反応が悪いときは、虫エサのタラシの長さを調整しよう。タラシとはハリ下の垂れた部分のこと。また複数つけてアピール力を高めと、思わぬ大物が釣れることもある。

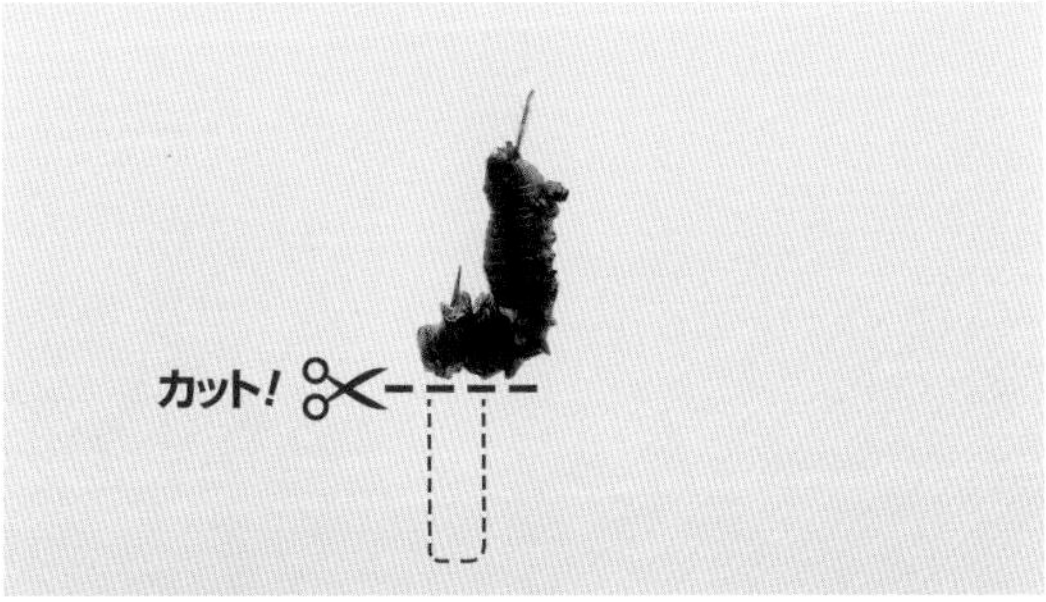
カット！

タラシを短くする
アタリはあるが、先端だけを食べられるときはタラシを短くしよう。

2cm前後

基本は「通し刺し」
頭からハリの長さに合わせて虫の胴体を通す。タラシは2cm前後が標準。

置き竿にも
有効！

虫を複数つける
大物を狙うときや長時間置き竿をするときは、虫を複数つけるのも有効。

アピール力
UP！

タラシを長くする
アタリがないときは、タラシを長くしてアピール力を高めてみよう。

ちょい投げ釣りのやり方

着底するまでオモリを落とし要所で動きを止めます

リールの巻き方

オモリ着底後のリールの巻き方は主に2つの手法にわけられる。海底が砂泥なのか、岩礁帯なのかで使いわけ、確実に魚を釣り上げよう。

パターン① 竿を上下させずに巻く

海底が砂泥なら、竿を上下させずに寝かせたまま、仕掛けを這わせながらゆっくりと巻く。カケアガリなど地形が変化すると重みを感じるので、そこで一時止まる。

パターン② 竿を上下させながら巻く

石が転がっている岩礁帯なら、竿先を小さく1～2回しゃくり上げて仕掛けを上下に動かしながら巻いていく。障害物周りに潜む魚をおびき出すようなイメージで上下させ、ラインが垂れた分を巻き取る。

ストップ&ゴーで魚を誘い出す

正しいキャスト方法やリールの使い方は2章で解説しているので、改めて確認しておこう。

ここではキャスト後にオモリが着底してからのリールの巻き方について解説する。やり方は2パターン。砂泥ならゆっくりと底を這わせて巻き、岩礁帯なら小さく竿を上下させながら巻く。当然両方を織り交ぜながら巻いてもよい。

ポイントは地形の変化を感じたところで止めること。このストップ&ゴーで底に潜んでいる魚を誘い出す。

竿を寝かせたまま巻くイメージ図

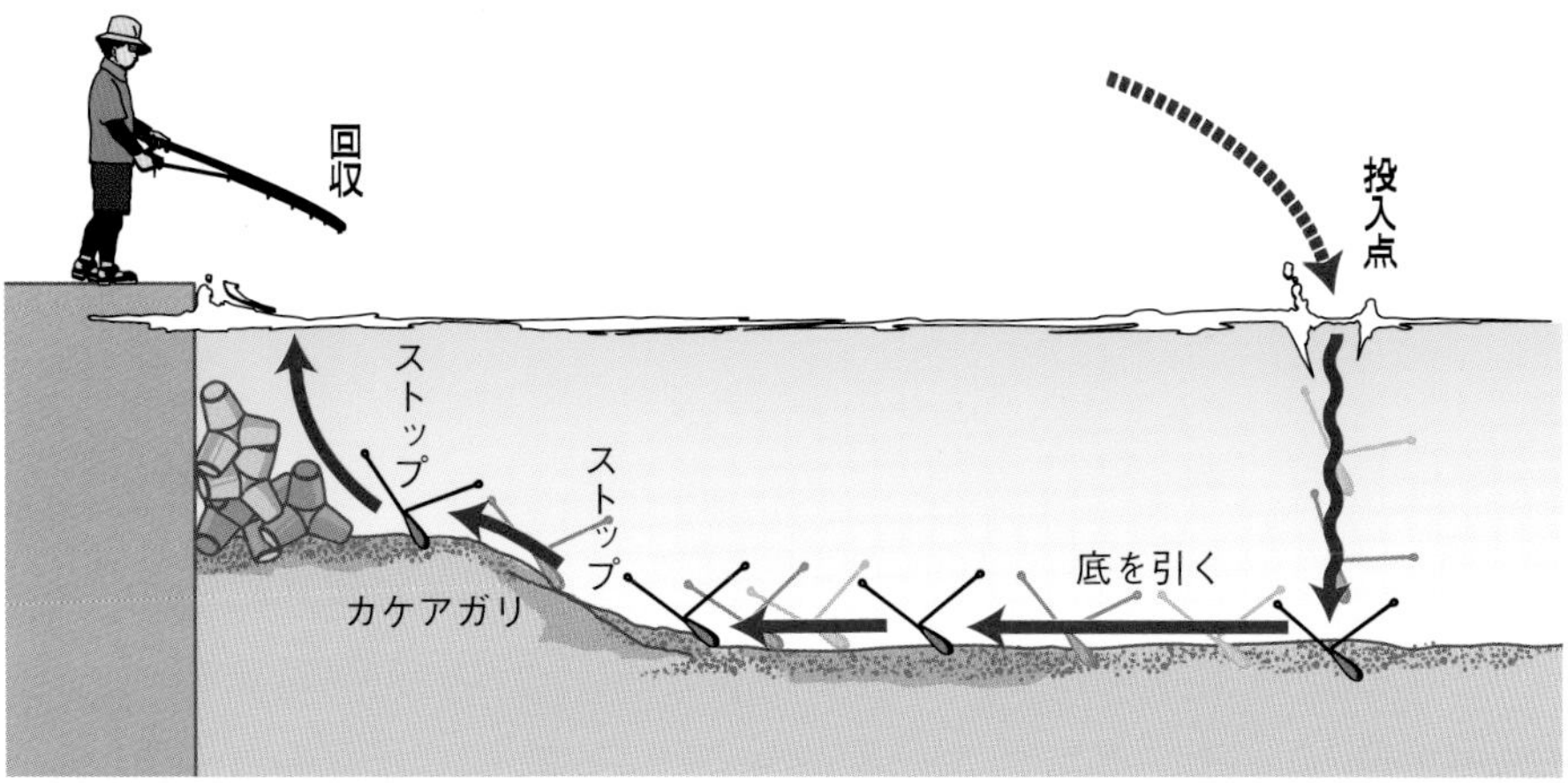

シロギスを狙う砂泥の底では1mを5〜10秒かけてゆっくり巻く。カケアガリでは重みや違和感があるので、そこで数秒止めてシロギスを誘い出す。

竿を上下させながら巻くイメージ図

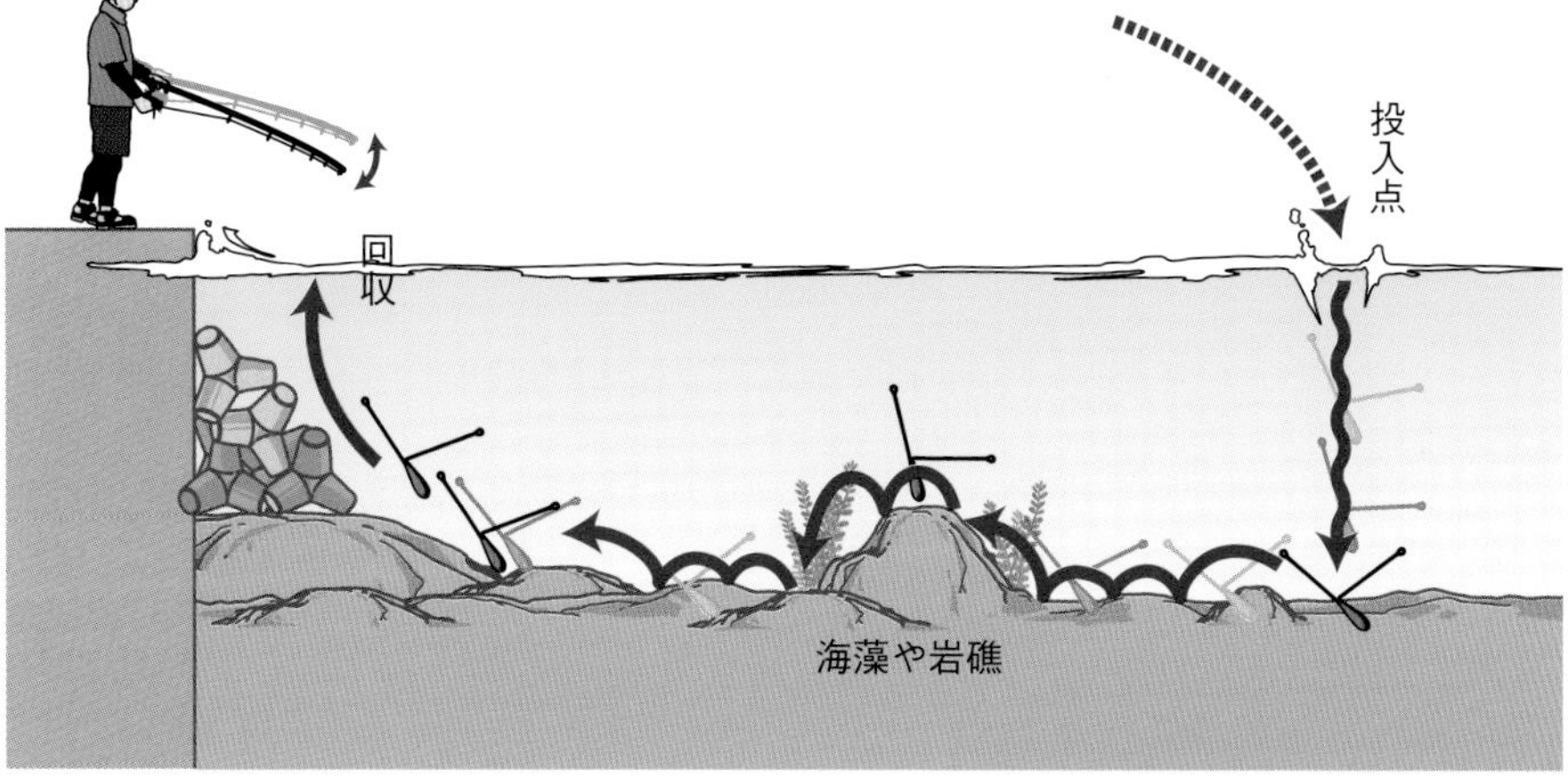

石や岩が続くような底では、根掛かりに注意して小さく上下させながら巻く。仕掛けが落ちていくタイミングで魚が食いつきやすい。

釣果を上げるコツ

足元まで気を緩めず丁寧に巻く

仕掛けを足元付近まで巻いたら一気に水面に引き上げる人がいるが、これはもったいない。堤防のきわには魚が潜んでいる可能性があるので、最後まで丁寧に巻いて魚を誘い出そう。

ちょい投げ釣りのバリエーション

竿が複数あれば扇状に投げ置き竿をするのもおすすめ

竿を置いてアタリを待つ

キャスト後はリールを巻かず、竿を置いておくのも有効な手法。魚を誘い出す動きは虫エサにまかせて気長に待ってみよう。

地形が変化しているカケアガリや岩礁帯などのポイントを把握できたら、その周辺へキャストしてアタリがくるまで待つのも有効だ。ただし、こまめに仕掛けやエサをチェックすることを忘れずに。

置き竿なら一度に広範囲を探れる

ちょい投げ釣りの手法のひとつに「置き竿」がある。これはその名のとおり、キャスト後に竿を置いておき、仕掛けをまったく動かさない釣り方だ。虫エサが水中で気ままに動き魚を誘うので、鮮度が重要になる。弱った虫エサでは食いも悪くなる。

置き竿のメリットはひとりで複数の竿を扱えること。扇状にキャストして、広範囲を探ることができる。

何度もアタリがくるような場所を見つけられたら、竿をそのエリアに集中させるのも有効だ。

扇状にキャストして待つ

竿を複数所有していれば、扇状にキャストして置き竿をしてみよう。これなら一度に広範囲を探ることができる。ただし混雑した堤防では、周囲への配慮も忘れずに。

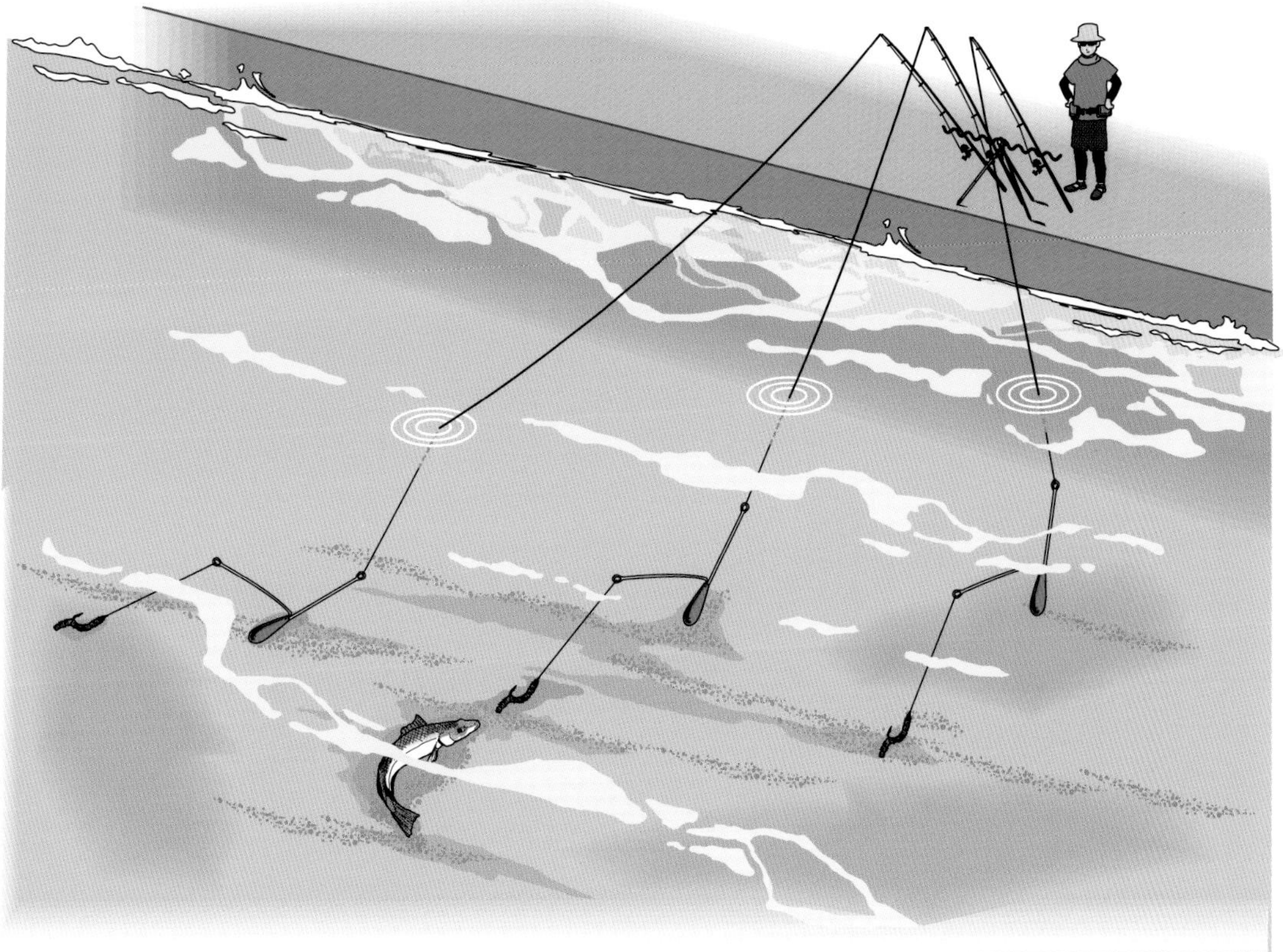

方向だけでなく、近いところから遠くまで竿によって投げる距離を変えて広範囲を探ろう。また、風や潮の流れが強いときは仕掛けも流されやすいので、ミチイトをかるく張った状態にして、となりの人と十分な間隔を空けておこなうこと。

ビギナーズメモ
Beginner's Memo

キャストと巻き上げる順は潮の流れを見て決める

海中の仕掛けは潮で流されやすい。そのため複数の仕掛けを近くにキャストすると絡まってしまうことがあるので注意しよう。キャストは潮下からおこない、巻き上げは潮上からおこなうのが基本。

例 潮が右から左へ流れているとき

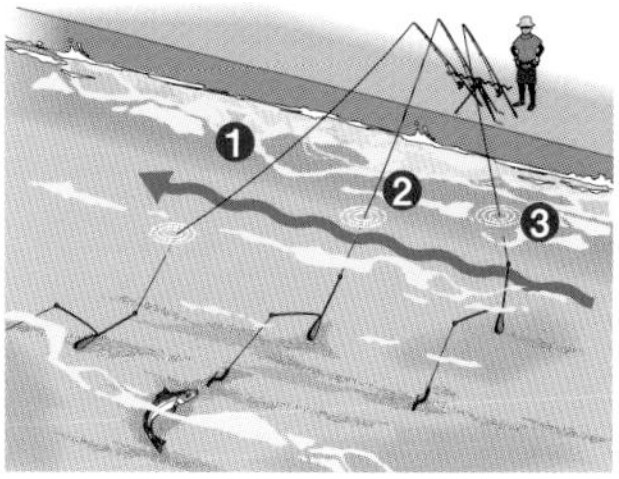

左側の竿（潮下）からキャストする

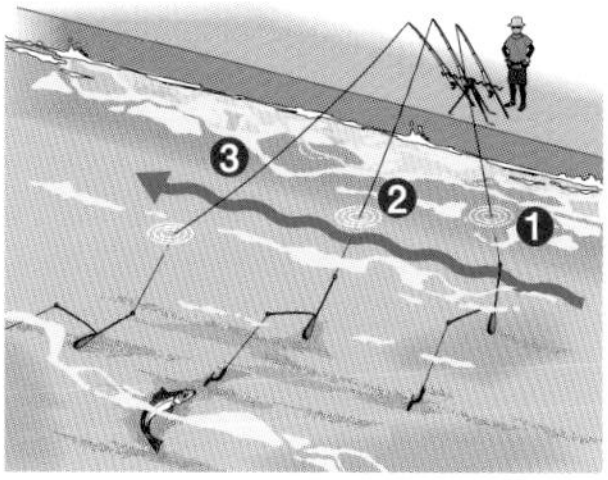

右側の竿（潮上）から巻き上げる

COLUMN 脱

釣りビギナーの道④

PEラインを使ったシーバスの仕掛け

スズキは「シーバス」とよばれ、強い引きや激しいジャンプなどから、ルアー釣り愛好家から人気が高い。狙うサイズにもよるが、基本は0.8〜1.2号のPEライン、リーダーはフロロカーボンラインを1〜1.5mほど。ルアーは活性が高いときはミノープラグで表層を狙い、活性が低いときはバイブレーションプラグで深層まで探る。どちらも巻き方はただ巻きが基本。またハードルアーに反応がないときは、ソフトルアーを試してみるのもよい。飛距離は出ないが、ポイントをどんどん移動しながら広い層を探ってみよう。

シーバスの仕掛け例

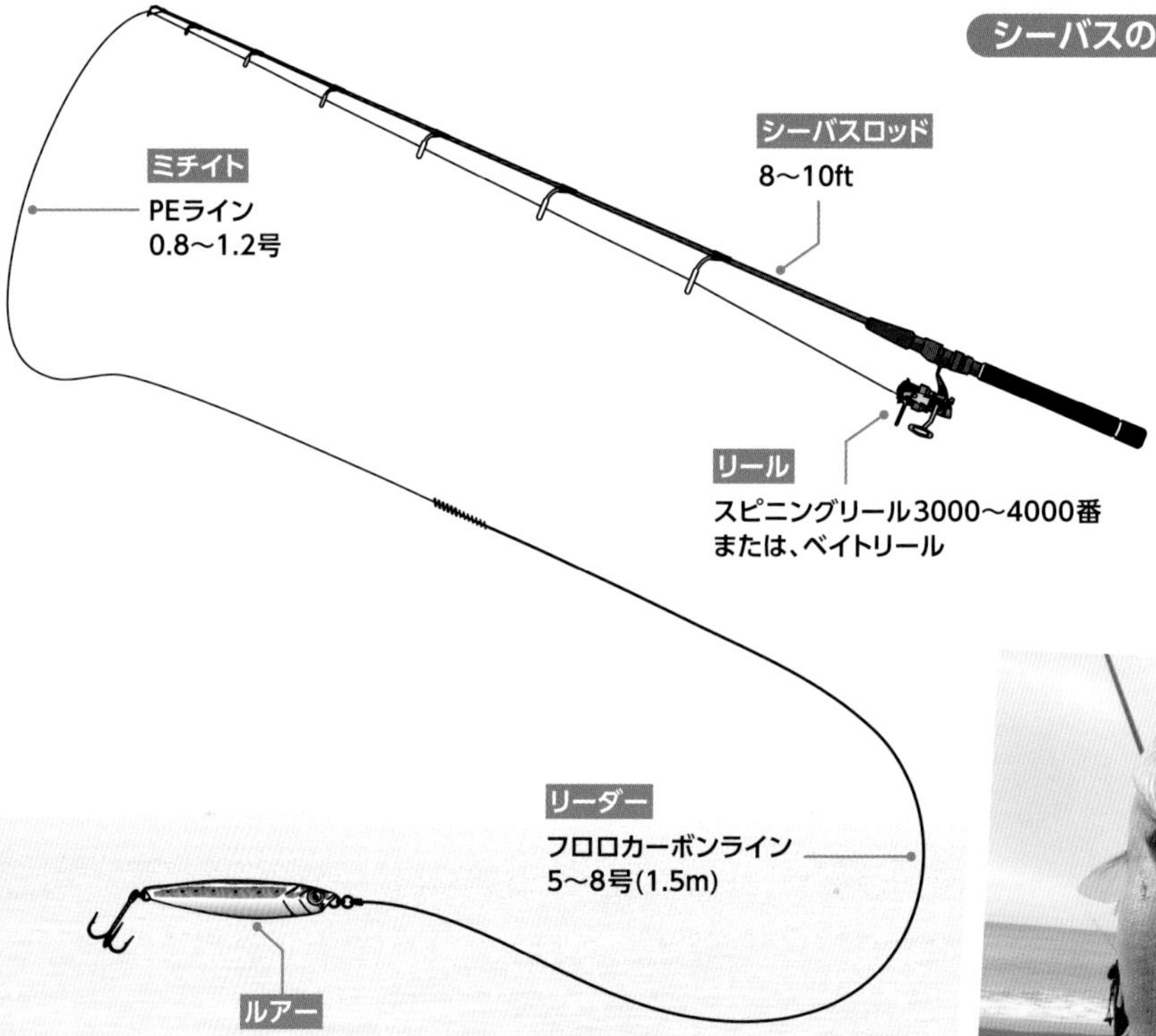

ミチイト
PEライン
0.8〜1.2号
シーバスロッド
8〜10ft
リール
スピニングリール3000〜4000番
または、ベイトリール
リーダー
フロロカーボンライン
5〜8号(1.5m)
ルアー

東京湾のような都心に近い港湾部でも1m近い大型サイズを釣り上げることができるのがシーバス釣りの魅力。

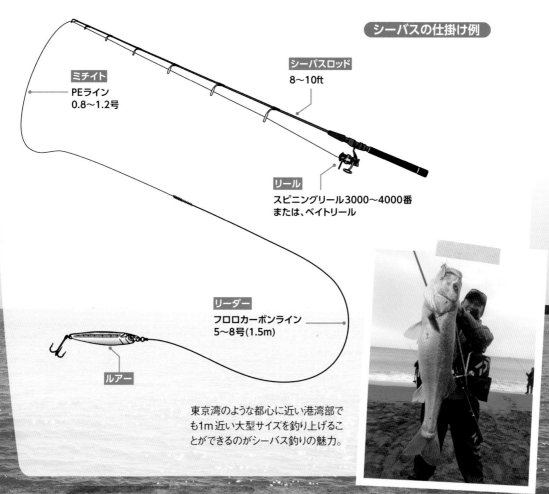

PART5

根魚の棲家を狙う！
探り釣り

消波ブロックの隙間から仕掛けを落とす探り釣り。障害物に身を潜めている根魚の前にエサを落とすことができれば、高確率で釣り上げることができる。仕掛けもシンプルなので、坊主逃れのためにも、常に仕掛けを常備しておきたい。

探り釣りの楽しみ方

棲家を狙うので実はかなり高確率で釣れます

メインではなくても仕掛けを常備しておこう

探り釣りは、ほかの釣り方とは異なり、魚の棲家をピンポイントで狙う攻めの釣り。

消波ブロックや岩礁帯などの障害物の隙間にあるぽっかり空いた穴に仕掛けを落とし、アタリがなければすぐに場所を移動する。地域によっては「穴釣り」とよばれることもある。サビキ釣りやちょい投げ釣りがイマイチなときや、潮回りが悪いときでも安定して釣果を上げることができる。「坊主逃れ」のためにも、探り釣りの仕掛けは常に用意しておくとよいだろう。

探り釣りの特徴

海底から積み上げられた消波ブロックの隙間などにエサを落とし、海底にいる魚を狙うのが探り釣りだ。

特徴① 根魚の棲家を狙う

ほかの釣り手法と決定的に違うのは、魚がいるポイントに直接エサを落とすこと。対象魚は消波ブロックの隙間などにいる根魚に限定されるが、ヒットする確率はかなり高い。

特徴② 仕掛けや釣り方がシンプル

仕掛けはオモリとハリが一体となった「ブラクリ」を使用する。釣り方は、エサをつけたブラクリを魚がいる穴に落としてアタリを待つだけ。アタリがなければ次の穴に移動するというシンプルなものだ。

特徴③ アタリを強く感じられる

仕掛けは、ウキなどを介さずミチイトの先に直接ハリ（ブラクリ）をつけるだけ。そのためアタリをダイレクトに感じられ、釣果はもとより、釣りの楽しさを存分に味わえる。

探り釣りの対象魚

対象魚はアイナメやカサゴ、メバルなど。これらの魚は回遊することはなく、障害物（根）に棲みついているため根魚と総称される。

対象魚	1月	2月	3月	4月	5月	6月	7月	8月	9月	10月	11月	12月
アイナメ	○	○	△	△	△	△	△	△	△	△	○	○
アナゴ				△	○	○	○	△	△	△		
カサゴ	○	○	○	○	△	△	△	△	△	△	○	○
キジハタ	△	△	△	△	△	○	○	○	○	△	△	△
キュウセン	△	△	△	△	△	○	○	○	○	○	△	△
メバル	△	△	○	○	○	○	△	△	△	○	○	○

※上記は関東エリアにおける釣果目安です。

アイナメ

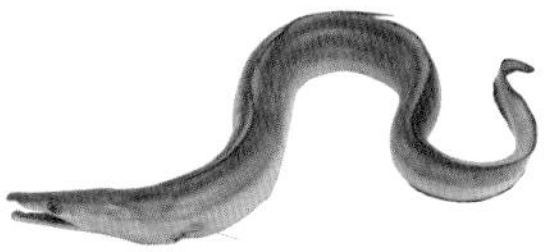

アナゴ

カサゴ

キジハタ

キュウセン

メバル

探り釣りのポイント選び

障害物の隙間などに根魚は身を潜めています

探り釣りの対象魚泳層イメージ

探り釣りは海底を棲家としている根魚を狙う。このような魚は消波ブロックや岩礁帯などに身を潜めていることが多い。

探り釣りのポイントは、消波ブロックや岩礁帯など、魚が身を隠すことができるような場所。根魚は回遊せずに、このような場所で小魚や甲殻類を食べて成長する。

探り釣りは灯台下暗し!?

探り釣りでまず狙いたいポイントは消波ブロック。消波ブロックは海底から積み上げられているので、うまく着底できそうな隙間を見つけられるかが鍵になる。

注意点としては、消波ブロックには乗らないこと。万が一足を踏み外したりしたら危険。あくまでも堤防から探ること。

ほかには、堤防の足元も狙い目だ。一見すると何もないようにも思えるが、コンクリートの隙間などに身を潜めていることも多い。

探り釣りのおすすめポイント

「自分が魚だったら、どこに隠れるかな？」と想像してみるとよい。やはり消波ブロックや岩礁帯など、周囲から遮断されたような場所が狙い目になるだろう。

おすすめポイント①
消波ブロックの隙間

定番は積まれた消波ブロックの間にできた穴。消波ブロックのある海底は根魚の棲家なので、海面が見えるような穴があれば、どんどん仕掛けを落としてみよう。

おすすめポイント②
岩礁帯の周り

海底に大きな石が転がっているようなところも狙い目だ。堤防から近ければ落とすだけでよく、少し離れていたらかるく投げて狙うことになる。

おすすめポイント③
堤防の足元

堤防の壁ぎわにも根魚がいる可能性がある。貝などが密生していたり、カニがいるような堤防であればさらに期待できる。また、この貝やカニをエサとして使うこともできる。

おすすめポイント④
係留船の周り

岸壁と係留船の間や、船底の影ができるところも狙い目だ。日の当たる日中は、このような薄暗い場所に身を隠していることがある。ただし、船のロープなどには注意すること。

探り釣りの装備

オモリの下にハリがついたシンプルな仕掛けを使います

ビギナー向け 探り釣りの仕掛け

穴に落とす探り釣りは、ミチイトにブラクリを結ぶだけのシンプルな仕掛けを使う。これにより根掛かりも最小限に抑えられる。

ミチイトにブラクリを結ぶだけでOK!

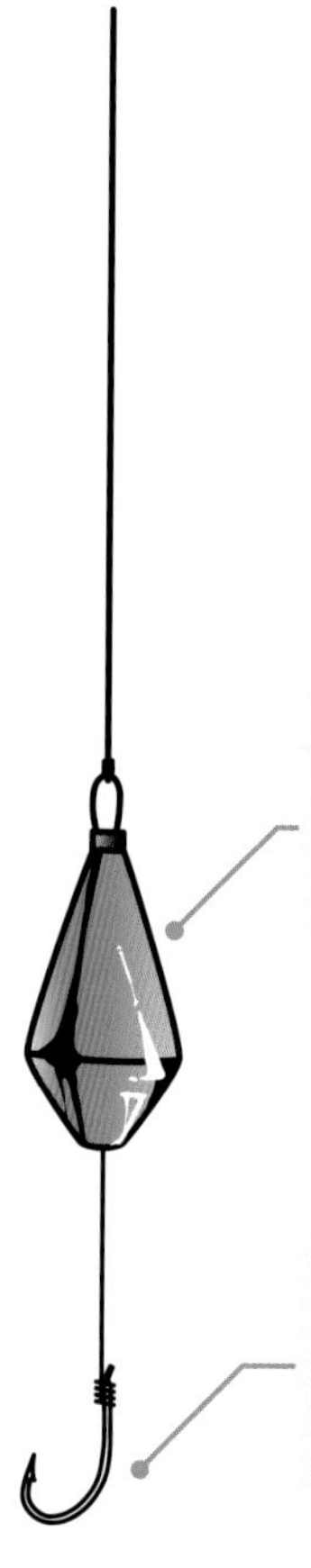
ブラクリ
オモリの形状は好みでわかれる。重さは4号を基準に前後2号程度幅をもたせる。
ハリ
11〜13号程度だが、根魚は口が大きいのでサイズはあまり気にする必要なし。

おすすめはこのタイプ

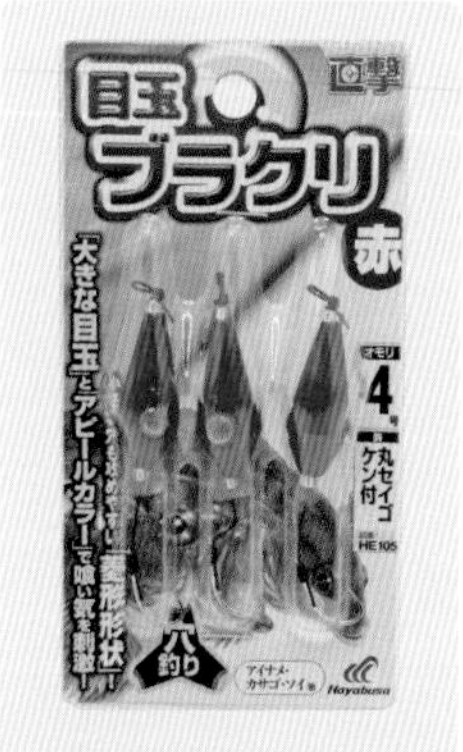
目玉ブラクリ
赤
オモリ
4
穴釣り
Hayabusa

ソロバンの珠のような形をしているソロバン型は根掛かりしづらいのでおすすめ。

ダイレクトに伝わるアタリを楽しもう

探り釣りの仕掛けは、ミチイトの先にブラクリとよばれるオモリつきのハリをつけるだけのシンプルなもの。

そのため魚が食いついたときのアタリもダイレクトに手元へ伝わってくる。家族で釣りに行ったものの、釣れなくて子どもが退屈しているようなときはぜひ試してほしい。グッと引っ張られるアタリを体感できるので退屈しないだろう。

ブラクリはさまざまな種類があるのである程度バリエーションを揃えておくとよい。

仕掛けを選ぶポイント

探り釣りの仕掛け選びのポイントは、ブラクリのタイプと重さ。タイプは好みや攻め方によるが、重さに関してはある程度幅をもたせて複数用意しておきたい。

ポイント①

形状によって落ち方が変わる

探り釣りの仕掛け選びのポイントは、ブラクリのタイプと重さ。タイプは好みや攻め方によるが、重さに関してはある程度幅をもたせて複数用意しておきたい。

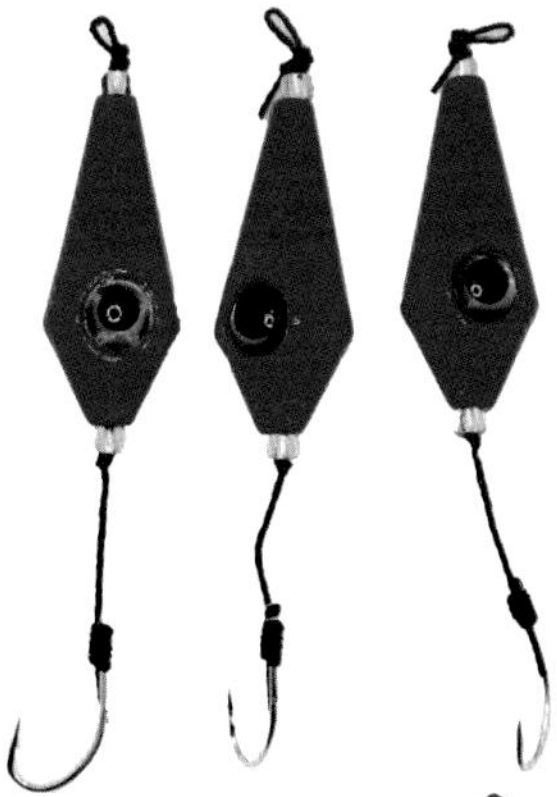

ソロバン型

根掛かりしづらい形状になっており、最もオーソドックスなタイプなので、ひとつは持っておきたい。まれに消波ブロックの隙間に挟まってしまうこともある。

丸型

転がりながら落ちていくので、消波ブロックが積み上げられた場所でも海底まで落とせやすい。また着底後も転がるので動きがつけやすい。

ブラー型

ユラユラと揺れながら落ちていくので、落ちていく過程で魚を誘うことができる。海底まで障害物が少ない穴で有効。

ポイント②

潮の流れの強さからオモリサイズを決める

波をかぶるような潮の流れが強い場所では、着底前に横に流されてしまうことがあり、狙った場所に落とすことが難しい。そのため潮に負けないだけの重さが必要になってくる。

軽い

↓

流されやすい

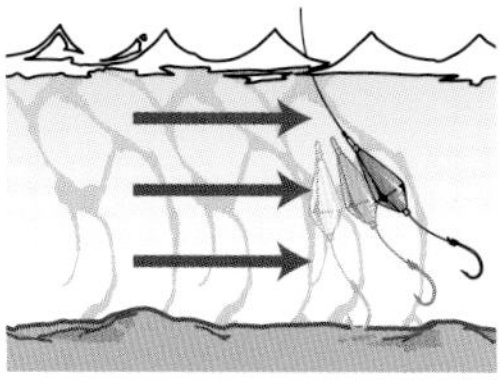

重い

↓

流されづらい

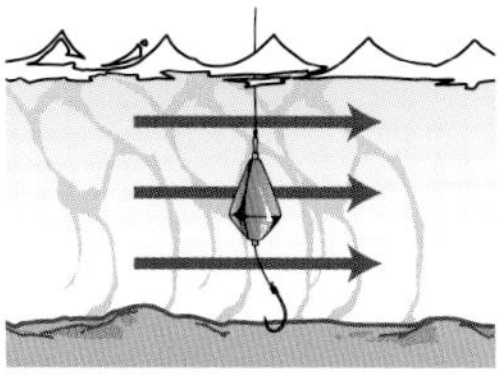

ポイント③

穴にたどり着く範囲で一番軽いオモリを使う

重すぎると落下速度が急で、着底後の動きも不自然になりがち。また魚も違和感からエサを離すことがあるので、潮に押し負けず狙った場所に着底させることができる範囲で軽めがよい。

軽い

↓

ゆっくり落ち、動きが自然

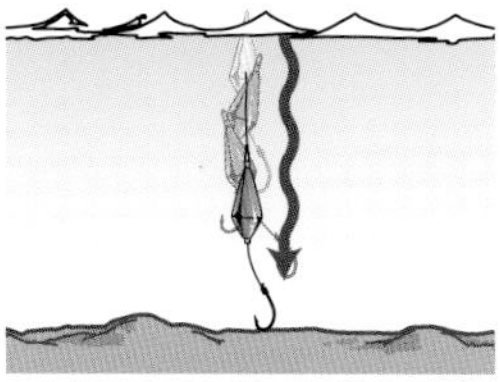

重い

↓

すぐに落ち、動きがやや不自然

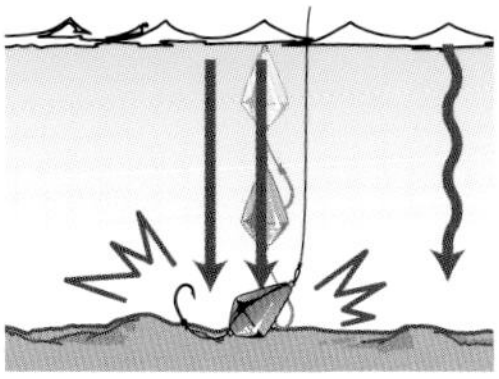

探り釣りにあると便利な道具

探り釣りの対象魚で最もポピュラーなカサゴは、トゲがあるので魚トングは用意したい。また大きな口でエサを一飲みにしてしまうので、ハリ外しもあると安心だ。

エサ箱

探り釣りは移動しながら釣るため、ベルトに取りつけられるタイプがおすすめ。エサを交換する頻度も高いので、扱いやすさを重視しよう。

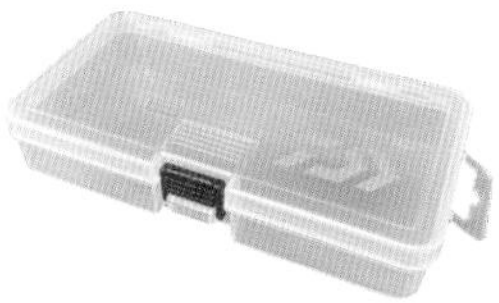

仕掛けケース

探り釣りでは根掛かりすることが少なくない。また潮の流れなどでサイズや形状を変えることも多々あるので、さまざまなブラクリを収納するケースがあるとよい。

魚トング

根魚のなかにはトゲのある種類が多く、またウツボなど噛みつかれると危険な魚もいるので魚トングは必ず用意しておこう。

フォーセップ

ブラクリのハリは根掛かりしづらいように湾曲が急になっているため、外しづらいのが難点。そのためフォーセップなどのハリ外しを用意しておいた方が無難。

釣果を上げるコツ

移動が多い探り釣りでは装備はコンパクトに！

サビキ釣りやちょい投げ釣りとは違い、探り釣りでは一箇所に腰を据えることはない。魚を求めて移動しながら釣るため、道具はショルダーバッグなどへコンパクトにまとめてフットワークを重視する。

探り釣りのエサ

探り釣りではサバやサンマなどの身エサが最もポピュラーだが、カサゴはとくに雑食で食欲旺盛のため何にでも食いつく。スーパーに売っているスルメやソーセージでも釣れることがあるほどだ。

アオイソメ

アオイソメも有効だが、探り釣りは人間が食べるおつまみなど、どんなエサでも釣れるので、エサをつける手間などを考えるとイチオシというわけではない。

身エサ

サバやサンマなど青魚の身がエサ持ちもよく、ニオイで魚をおびき出すこともできるのでおすすめ。皮目から刺し、再び皮目にハリが出るように刺すと外れづらい。

貝やカニ

アサリなどの貝も有効だ。また堤防にいる貝やカニをハリにかけるのもよい。根魚の代表でもあるカサゴは目の前にエサらしきものが通ると反射的に食いつく。

オキアミ

冷蔵状態で保存されている2〜3cmのオキアミもおすすめだ。多くの魚の好物なので持っていて損はないだろう。

ビギナーズメモ
Beginner's Memo

ワームを使えばエサのつけ替えも不要

探り釣りはブラクリにワーム（擬似餌）をつけるだけでもよい。身エサにくらべると食いは悪くなるが、活性のよい時間帯なら十分使える。身エサの予備としてストックしておいて損はないだろう。

探り釣りのやり方

魚が潜んでいそうな穴へ次々に落としていきましょう

穴に垂直にゆっくり落とす

消波ブロックは海底から積み上がっている。そのためブロックの間をくぐり抜け、正確に海底まで落とすことが大切になる。

途中で障害物に引っ掛けることなく着底させたい。ベールアームを上げて、まずは積み重なった消波ブロックや石の間にポッカリと空いたところに落としてみよう。

魚を求めて穴から穴へどんどん移動しよう

釣りは「忍耐力」という人もいるが、探り釣りに関しては不要。むしろ真逆の「諦めのよさ」が求められる。

着底できそうな穴を見つけたら仕掛けを落とし、アタリがなければすぐに次の穴へ移動する。この切り替えが探り釣りの基本。魚がいない穴に仕掛けを落とし、そこで魚を待つのはあまりに効率が悪い。

探り釣りは、釣り座をかまえてじっくりアタリを待つのではなく、諦めと行動力を武器に動き回る釣りなのだ。

アタリがなければ即移動

探り釣りでは何度か落としてアタリがこなければすぐに移動する。エサのニオイで集魚することもできなくはないが、魚がいる場所へ落とした方がはるかに効率がよい。

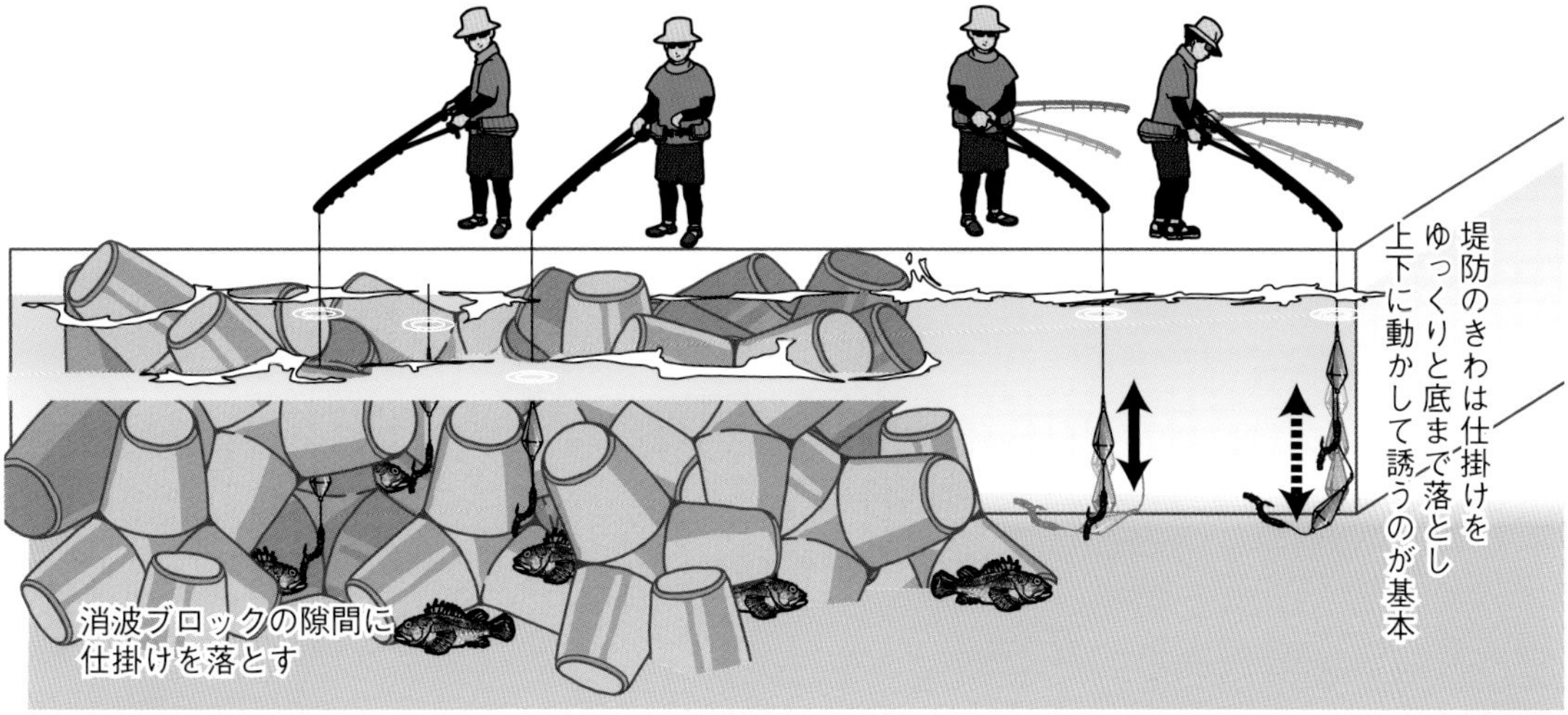
堤防のきわは仕掛けをゆっくりと底まで落とし上下に動かして誘うのが基本
消波ブロックの隙間に仕掛けを落とす

オモリが着底したら、イトフケを巻き取る。魚がいたら、すぐにコツンコツンとアタリがある。ない場合は、かるく上下に動かして魚にアピール。これでもアタリがなければ、他の穴に移動する。

堤防からでは海底が確認できなくても、消波ブロックの斜面から転がり、着底することもある。どこに落とせばよいかは経験を重ねることで徐々につかめるようになる。

釣果を上げるコツ

潜り込まれる前に即アワセで巻き上げる！

コツンコツンとアタリがきたら、すぐに合わせる（竿先をすばやく上げて、魚の口にハリをしっかり掛ける）。そのままエサを飲み込んだまま奥に潜り込まれると巻き上げることができなくなってしまう。

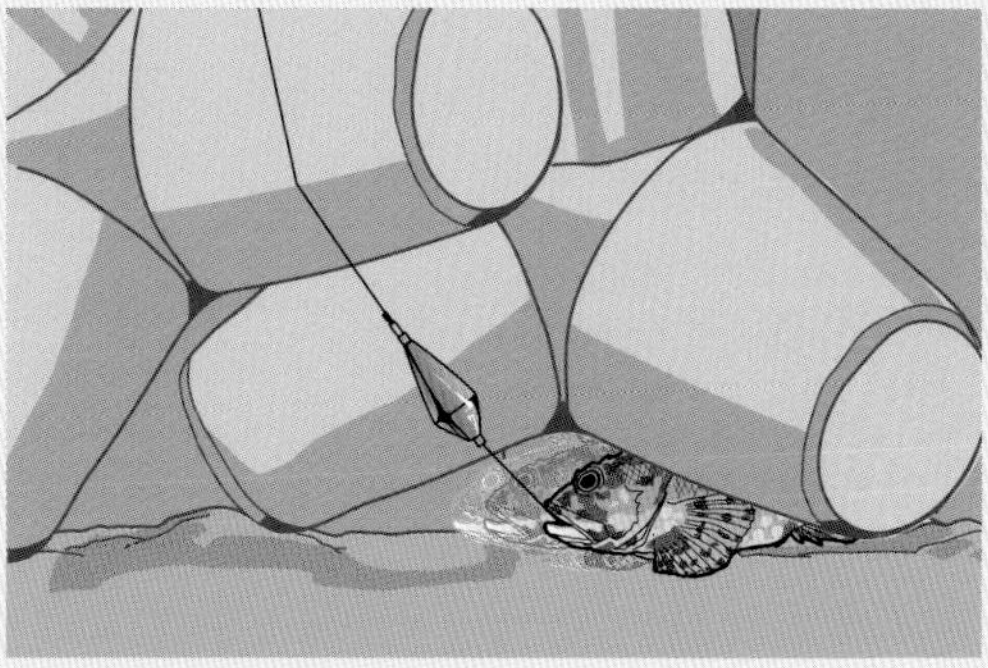

COLUMN

脱

釣りビギナーの道⑤

エステルラインを使ったアジングの仕掛け

アジをルアーで釣ることを「アジング」とよぶ。ジグヘッドにソフトルアーをセットするだけのシンプルな仕掛け。ジグヘッドの重さは0.5〜2gと軽量なので、細かい動きを演出できるようにエステルラインを使用するのがスタンダードだ。ただしアジングビギナーであれば、感度は落ちるもののミチイトにフロロカーボンラインを採用し、リーダーを挟まず直接ジグヘッドを結ぶのもあり。多少硬くゴワついた感じはするが、比重が高いため軽量なアジング仕掛けでも、キャスト時に風に流されづらいというメリットがある。

アジングの仕掛け例

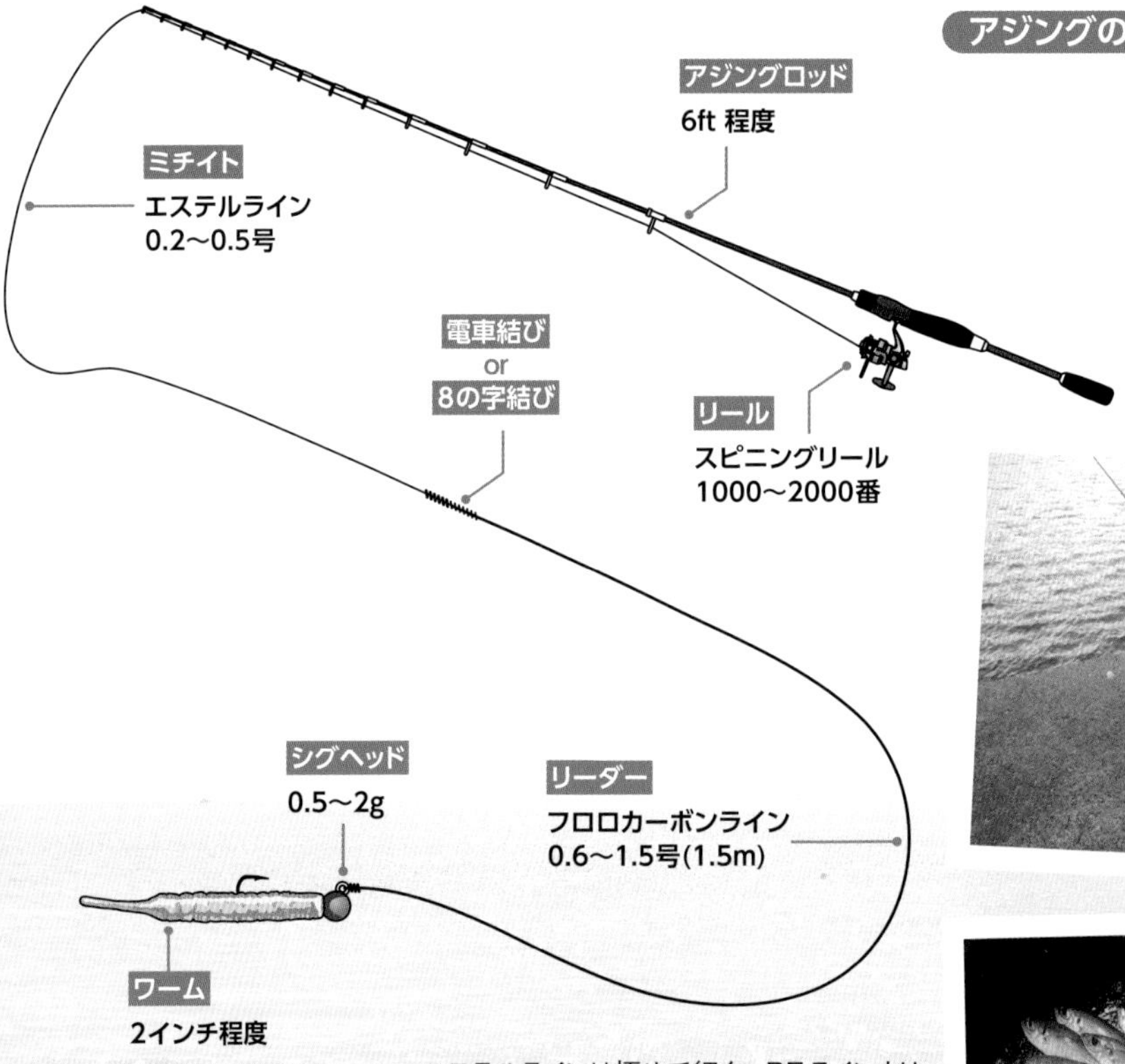
アジングロッド
6ft 程度
ミチイト
エステルライン
0.2〜0.5号
電車結び
or
8の字結び
リール
スピニングリール
1000〜2000番
ジグヘッド
0.5〜2g
リーダー
フロロカーボンライン
0.6〜1.5号(1.5m)
ワーム
2インチ程度

エステルラインは極めて細く、PEラインよりも結束や摩擦に弱いので、FGノットではなく電車結びや8の字結びでリーダーと結ぶ。

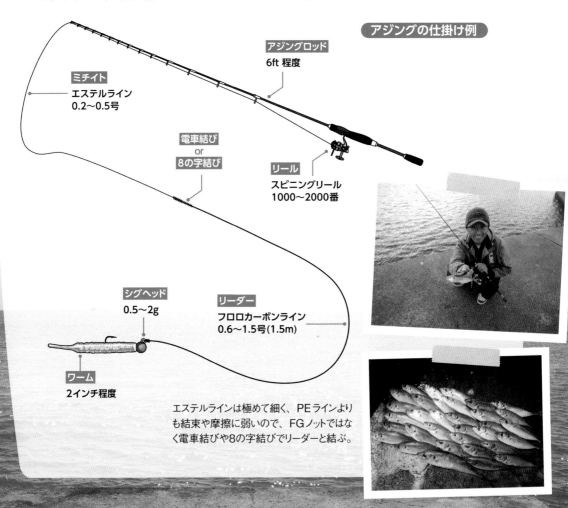

PART6

アタリがすぐにわかる！
ウキ釣り

潮の流れにまかせて仕掛けを漂わせるウキ釣り。ウキの位置を調整すれば、ハリを着底させないことができるので根掛かりしづらい。また水面に浮くウキがアタリを知らせてくれるので、置き竿をしていても安心だ。

ウキ釣りの楽しみ方

魚がエサに食いついたらウキが知らせてくれます

ほかの釣りでは攻めづらい中層を狙える

ウキ釣りのメリットは、棚を自在に調整できること。ちょい投げ釣りや探り釣りは仕掛けを海底まで落とすので、狙いは深層にいる魚になるが、ウキ釣りはウキの位置を調整することで深層から表層まで自在に棚を変更できる。

ウキ下を長くとり深層を攻めればちょい投げ釣りと同じ対象魚を狙えるし、ウキ下を短めにして中層の棚を潮の流れにまかせて漂わせれば、ほかの釣りではあまりかからない魚と出会うこともある。

ウキ釣りの特徴

水面に浮くウキの下では、潮の流れにまかせて仕掛けが漂う。ウキ釣りは、ほかの釣り手法とはまったく異なる楽しみ方を味わえる。

特徴① アタリが視覚的にわかる

ほかの釣り手法と決定的に違うのは、アタリが目でわかること。魚がエサを突いたらウキがピクピクと反応し、エサを食わえた瞬間に沈む。この過程がウキ釣りの醍醐味。

特徴② あらゆる棚を探れる

ウキの高さを調整することであらゆる棚を狙うことができる。棚とは魚がいる層のことだが、その日、魚がいる棚をすばやく見つけることが釣果を上げるコツだ。

特徴③ 根掛かりしづらい

根掛かりすると仕掛けをロストしてしまうので、できれば避けたい。ウキ釣りなら仕掛けが着底しないため、岩などに引っ掛かることも少なく、誰もがカンタンに楽しめる。

ウキ釣りの対象魚

ウキ釣りは多種多様な魚が掛かる。ウミタナゴは本命にはなりづらいがよく釣れる。40cmを超えるようなメジナが釣れることもある。

対象魚	1月	2月	3月	4月	5月	6月	7月	8月	9月	10月	11月	12月
アジ	△	△	△	△	○	○	○	○	○	○	○	△
イシモチ	○	○	△	△	△	△	△	△	△	△	○	○
イワシ	○	○	○	○	○	○	○	○	○	○	○	○
サヨリ	○	○	△	△					△	△	△	○
ハゼ	△					△	△	○	○	○	○	○
メジナ	○	○	○	△	△	△	△	△	△	△	○	○

※上記は関東エリアにおける釣果目安です。

アジ

イシモチ

イワシ

サヨリ

ハゼ

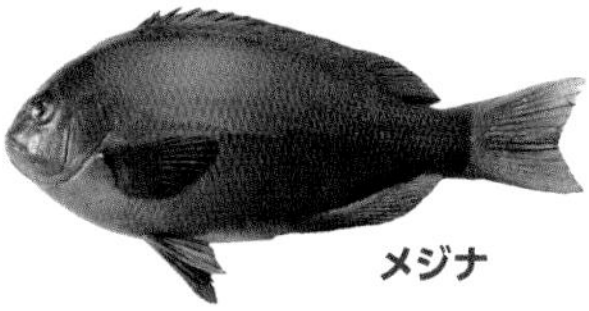

メジナ

どの層でも魚がいる棚へ自在に変更できます

ウキ釣りの対象魚泳層イメージ

ウキの位置を調整することで、どの棚にいる魚も狙うことができる。定番は障害物周りを狙った深層やそこから少し上の中層になる。

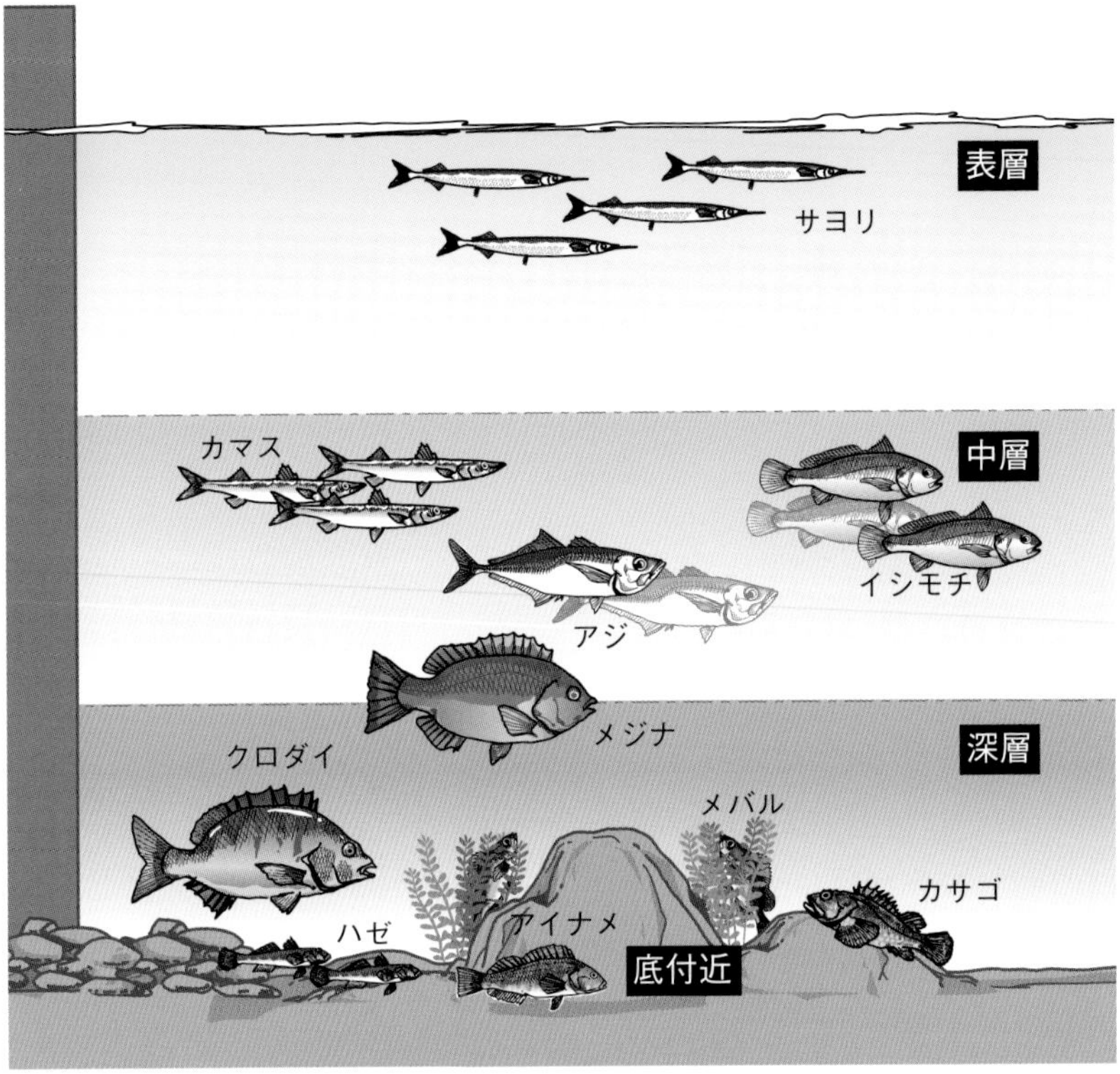
表層
サヨリ
中層
カマス
イシモチ
アジ
メジナ
深層
クロダイ
メバル
カサゴ
ハゼ
アイナメ
底付近

深層では根魚が、そこから少し上の中層ではイシモチやカマス、表層ではサヨリなども期待できる。

海のコンディション次第で棚を調整

　陸から水中がはっきり見えるほど透明度が高い日は、魚の警戒心が高まるので深層が狙い目になる。逆に活性が上がるマズメの時間帯は中層から表層が狙い目になる。

　ウキ釣りでは海の状況や魚の活性によって適切に棚を調整することが釣果につながる。

　また、ウキ釣りは仕掛けを水中に漂わせることになるので、潮の流れは必ず確認したい。潮がぶつかる場所はプランクトンが溜まり、小魚も集まりやすいので、絶好のポイントになる。

ウキ釣りのおすすめポイント

ウキ釣りは基本的に仕掛けが着底することはなく、潮の流れにまかせて水中を漂うことになる。そのため釣果を上げるには潮の流れを読むことがとても重要になる。

おすすめポイント③
堤防の先端付近

堤防の先端は潮がぶつかって流れが複雑になりプランクトンが溜まりやすい。また、回遊魚が入ってくる入り口にもなるので積極的に狙ってみよう。

おすすめポイント①
海面が揺らぐ薄濁りの日

釣りは風のない晴れた日にやりたいものだが、透明度の高い凪の日は魚の警戒心も高まるため、食いが悪くなる傾向にある。海面が揺らぐやや薄濁りの日ぐらいがちょうどよい。

おすすめポイント④
岩礁帯の周り

ウキ釣りでも海底に大きな石が転がっていたり、藻が群生しているような岩礁帯は狙い目。ウキの高さを調整して、深層の棚に届くようにしたい。

おすすめポイント②
潮がぶつかり合う潮目

流れる向きや水温が異なる潮がぶつかると、エサとなるプランクトンが溜まりやすく、それを捕食する魚が集まる絶好のポイントとなる。

ウキ釣りの装備

堤防からのウキ釣りは仕掛けセットで即完成

ビギナー向け ウキ釣りの仕掛け

仕掛けにはウキが動かない固定式と上下に動く遊動式がある。海釣りでは深層まで落とせる遊動式を使う。

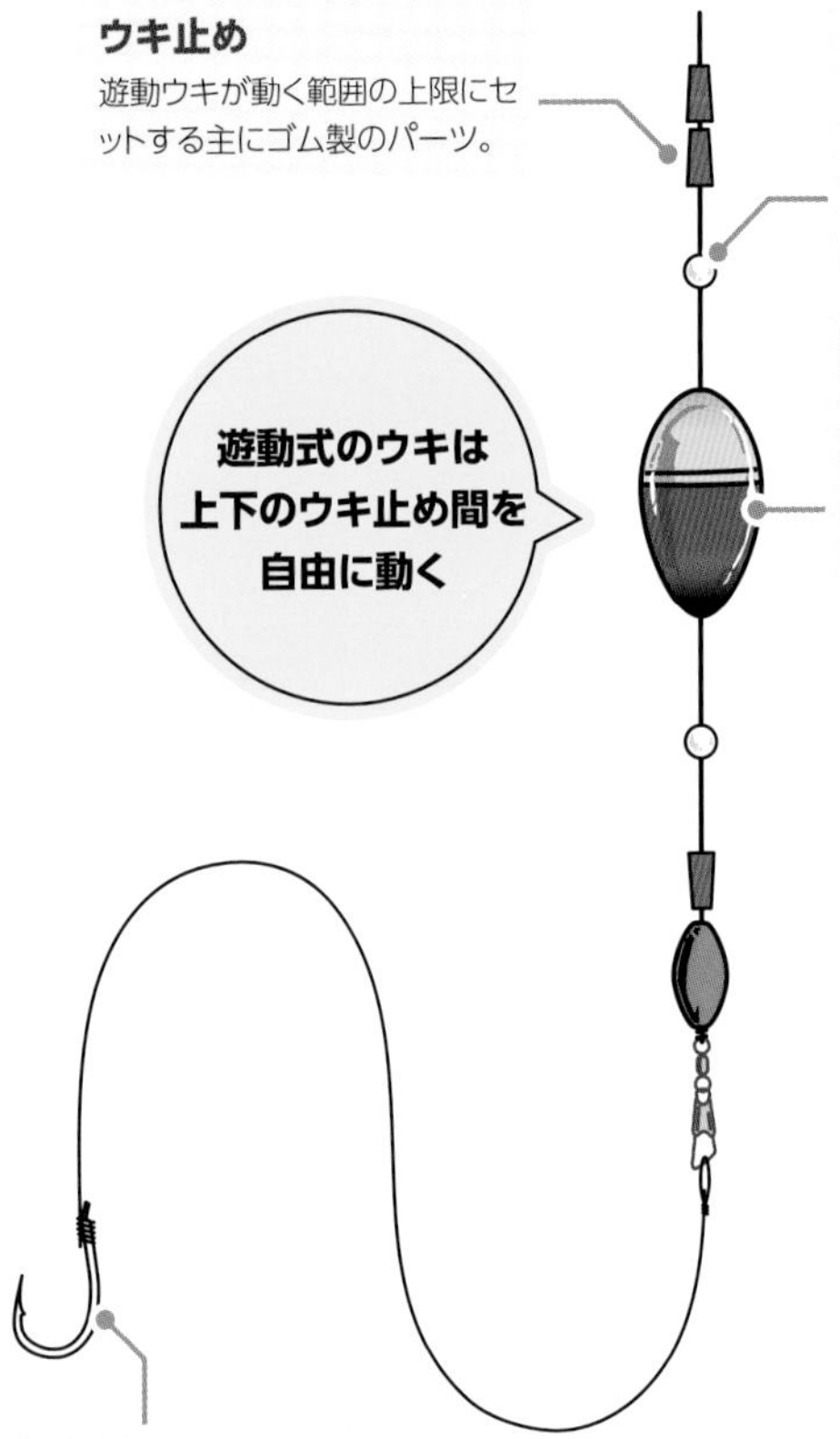

ウキ止め
遊動ウキが動く範囲の上限にセットする主にゴム製のパーツ。
シモリ玉
ビーズのようにラインを通す穴が空いたプラスティックのパーツ。ウキがウキ止めを通り抜けないようにストッパーの役割を果たす。
遊動ウキ
ウキ止めがある位置まで、ラインに沿って自然に動くウキ。狙う棚に合わせてウキ止めの位置を調整することで、ウキ下の長さを変えられる。
遊動式のウキは上下のウキ止め間を自由に動く
ハリ
対象魚に合ったサイズのハリを選択。

おすすめはこのタイプ

S
コンパクトロッドでOK!
かんたん
堤防用
ウキ釣りセット
4m
Hayabusa

ウキ止め位置を動かせ、ウキ下を自在に調整できるタイプが断然おすすめ。

ウキを使用するため付属パーツが多い

ウキ釣りの仕掛けはパーツが多い。ウキが動く範囲の上限につける「ウキ止め」、そのウキ止めをウキが通り抜けないようにストッパーの役割を果たす「シモリ玉」。オモリには「ガン玉」を使い、ウキの浮力を調整する。そして何より形や機能が異なる中から最適な「ウキ」を選ぶ必要がある。

これらパーツをひとつずつ揃えるのはビギナーにはハードルが高い。慣れるまではすべて揃ったセットがコストパフォーマンスもよくおすすめだ。

仕掛けを選ぶポイント

ウキ仕掛けの難点はパーツが多いこと。上級者になれば一つひとつのパーツを買い揃えて、自分なりの仕掛けを作ったりもするが、まずは潔く「仕掛けセット」を使おう。

ポイント

ビギナーの堤防ウキ釣りは「仕掛けセット」一択

ウキだけではなく、ウキ止めやスナップつきヨリモドシ、ハリとすべてがセットになっている遊動式の「仕掛けセット」を選ぶ。これならミチイトに結ぶだけですぐに釣りをはじめられる。

ウキ釣り仕掛けセットの使い方

ウキ釣り仕掛けセットは、仕掛けが長いので、先端の輪から少しずつ引っ張ること。その輪にミチイトを結び、ウキ止め位置を調整すれば完成だ。

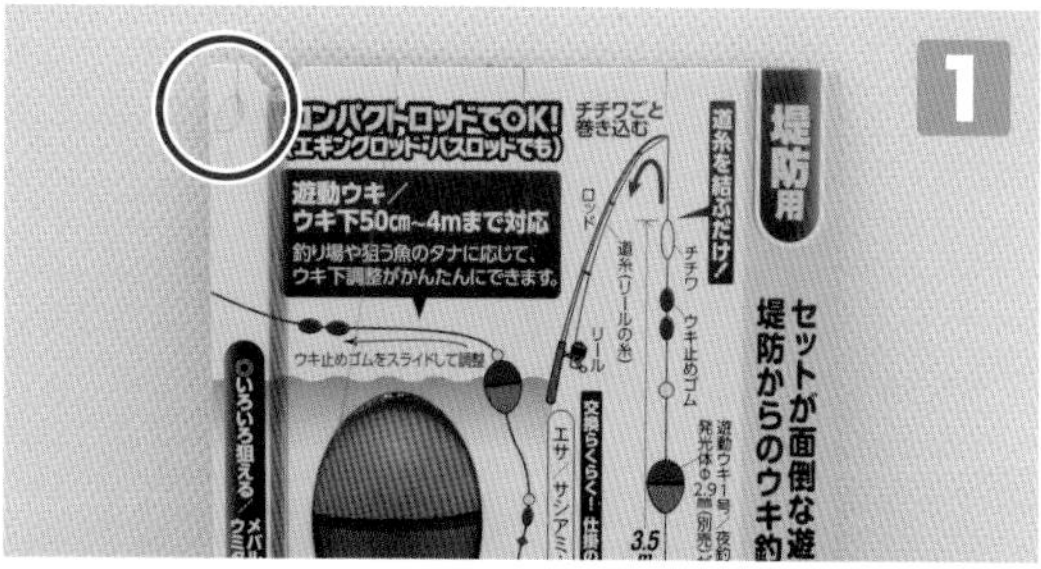

先端の輪っかを引っ張る

仕掛けのすべてを袋から取り出すと絡まることがあるので、先端の輪から少しずつ引っ張る。

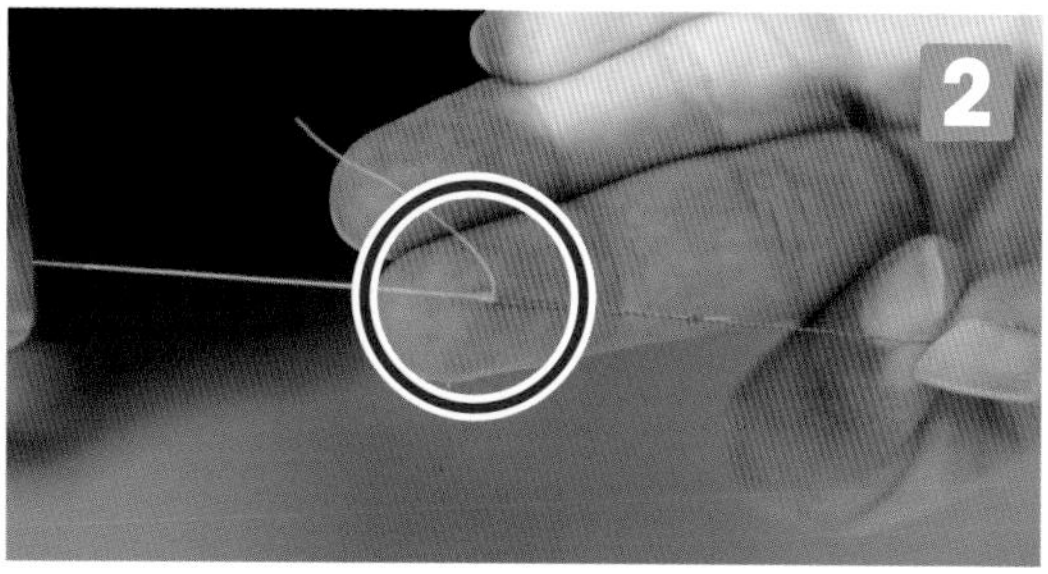

輪っかにミチイトを結ぶ

仕掛けの先端はチチワ（輪）になっているので、そこにミチイトをクリンチノットで結ぶ。

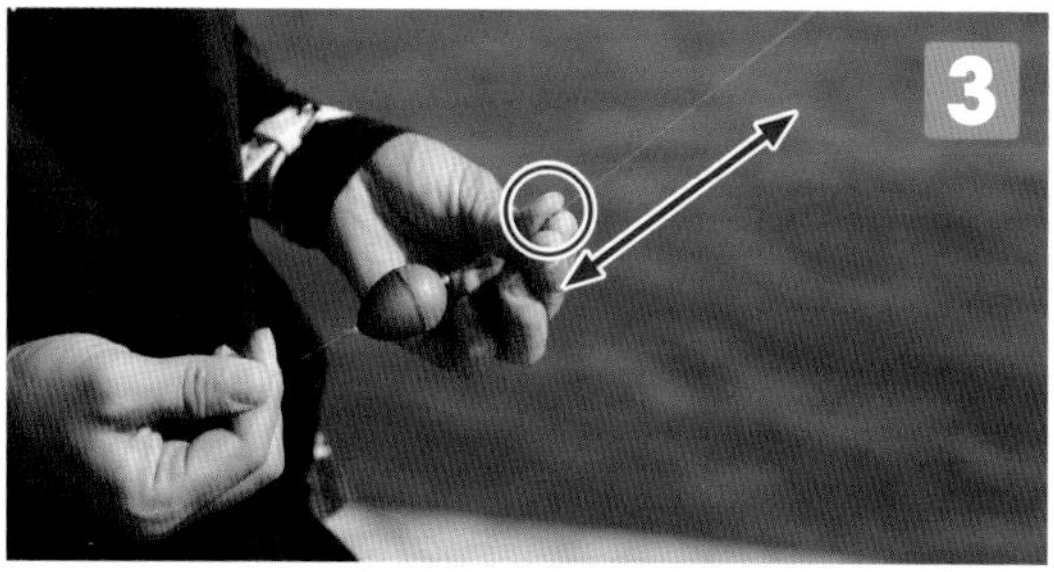

ウキ止め位置を調整

ミチイト寄りのウキ止めをつまんでスライドさせ、ウキ下の長さを狙った棚に合うように調整する。

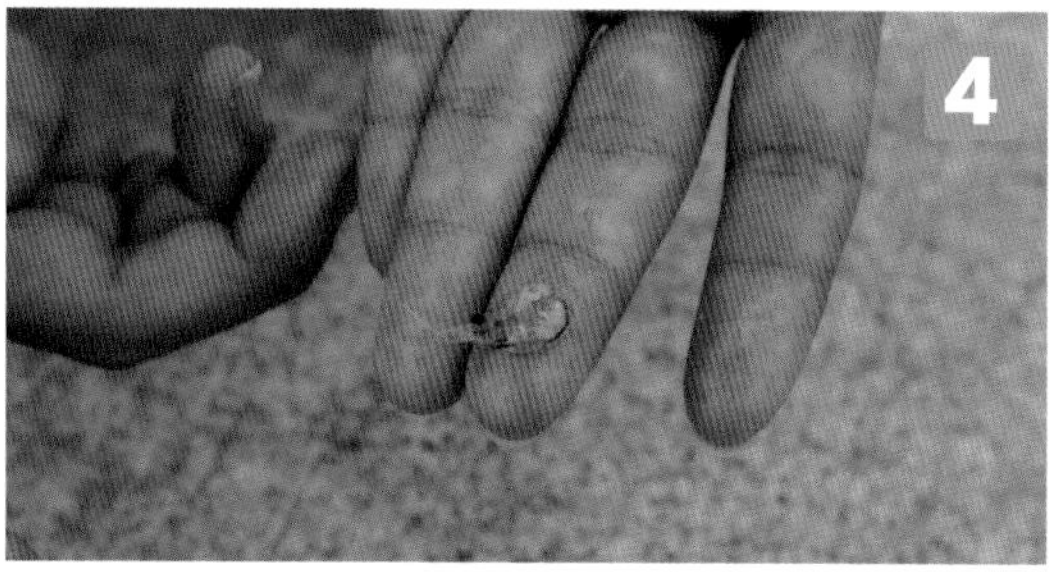

エサをつけて釣り開始！

仕掛け作りがとても難しかったウキ釣りも、これを使えばすぐにはじめられる。

ウキ釣りにあると便利な道具

ウキ釣りでは、魚を集めるための寄せエサを使用するため道具も多くなる。また、思わぬ大物がかかることもあるので、玉網も用意しておくとよいだろう。

エサ箱

ウキ釣りのエサの定番はアオイソメ。購入時のパックに長時間入れたままにすると弱りやすいので、通気性のよい木製エサ箱に移そう。

水くみバケツ

アミエビの解凍で海水を使用することがあるので、ウキ釣りでは水くみバケツは必須。エサでベタついた手を洗うこともできる。

コマセバケツ

冷凍アミエビを入れるためのコマセバケツ。ウキ釣りではバケツを2つ使うので荷物が多くなるが、必須なので忘れずに。

ヒシャク

撒きエサとしてコマセを撒くときに必要になる。コマセバケツとセットで用意しておこう。

玉網

魚を掬い上げる網。タモともよぶ。40cmサイズのメジナが掛かったような場合、玉網がないと引き上げるのは難しい。

魚トング

ウキ釣りは五目釣りになりやすいので、ときには危険な魚が掛かる場合もある。そのため魚トングは必ず用意しておこう。

フォーセップ

魚に触れずにハリを外せるので、魚トングと同様に用意しておきたいアイテム。

ニオイとりシート

オキアミを触ると手がベタベタしやすく、コマセは独特のニオイがあるので、気になる人は用意しておくとよい。

ウキ釣りのエサと寄せエサ

ウキ釣りのつけエサはオキアミを使うのが一般的。そして寄せエサとして冷凍アミエビに配合エサを混ぜたものを撒く。揃えるものが多いがどれも欠かせない。

オキアミ

ウキ釣りの定番はオキアミ。尾羽を取り、その切り口から身のカーブに沿って腹がけにする。

アオイソメ

ウキ釣りの基本はオキアミだが、反応が悪いときなどにアオイソメに変えると食いがよくなる場合もある。

冷凍アミエビ

常温保存のチューブタイプでもよいが、1kg程度は欲しいので、冷凍タイプを海水で溶かして使用した方がコストパフォーマンスは高い。

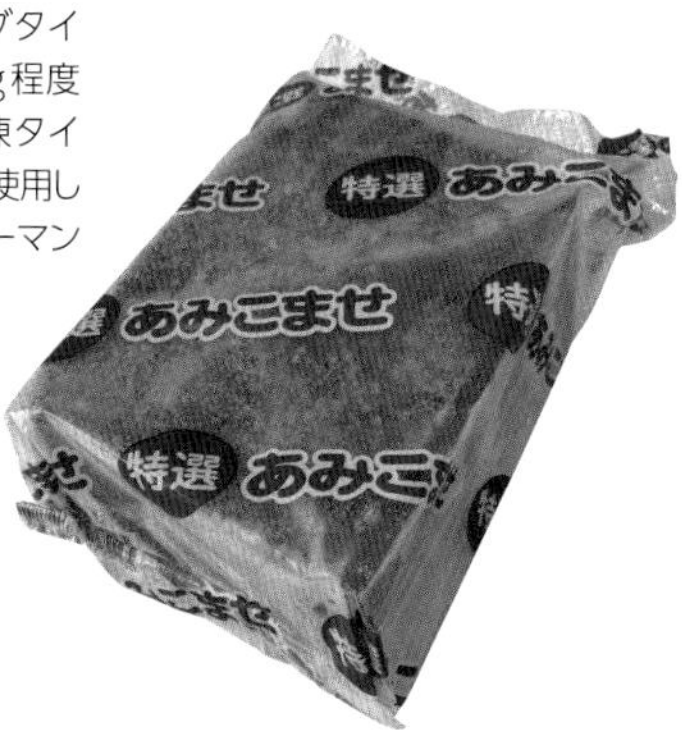

混ぜる
＋

配合エサ

アミエビに混ぜ集魚力を高める。種類や量によって沈むまでの時間が異なるので、狙う棚によって調整する。

釣果を上げるコツ

白くなってきたら エサを替えるタイミング

魚に食われないからといって、同じオキアミをずっとハリに刺しておくのは NG。ニオイもなくなりますます魚に見向きされなくなる。薄ピンク色から白に変色してきたら交換する。

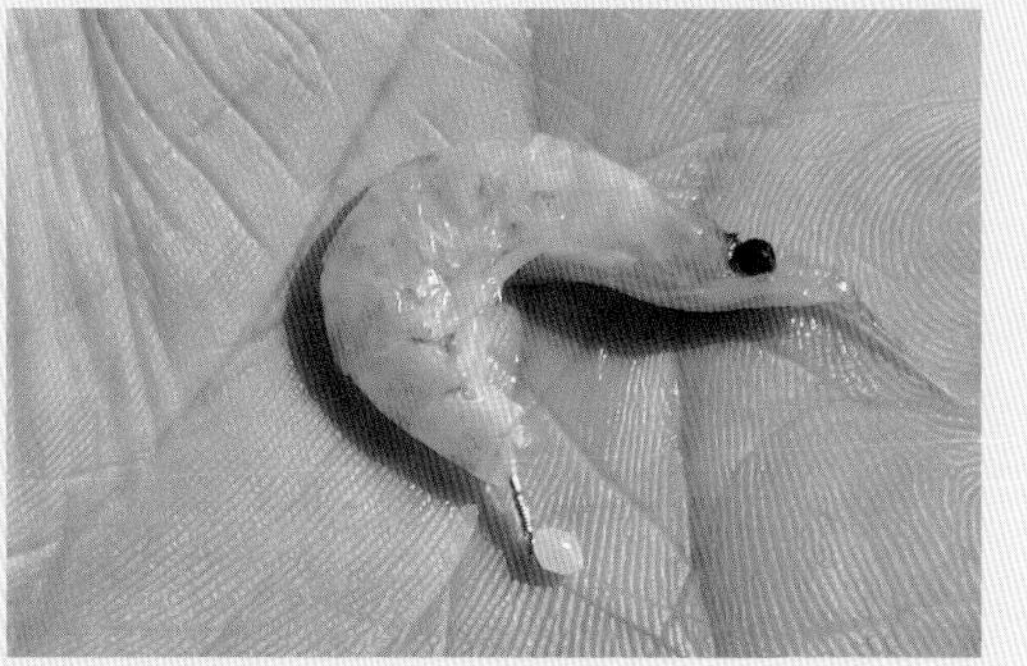

ウキ釣りのやり方

潮の流れを計算して潮上からエサを撒きます

寄せエサを撒いて潮を読む

いきなり仕掛けを投入するのではなく、まずは寄せエサを撒き潮の流れを確認。大まかに前後左右が確認できれば OKだ。

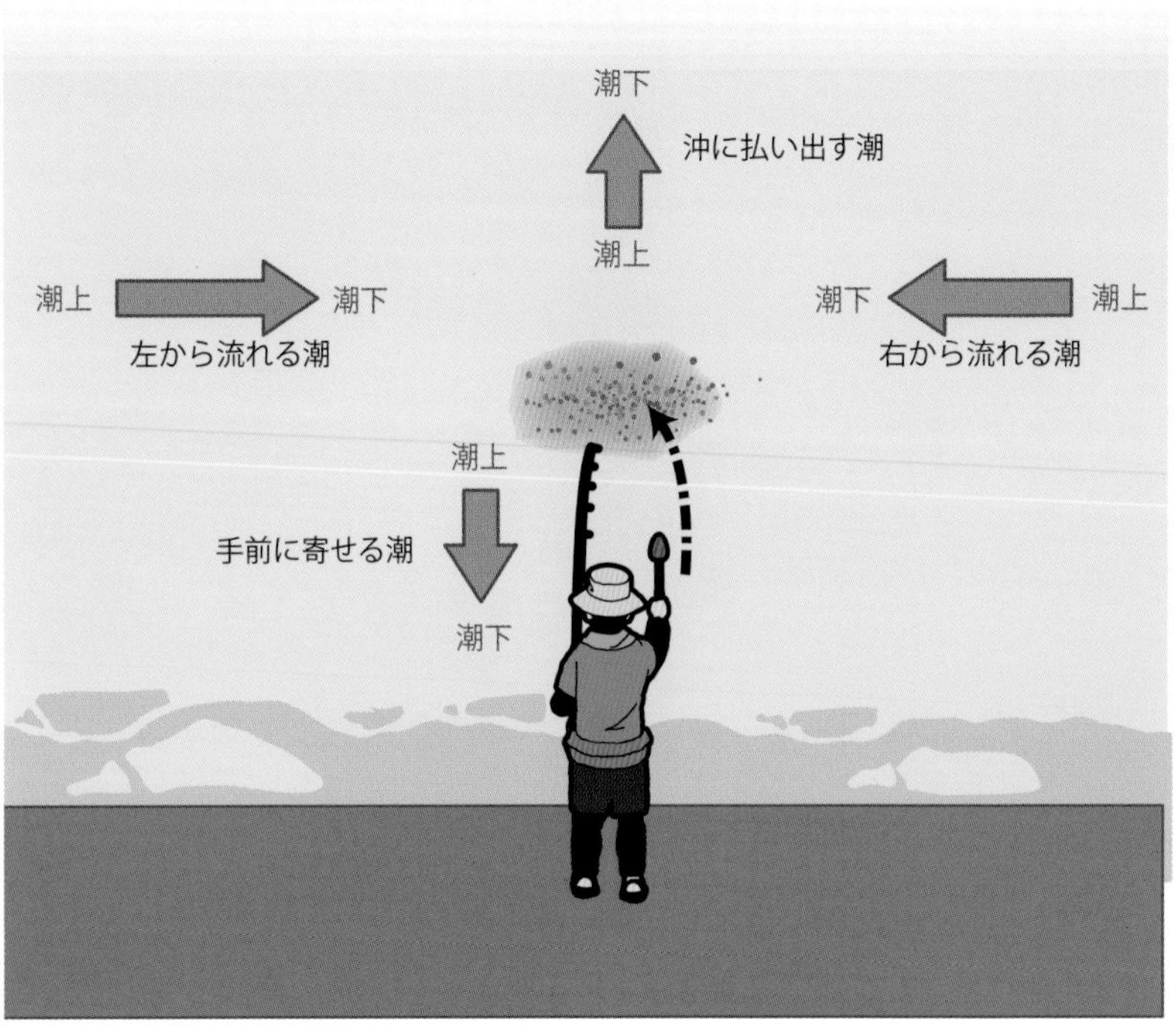

通常「潮止まり」の時間帯以外は、何らかの潮の動きがある。複雑に流れることもあるので、確認は前後左右がわかる程度でよい。

沖へ払い出すポイントを見つけたい

ウキ釣りはするときは、潮の流れの強さや方向を把握しておきたいので、まずは寄せエサを撒いてみる。広範囲を回遊する魚を狙う場合は、流れが横方向ではなく、沖へ払い出す流れのポイントを見つけたい。このような場所にはプランクトンも集まりやすく、かるく投げたあとは仕掛けを流れにまかせて放っておくだけでよい。

根魚を狙う場合は、岩礁帯や消波ブロック周りを狙い、ウキ下を長くとり、根掛かりを恐れずに底付近まで探る。

寄せエサが流れる先にキャストする

寄せエサを撒いてからキャストする工程で重要なことは、寄せエサと仕掛けを同調させること。潮を読み、エサが流れる先にキャストできるようになろう。

1

まずは寄せエサを投入

あらかじめ潮の流れを確認し、狙うポイントの潮上に寄せエサを数回にわけて投入する。

2

潮を先読みして竿をキャスト

寄せエサが流されてくる場所へ先読みしてすかさずキャストする。

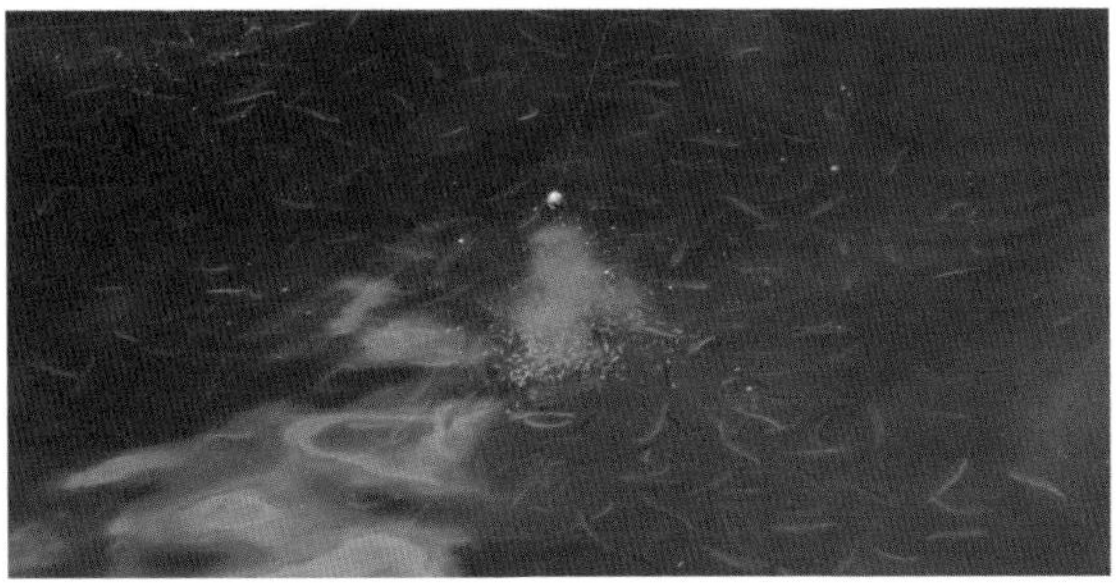

3

寄せエサに同調させる

拡散した寄せエサと仕掛けが同調しながら潮下へ向かうとよい。

釣果を上げるコツ

パン粉入り配合エサで沈む速度を緩やかにする

アミエビに混ぜる配合エサの種類によって沈んでいく速度が変わる。パン粉など比重の軽いものを混ぜればゆっくりと沈んでいくので、仕掛けを同調させやすい。

食いが渋いときはエサと棚を見直しましょう

エサのつけ方を変えてみる

反応はあるけれど、しっかり食いついてこないようなときはオキアミの頭をカットしてみるとよい。

通常時 頭を残す

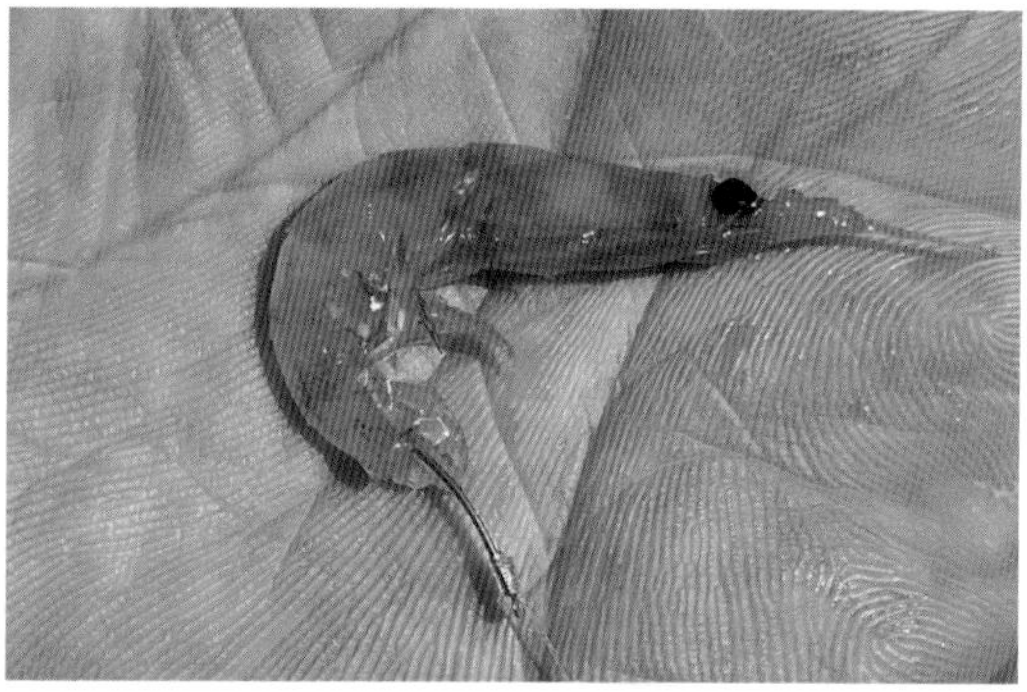

尾羽を取った切り口から身のカーブに沿って腹がけにする。頭は残している。

食いが渋いなら 頭をカットする

頭もカットして、柔らかい胴体部分だけを使用する。

まず見直すべきはポイント選び

ウキ釣りは基本的に潮の流れにまかせる釣りなので、ポイント選びがとても重要になる。釣れないときは、まず沖へ払う流れがあるかなど、ウキ釣りに適した場所を選択できているか見直したい。

場所に問題はなく、魚はいるけれど食いが渋いという場合は、エサのつけ方と棚を見直す。オキアミであれば頭をカットして柔らかい胴体部分だけにしてみたり、魚が深層に潜っている可能性もあるので棚を下げてみるなどの方法が効果的だ。

寄せエサを追撒きする

慣れるまではコマセを撒くことを渋りがちだが、集魚効果が維持するためにも切らせずにどんどん撒いた方がよい。追撒きは仕掛けの近くに投げ込むこと。

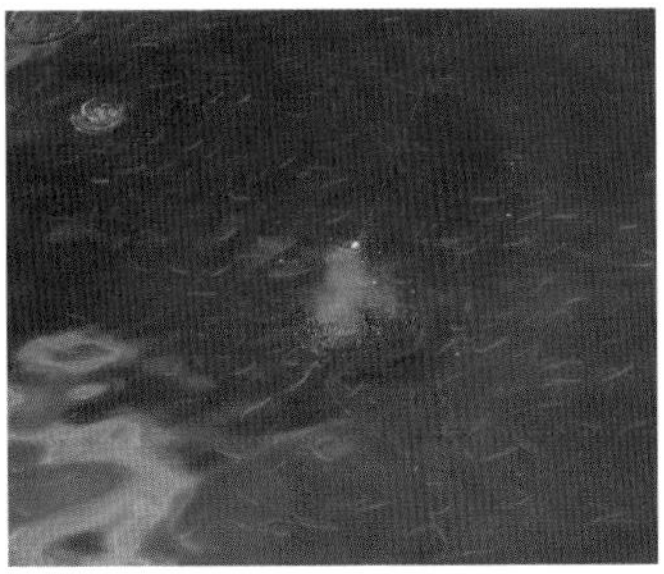

コマセには高い集魚効果があるので、食いが悪いときは、ウキの近くに切らせず断続的に撒くとよい。

棚の高さを変えてみる

食いが悪いときは、ウキ下の長さを変えてみるのも効果的。小型回遊魚は中層から表層、大型回遊魚や根魚は深層にいることが多い。

棚が違うと
エサに
気がつかない

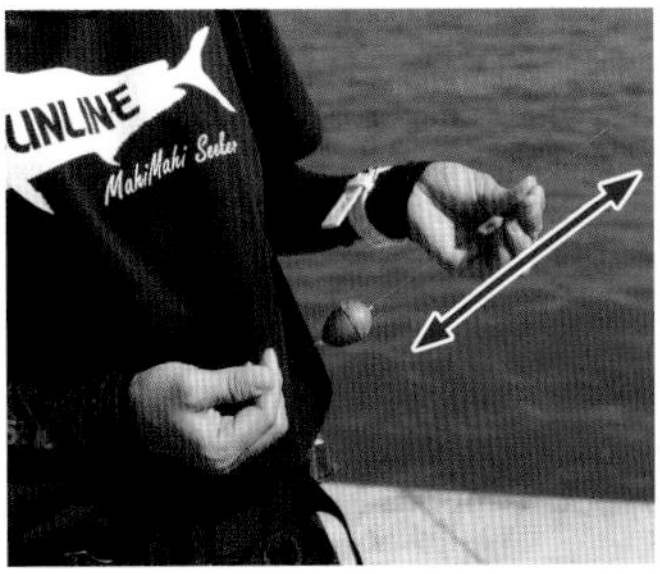
UNLINE

コマセに反応がないときは魚が深層に潜んでいる可能性がある。このようなときは、ウキ止めの位置をミチイト側へスライドさせて、ウキ下を長くとり深層の棚を狙おう。

COLUMN 脱

釣りビギナーの道⑥

PEラインを使ったエギングの仕掛け

起源は諸説あるが、一説には江戸時代にはすでに使われていたという木製のルアーである餌木。これを使ってイカを釣ることを「エギング」とよぶ。現在ではプラスチック製もあるが、どれも外見はエビに似せた形や模様を施している。基本は0.6〜1号のPEライン、リーダーにはフロロカーボンラインを使用する。ルアーをキャストしたら一度着底させ、そこから竿を大きくあおってしゃくりを入れる。続けてもう一度あおって2段しゃくりにすると、イカが反応してエギが沈む過程で後方からスーッと近づき抱きついてくる。

エギングの仕掛け例

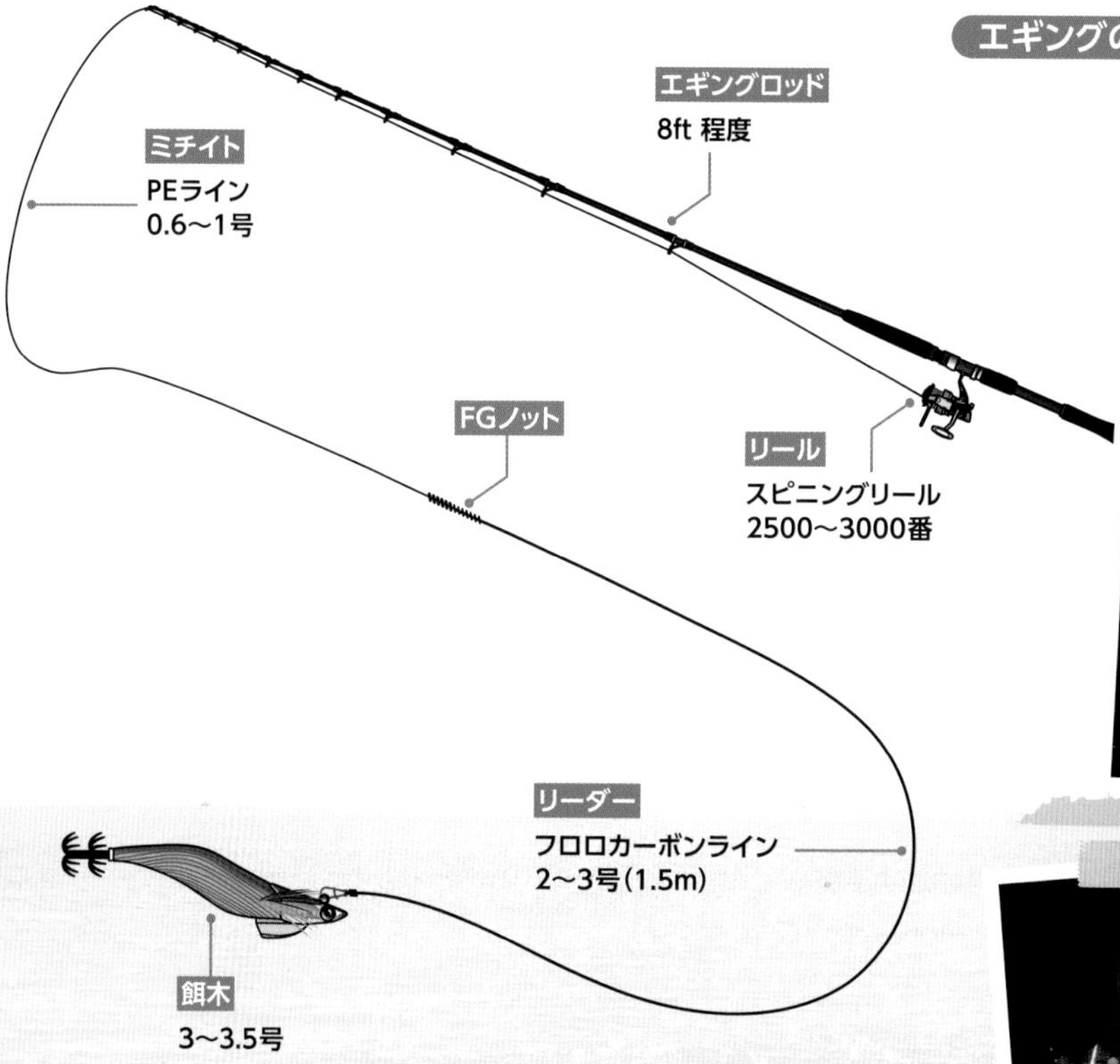
エギングロッド
8ft 程度
ミチイト
PEライン
0.6〜1号
FGノット
リール
スピニングリール
2500〜3000番
リーダー
フロロカーボンライン
2〜3号(1.5m)
餌木
3〜3.5号

産卵を控えた春には4kgを超えるような大型のアオリイカが釣れることもあるので、イカを取り込むための玉網も必須になる。

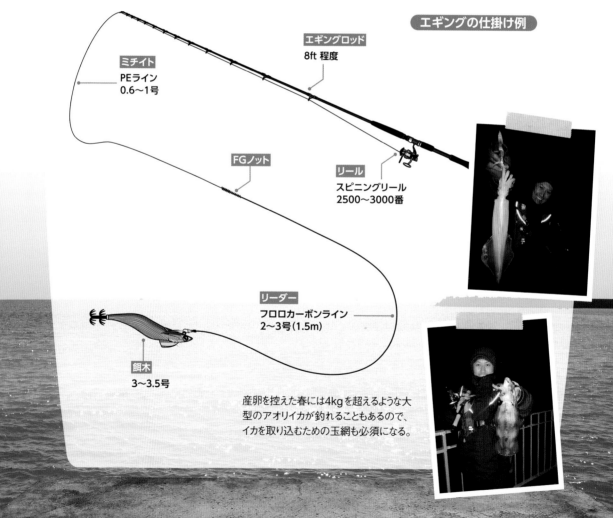

PART7

自ら仕掛けて誘う！ ルアー釣り

エサを使わないので最小限の道具ではじめられるルアー釣り。ミチイトの先にルアーをつけるだけだけのシンプルな仕掛けのため、魚の引きをダイレクトに味わえる。とくに青物の引きは強烈でエキサイティングだ。

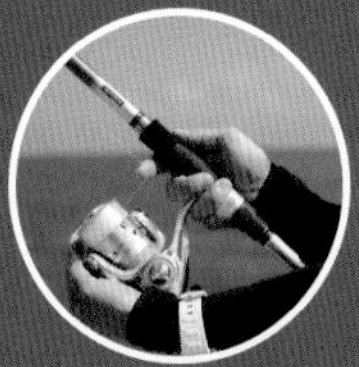

ルアー釣りの楽しみ方

擬似餌を巧みに操作して食いつかせる攻めの釣り

強烈な引きを楽しみ新鮮な刺身を食す

エサを必要としないため、竿とルアーさえあれば手軽にはじめられるのがうれしい。ルアー釣りの本命はやはり青物。ブリの若魚《わかうお》であるワカシ→イナダ（西日本ではハマチ）→ワラサ（メジロ）や、カンパチやソウダガツオなどがかかると強烈な引きを味わえる。ミチイトにルアーをつけるだけのシンプルな仕掛けなので、ダイレクトに衝撃が伝わってくるのだ。これがクセになりハマっていく人は多い。

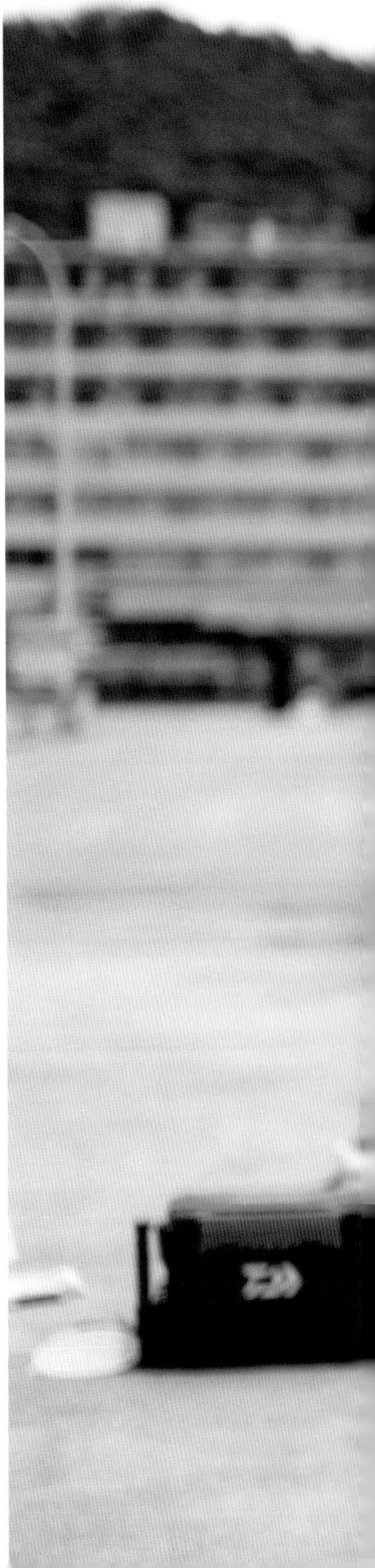

ルアー釣りの特徴

擬似餌を逃げ惑う小魚のように動かし対象魚に食いつかせるため、ゲーム性が高くエキサイティングな釣りを楽しめる。

特徴① エサをつけ替える手間がない

ほかの釣り手法と決定的に違うのは、生エサを使わないこと。擬似餌であるルアーを一度つければ、あとはキャストをくり返すだけだ。

特徴② 用意する道具が少ない

竿とリール、ルアーがあれば釣りができる。仕掛けはシンプルだし、道具も必要最小限。手軽にスタートできるのはビギナーにとって大きな魅力だ。

特徴③ 戦略的な釣りを楽しめる

ルアー釣りは待ちではなく攻めの釣り。自分なりに戦略を立て、数あるルアーの中から最適なものを選ぶ。ゲーム性の高い釣りを楽しめる。

ルアー釣りの対象魚

対象魚はとても幅広い。定番はカンパチやワラサなどの青物だが、ルアーを変えることでカマスやメバルなども狙える。

対象魚	1月	2月	3月	4月	5月	6月	7月	8月	9月	10月	11月	12月
アジ	△	△	△	△	○	○	○	○	○	○	○	△
カンパチ	△	△	△	△	△	△	△	△	○	○	○	△
スズキ	△	△	△	○	○	○	○	○	○	○	○	△
ヒラメ	○	○	○	△	△	△	△	△	△	△	○	○
メバル	△	△	○	○	○	○	△	△	△	○	○	○
ワラサ	△	△				△	○	○	○	○	○	○

※上記は関東エリアにおける釣果目安です。

アジ

カンパチ

スズキ

ヒラメ

メバル

ワラサ

エサとなる小魚が集まるような場所が狙い目です

ルアー釣りの対象魚泳層イメージ

青物であれば表層から中層で小魚を追っていることが多く、根魚であれば深層の障害物付近に身を潜めている。

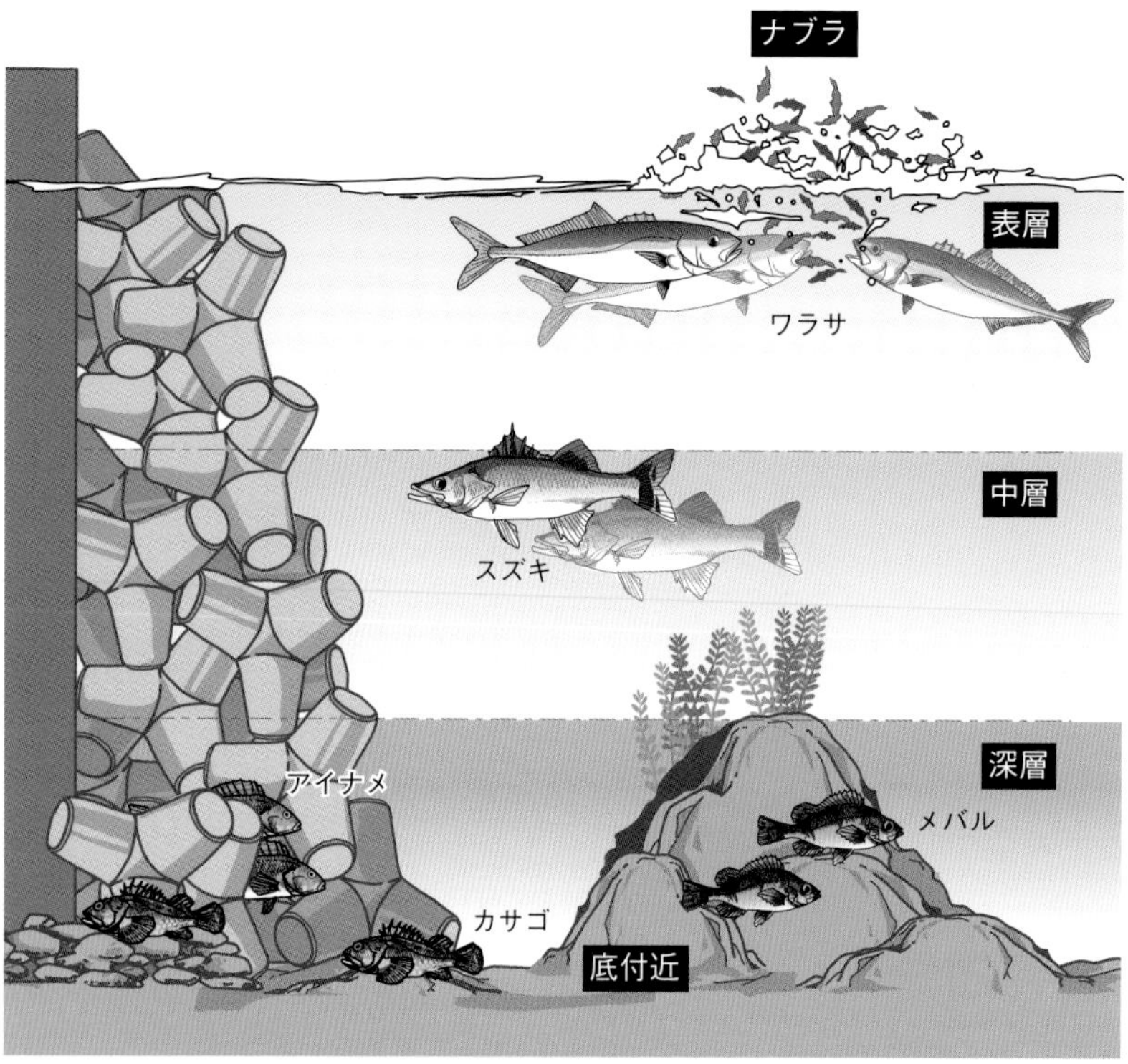
ナブラ
表層
ワラサ
中層
スズキ
深層
アイナメ
メバル
カサゴ
底付近

小魚の群れが水面から飛び出す現象をナブラと呼ぶ。これは小魚が追い回されて起こるため、水面下に青物がいる可能性が高い。

青物狙いなら潮通しのよさを重視

青物と総称される小型〜中型回遊魚は、関東沿岸であれば初夏から秋にかけて、暖かい黒潮に乗り、エサとなる小魚を求めて接近してくる。そのため潮通しのよい外向きの堤防が理想。

また、水面にナブラができていたり、海鳥が集まっていると、その水面下には小魚を追い回す青物がいる可能性がある。

岩礁帯周りではメバルなどの根魚を狙うことができ、夜間の常夜灯周りには小魚が集まるので、それを捕食するヒラメなども期待できる。

ルアー釣りのおすすめポイント

ルアー釣りの本命である青物は小魚をエサとしている。そのため小魚のエサとなるプランクトンが溜まりやすい場所を中心に攻めていきたい。

おすすめポイント①
水面近くに集まる海鳥

水面近くで海鳥の群れが形成されているときは、魚の大群がいる可能性が高い。見つけたら近くにキャストしてみよう。

おすすめポイント②
潮通しがよい外向き堤防

異なる潮の流れがぶつかり潮目となった場所にはプランクトンが溜まりやすく、それをエサとする小魚も集まりやすい。

おすすめポイント③
夜間の常夜灯周り

堤防の常夜灯が当たる海面には小魚が集まりやすい。当然その小魚を狙ってさまざまな魚が群がってくるので期待できる。

おすすめポイント④
岩礁帯の周り

岩礁帯周りにはルアーに対して反射的に食いつく攻撃的な魚が多いので、根掛かりのリスクもあるが狙う価値がある。

ルアー釣りの装備

ミチイトの先にルアーをつけるだけのシンプルな仕掛けです

まずは青物狙いの仕掛けからはじめよう

ここで紹介している万能竿にメタルジグをつけた仕掛けの対象魚の本命は青物。20～40ｇのメタルジグをつけるだけのシンプルな仕掛けだ。底まで落とすアクションを入れればヒラメも狙えるだろう。

しかし、アジやメバルを狙う場合は、竿を専用のものに変え、ルアーも小さいソフトルアーにする必要がある。万能竿では釣れないということもないだろうが、繊細なアクションを入れ、わずかなアタリも敏感に感じ取るには専用の竿に分がある。

ビギナー向け ルアー釣りの仕掛け

ルアーそのものにある程度の重さがあるので、オモリはつけない。そのためミチイトにルアーを結ぶだけというシンプルな仕掛けだ。

メタルジグ自体に重さがあるのでオモリ不要！

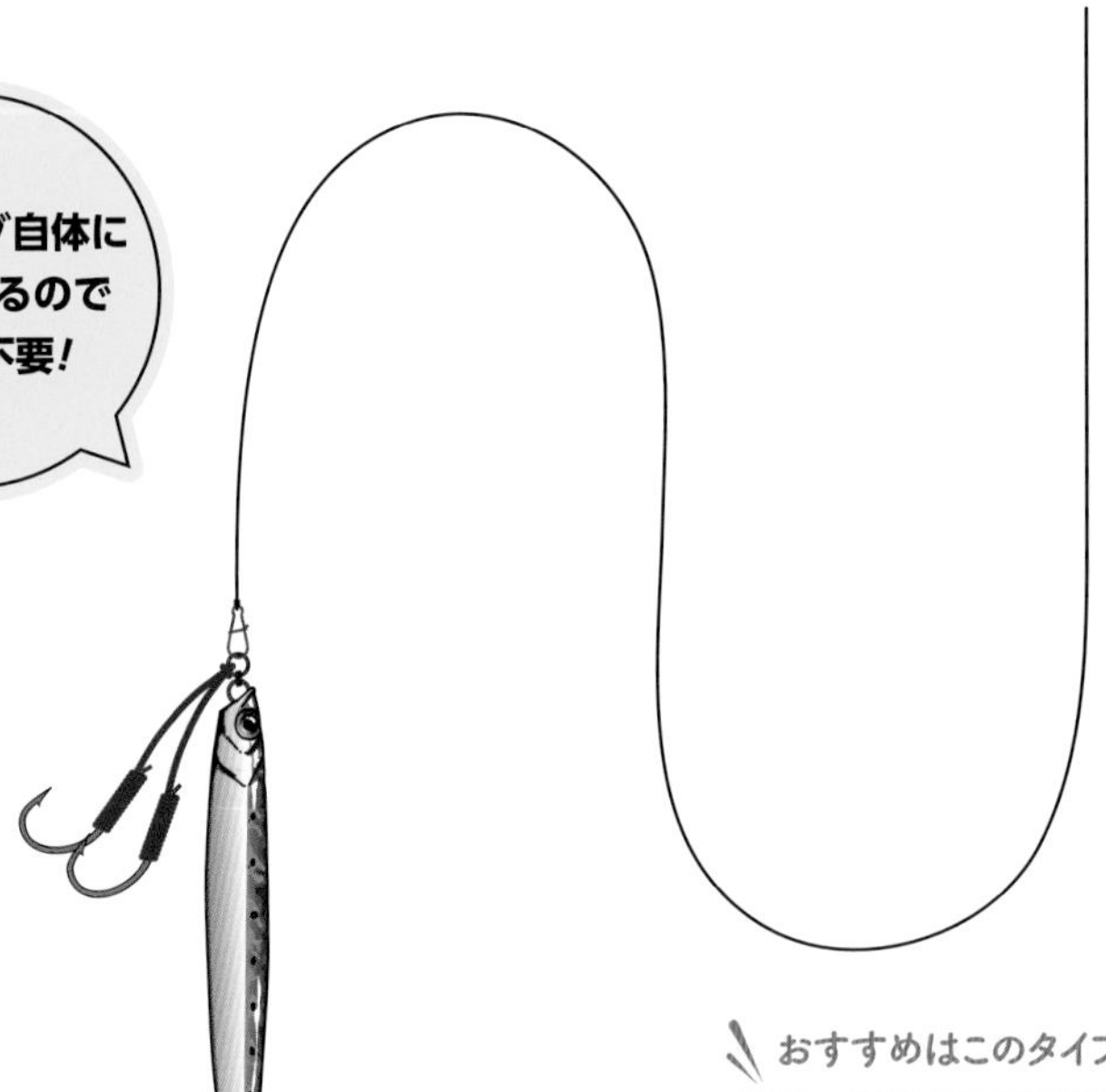

ルアー
堤防からの青物狙いでは20～40g前後のメタルジグを使用する。

おすすめはこのタイプ

ルアーは対象魚や気象条件によって変える必要があるが、小魚の色に近いシルバー系のルアーは持っておきたい。

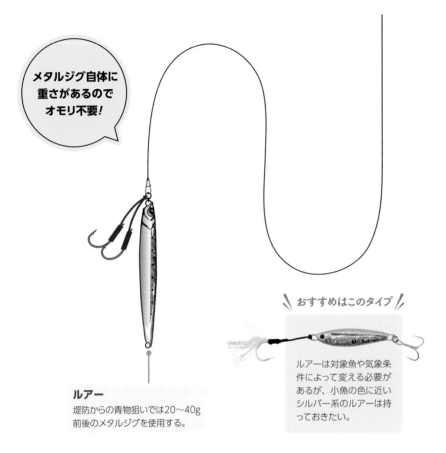

仕掛けを選ぶポイント

堤防釣りで最もオーソドックスなルアーはメタルジグという魚の形を模した鉛などの金属製のもの。ルアー自体に重さがあるため遠くまで飛ばすこともできる。

ポイント③

重心位置を理解する

メタルジグは重心位置から大きく3タイプにわけられる。タイプによって沈み方や動き方が変わる。重心が前にある「フロントバランス」は、前傾のまま沈み小魚に近い動きになる。重心が中央にある「センターバランス」は、水平姿勢が維持されやすく、動きのバランスもよい。重心が後ろにある「リアバランス」は、見た目も後方が膨れており、沈みが速い。また遠くまで飛ばしやすい。

フロントバランス

メリット　逃げる小魚のような動きで、食いがよい
デメリット　最も遠くに飛ばしづらい

センターバランス

メリット　動きが自然で、その日の基準になる
デメリット　遠くに飛ばしづらい

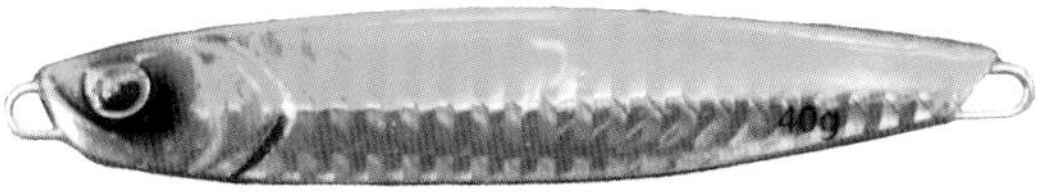

リアバランス

メリット　遠くまで飛ばせ、沈みが速い
デメリット　動きが大ぶり

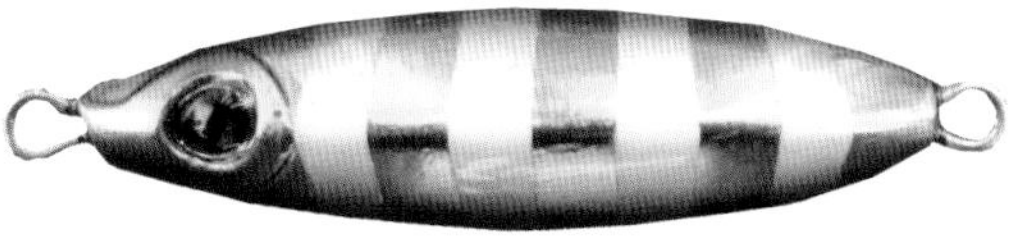

ポイント①

20～40g程度のメタルジグ

ルアーは種類が多く重さもさまざま。10g以下の軽量ソフトルアーでアジやメバルを狙うのも人気だが、専用の細い竿やラインが必要になる。万能竿で青物を狙うには20～40gのメタルジグが一番安定している。

名称	重さ	対象魚
マイクロジギング	10g以下	アジ、メバル、カマスなど
スーパーライトショアジギング	10～20g前後	カサゴ、メッキ、シーバスなど
ライトショアジギング	20～40g前後	イサキ、カンパチ、ワラサなど
ショアジギング	40g以上	ブリ、ヒラメなど

ポイント②

天候や濁り具合で色を決める

快晴や水がきれいなときは、シルバー系やブルー系の自然に近い色を選ぶ。また太陽光に反射してキラキラ光るものがよい。曇りや水が濁っているときは、赤やピンク、金など派手な色でアピールできるものを選ぶとよい。

5つのルアーアクションで魚を食いつかせましょう

5つのアクションで小魚の動きを演出

ルアーを生きた小魚のように動かし、捕食魚に食いつかせるのがルアー釣りのやり方。そのためアクションの入れ方がとても重要になる。

覚えておきたいアクションは左の5つ。この中でどのアクションを選択するかは、対象魚が潜む棚や海のコンディションなどによって決める。

また、狙った棚にルアーを落とすために、着水後からカウントするとよい。アタリがあったカウント数がわかれば、その棚を攻め続けることができる。

キャスト後にカウントする

ルアー着水後に巻きはじめるまでの秒数をカウントする。この秒数で表層、中層、深層のどの棚を狙うかを調整する。

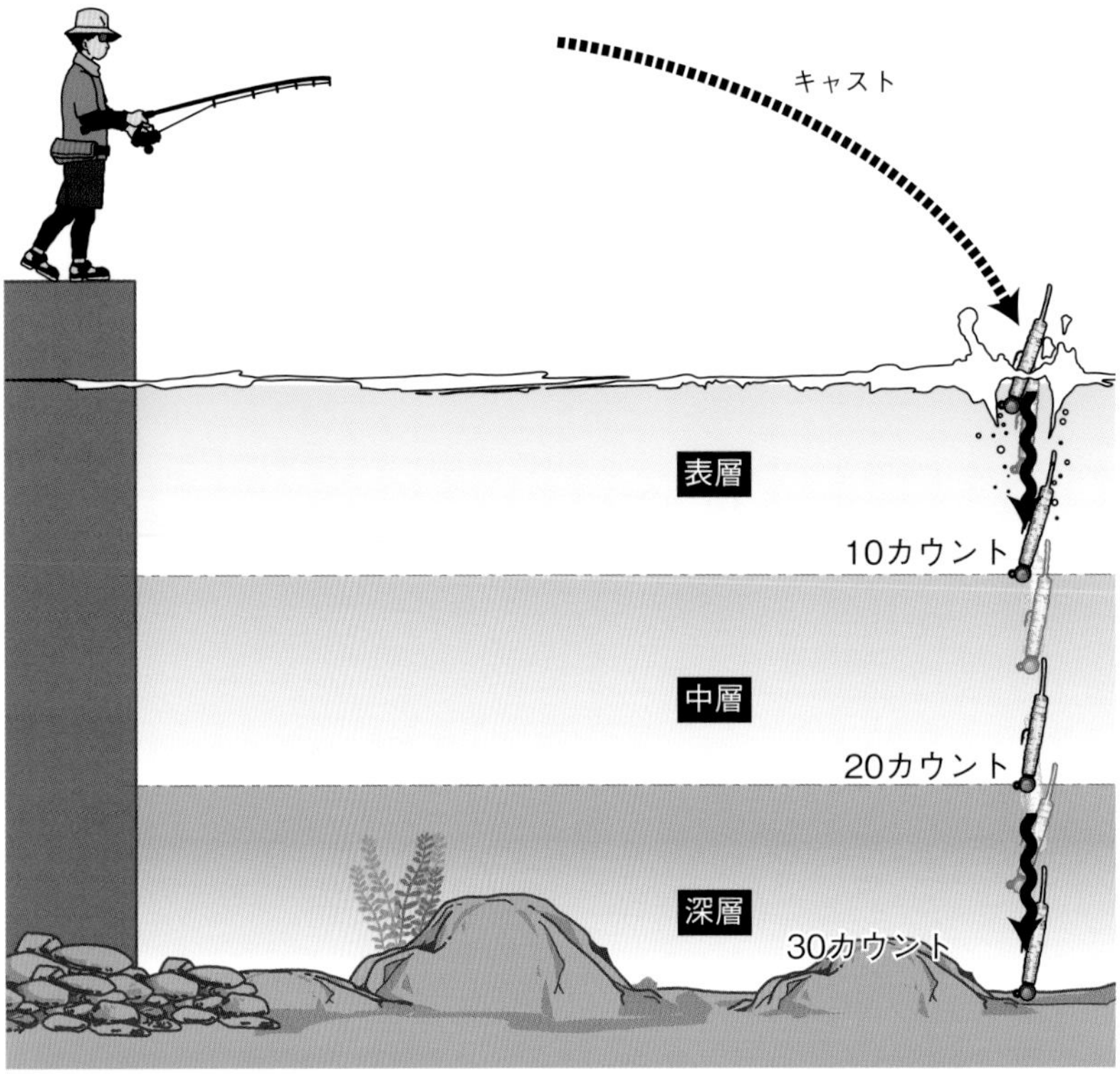
キャスト
表層
10カウント
中層
20カウント
深層
30カウント

ルアーごとに沈む速度は異なるので、事前に堤防ぎわに落として目視で確認し、それを元に狙った棚まで落とす。アタリがあればその棚の秒数を覚えておいてくり返し狙う。

覚えておきたいルアーアクション

堤防ルアー釣りで覚えておきたいアクションは主に5つ。逃げ惑う小魚を演出しながら、それを追う魚が食いつくタイミングなどもイメージしながら操作しよう。

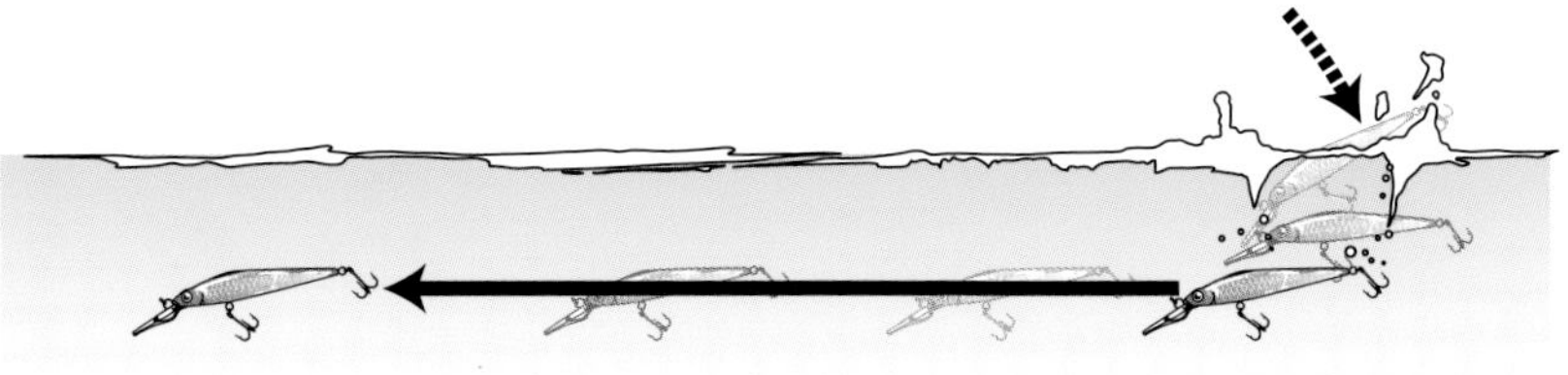

❶ただ巻き

狙った棚をキープしたまま、ひたすら巻く。ゆえに「ただ巻き」とよばれている。表層を泳ぐ回遊魚に効果的なアクション。

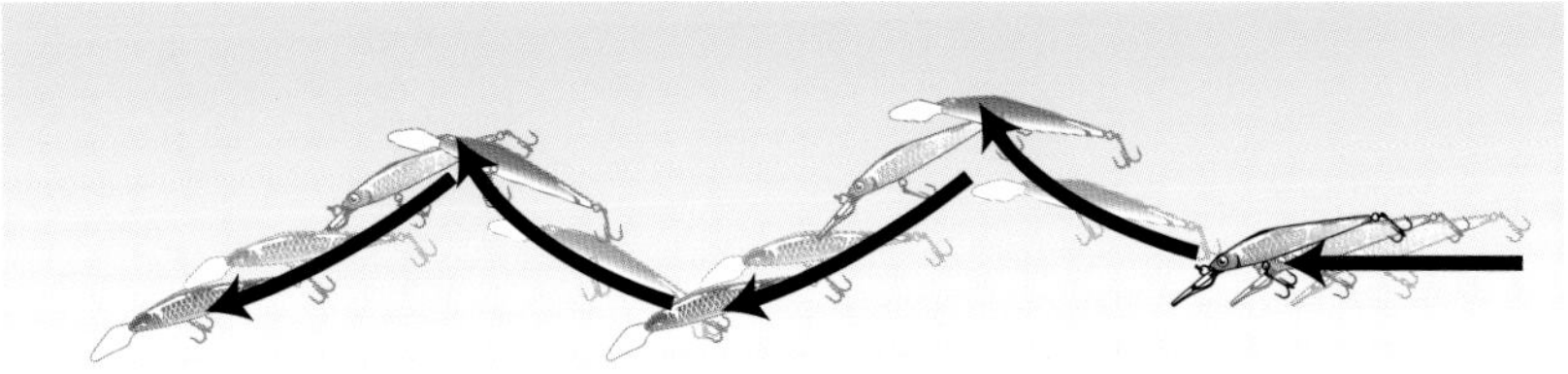

❷トゥイッチング

リールを巻き続けながら、竿先を上げる動作（しゃくり）を入れる。ルアーが突発的に動くので、魚が反射的に食いつきやすい。

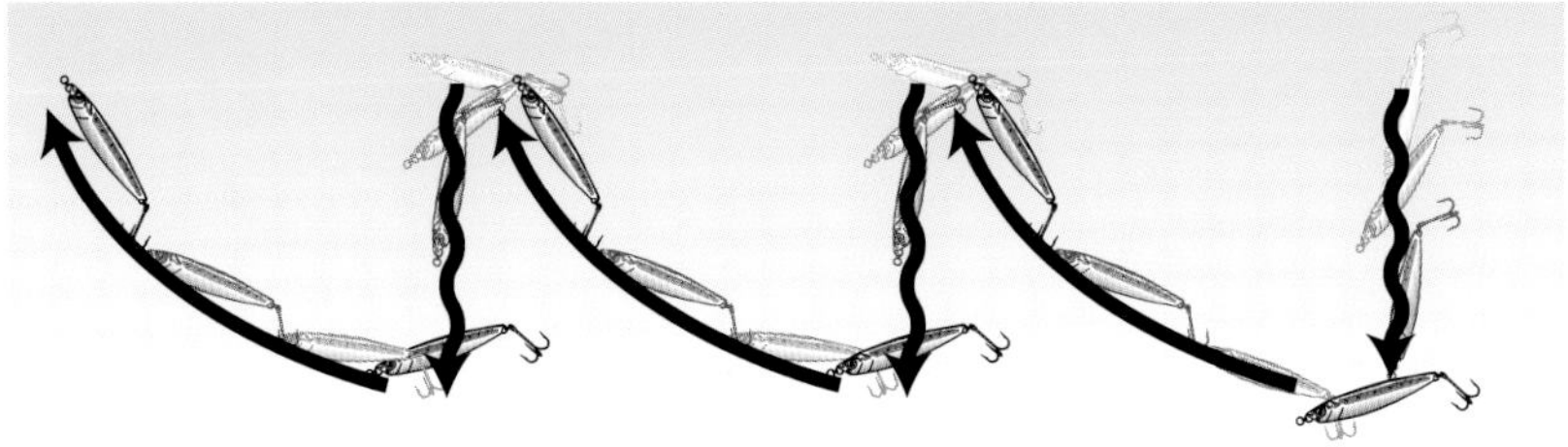

❸リフト&フォール

竿先の上げ下げをくり返し、イトフケが出た分を巻いていく。ルアーが沈むタイミングで魚が食いつきやすい。

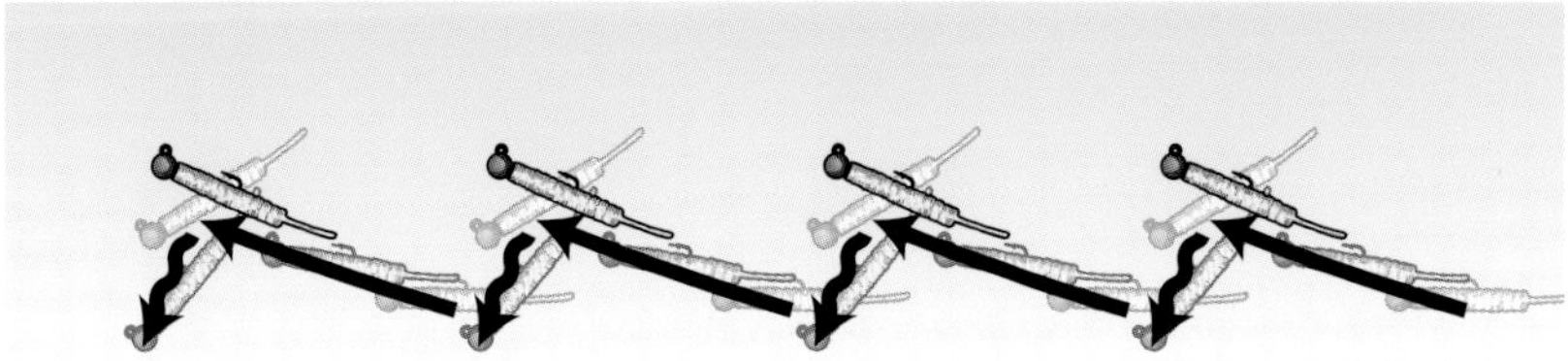

❹ストップ&ゴー

釣果が期待できるアクション。竿は上下させずリールを巻く、止めるを交互にくり返す。同じ棚をキープしながらおこなうこと。

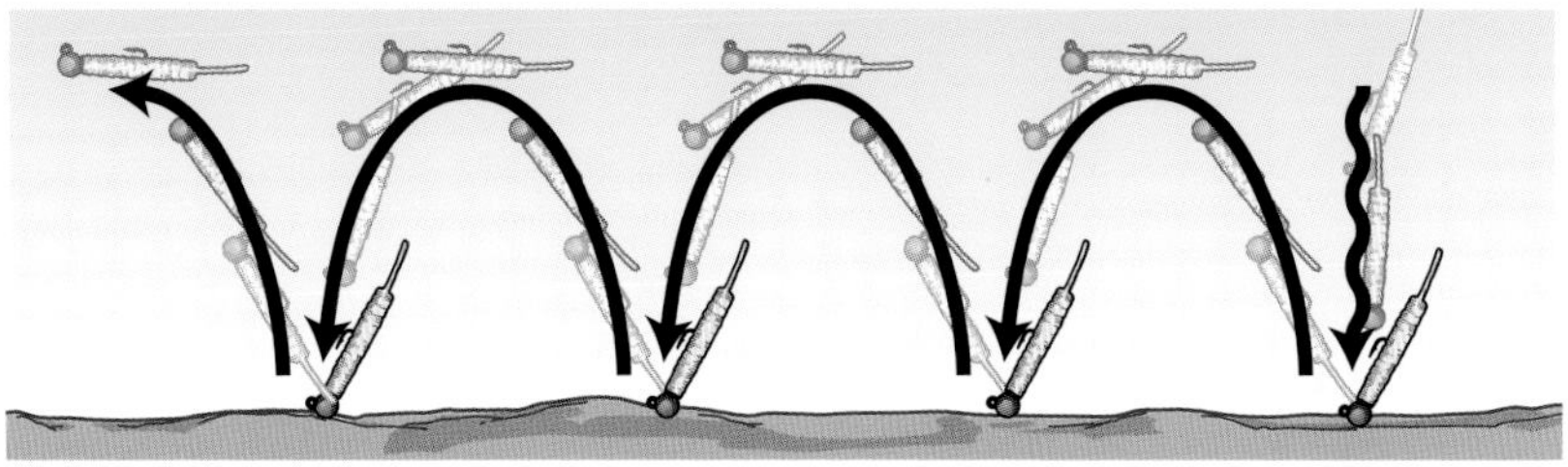

❺ボトムバンピング

着底するまで沈ませ、そこから大きくバウンドさせる。主にワームでカサゴやヒラメなど深層にいる魚を狙うときに用いる。

ルアー釣りのバリエーション

メタルジグ＋サビキの仕掛けなら 高確率で何かが釣れます

ジグサビキ釣りの仕掛け

サビキ釣りでは下にカゴをつけるが、ジグサビキではメタルジグをつける。ジグには反応がなくてもサビキ仕掛けに反応する魚もいる。

サビキとルアーだけなのでエサは不要！

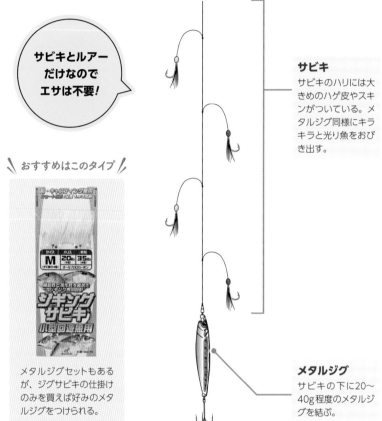

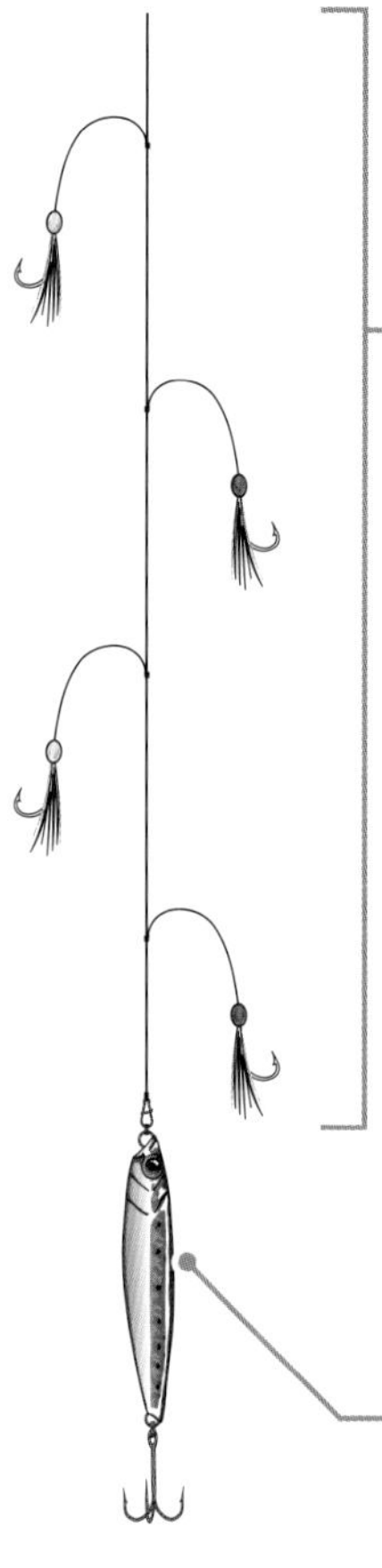
サビキ
サビキのハリには大きめのハゲ皮やスキンがついている。メタルジグ同様にキラキラと光り魚をおびき出す。
メタルジグ
サビキの下に20〜40g程度のメタルジグを結ぶ。

おすすめはこのタイプ

サイズ
M
ハリス
20lb
35lb
オールフロロカーボン
ジギング
サビキ
小型回遊魚用

メタルジグセットもあるが、ジグサビキの仕掛けのみを買えば好みのメタルジグをつけられる。

ルアー釣りで釣果がないときのピンチヒッター

ルアー釣りのバリエーションとしてサビキの下にメタルジグをつけたジグサビキがある。釣果が期待できる仕掛けとして人気がある。

　サビキ部分は擬似バリになっているので、エサをつける必要もない。この仕掛けをひとつ持っておけば、青物狙いのルアー釣りで釣果がないときに気軽につけ替えることができ、思わぬ魚が釣れることもがある。

　アクションに関しては、大きく入れずに「ただ巻き」か底に落としてから引くだけでよい。

ジグサビキ釣りのやり方

ジグサビキでは遠くにキャストしたら、その後は通常のメタルジグでの釣り方と同じ。ただ巻きやリフト＆フォールをくり返す。

ベールアームを上げる

ミチイトに指をかけてベールアームを上げる。サビキは仕掛けが長いので絡まないように注意。

必ず後方を確認

キャスト前は必ず後方を見て、人がいないことを確認すること。

まっすぐキャスト

仕掛けが絡まないように注意しながらまっすぐキャストして、ジグを着底させる。

アクションを入れて巻く

着底後はアームを下ろしリールを巻いてイトフケをとり、「ただ巻き」や底に落として引くだけでもよい。

釣果を上げるコツ

日中と夜間では釣れやすい魚が異なる!?

ルアー釣りの本命である青物は視力が弱く夜間はルアーを認識しづらく日中の方が釣れやすいといわれている。一方、タチウオやヒラメ、メバルなどは夜行性のため夜間の方が釣れやすい。

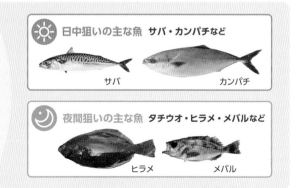

日中狙いの主な魚　サバ・カンパチなど

サバ

カンパチ

夜間狙いの主な魚　タチウオ・ヒラメ・メバルなど

ヒラメ

メバル

COLUMN 脱

釣りビギナーの道⑦

覚えておきたい電車結び・8の字結び

本書で紹介している仕掛けセットで堤防釣りをおこなう場合は、35ページで紹介している「クリンチノット」を覚えておけば問題ないが、ここでは自分で仕掛けをつくったりするときに知っておくと便利な2つの結び方を紹介する。

ひとつは「電車結び」。2本のラインを結ぶときの基本的な結びだ。もうひとつは「8の字結び」。ミチイトとハリスを結束させるときに使われるが、比較的結束強度が高いのでリーダーとの結束にも向いている。

電車結び

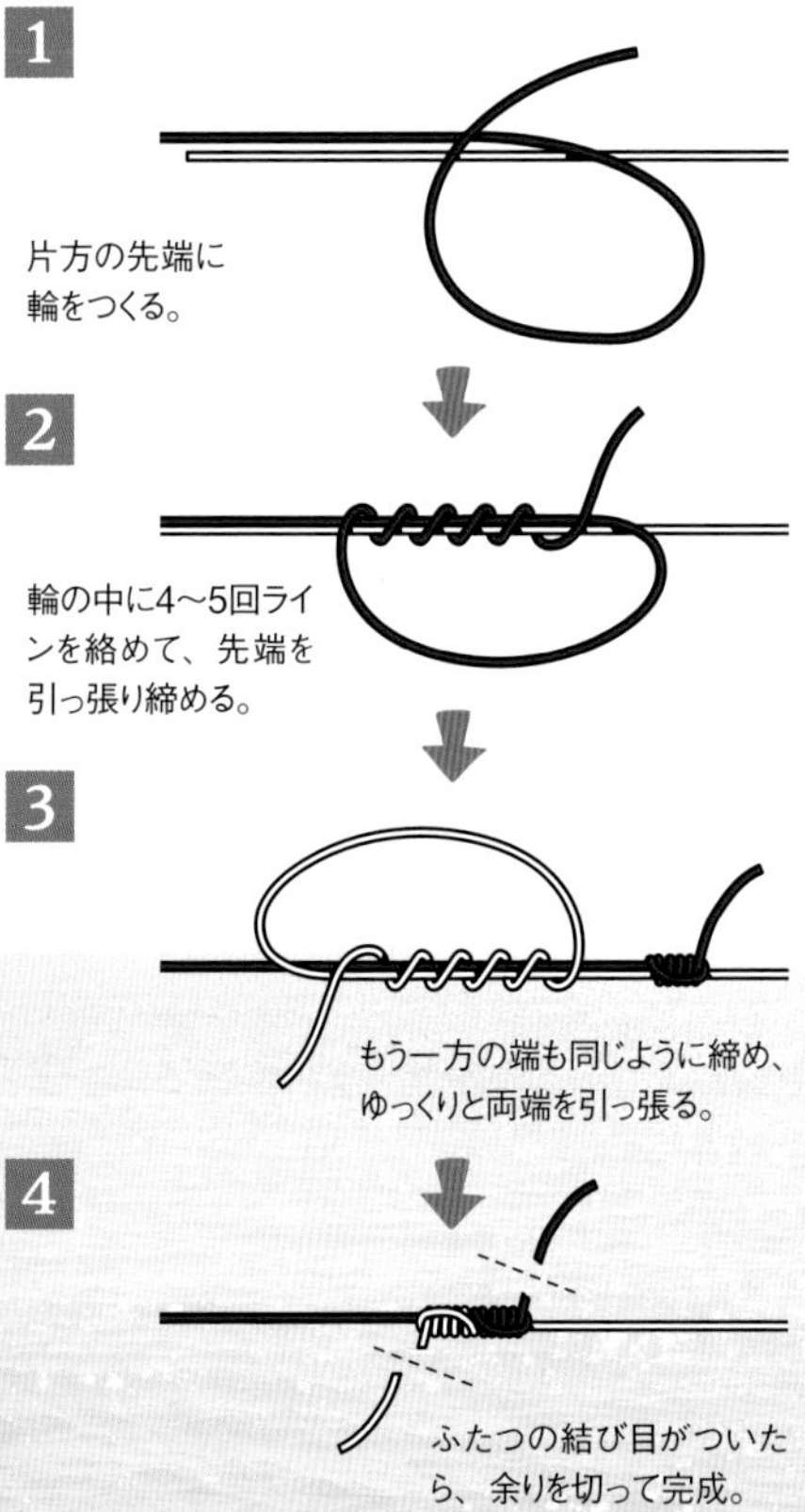
1
片方の先端に輪をつくる。
2
輪の中に4～5回ラインを絡めて、先端を引っ張り締める。
3
もう一方の端も同じように締め、ゆっくりと両端を引っ張る。
4
ふたつの結び目がついたら、余りを切って完成。

8の字結び

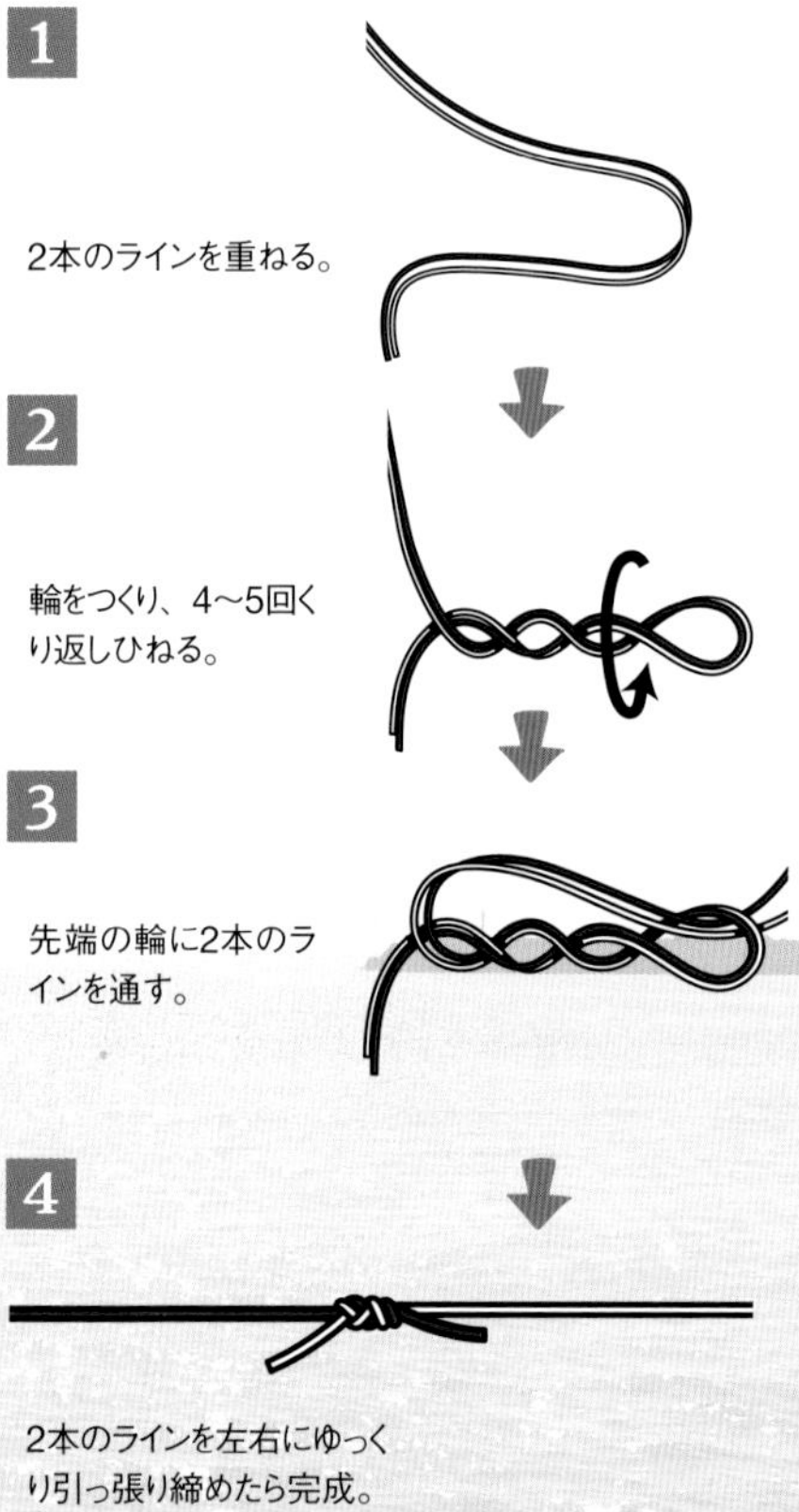
1
2本のラインを重ねる。
2
輪をつくり、4～5回くり返しひねる。
3
先端の輪に2本のラインを通す。
4
2本のラインを左右にゆっくり引っ張り締めたら完成。

PART 8

釣り魚を美味しく食べる

魚の締め方と鮮度を落とさずに持ち帰る方法を解説。また、鮮魚でつくるおすすめ釣魚レシピも紹介。自分で釣り上げた魚を新鮮なその日のうちに料理して食べることは、釣りの醍醐味だ。

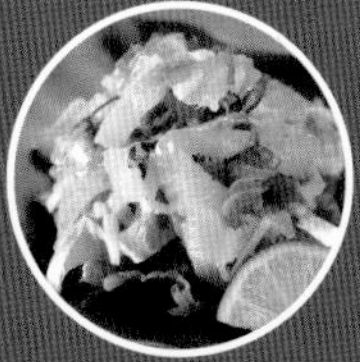
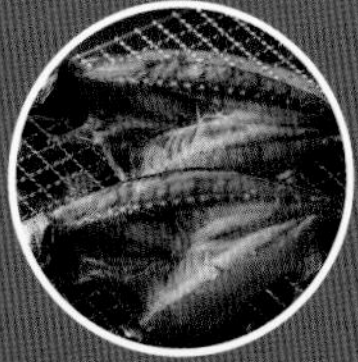
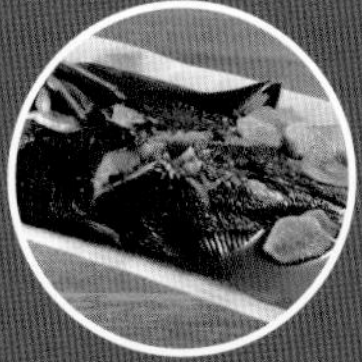
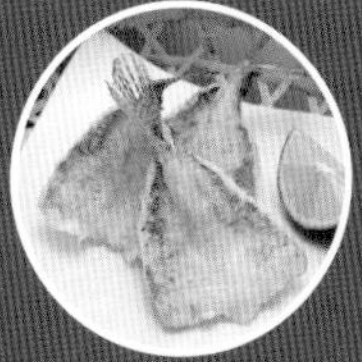

※釣り魚にはアニサキスなどの寄生虫がいる可能性があります。生食をする場合は、厚生労働省のHPなどを参照し、事前に正しく処理をおこないましょう。

キンキンに冷やした海水を用意して鮮度を維持させます

氷は袋から出さずに使用すること！

釣り上げた日に鮮魚を食べられるのは釣り人の特権。魚の鮮度を落とさずに持ち帰るためにやるべきことは３つ。

まずは海水を冷やす。ただし氷は袋から出さないこと。氷が溶け塩分濃度が薄まると、浸透圧の影響で魚が水っぽくなる。

次はすぐに締める。30cm以下の魚なら冷海水に入れる「氷締め」で十分。それ以上ならエラと尾ビレに刃を入れて血を抜いてから氷締め。最後は、氷を直接魚に当てずに持ち帰ること。これで鮮度が保たれる。

海水に保冷剤を入れる

釣り魚の鮮度を保つには保冷剤が必須。氷を使う場合は淡水なので袋から出さないこと。ペットボトルに水を入れて凍らせるのもアリ。

海水の塩分濃度が薄まると、浸透圧の影響で魚に水が吸収されて傷みやすくなるので、氷は袋のまま使うこと。

魚の締め方

釣った魚をその場で締める方法は魚のサイズ次第。サイズが大きい場合は血抜きをした方が鮮度を保てるが、小さい場合は一般的に血抜き不要。目安となる境目は30cm。

30cm以上の場合

➡ 神経締めと血抜き

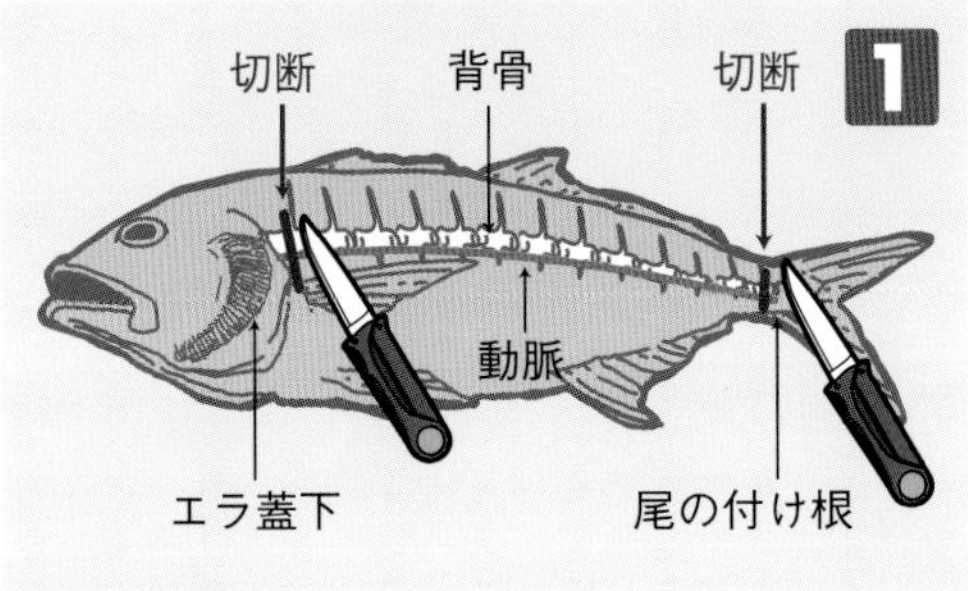

背骨を断ち切る

エラと尾のつけ根にナイフを入れ、背骨を断ち切る（脊髄と動脈は背骨に並行している）。

血抜きをする

海水の入ったバケツに魚を入れて血を抜く。

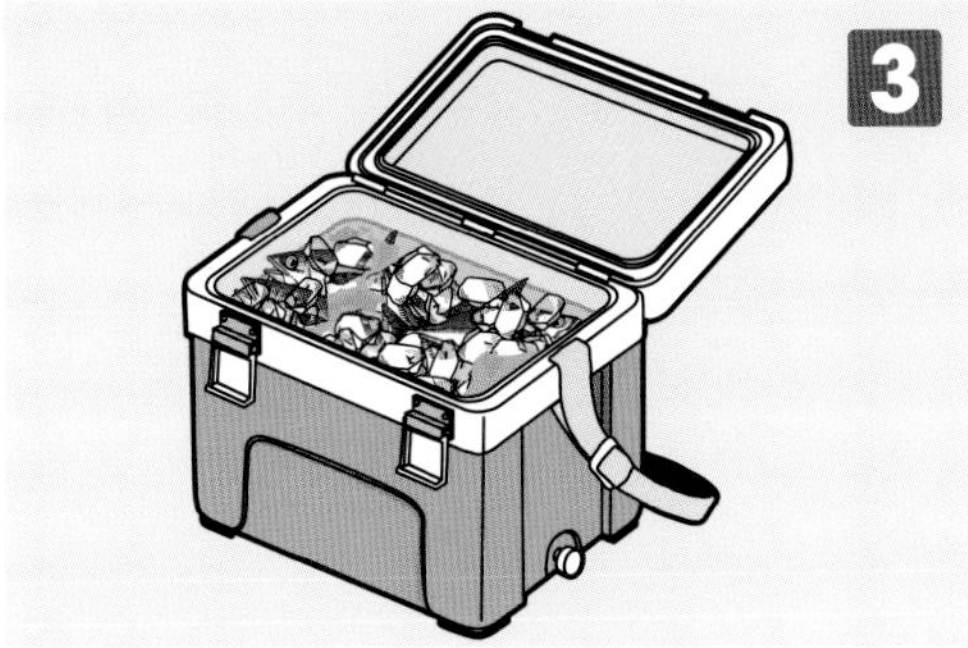

保冷しておく

血が抜けたら、冷海水の入ったクーラーボックスへ入れる。

30cm以下の場合

➡ 氷締め

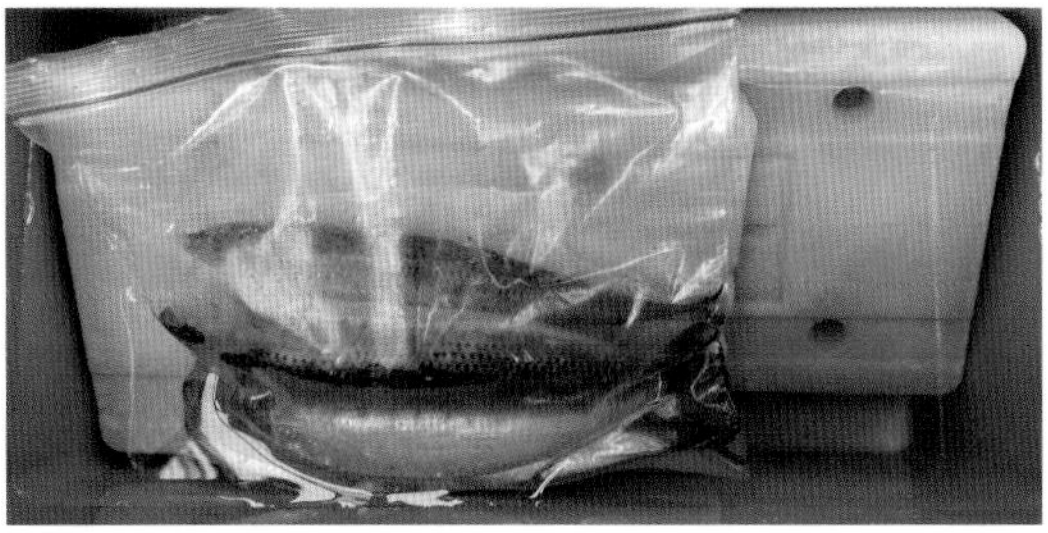

❶ 海水をキンキンに冷やす
❷ 釣ったらその海水に入れる
❸ 冷たさで絶命

事前にクーラーボックス内の海水をできるだけ冷やしておくことが重要。

魚の持ち帰り方

魚に直接氷を当てると「氷焼け」を起こし、局所的に身が冷えて傷んでしまうので注意しよう。

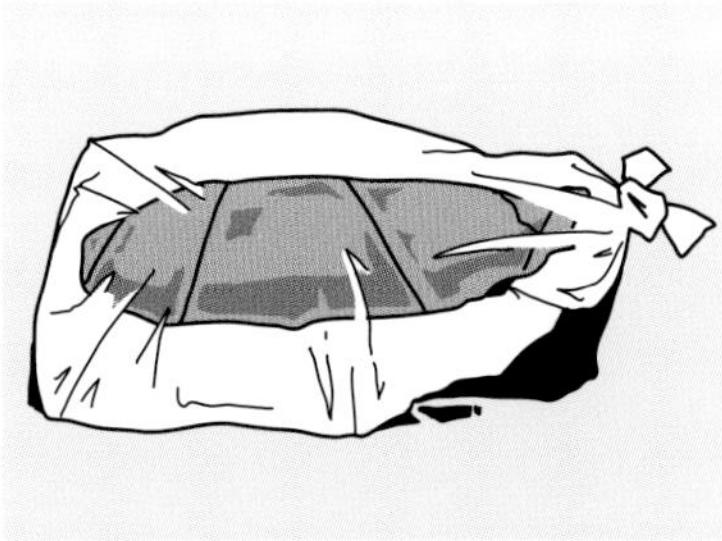

1

魚を密封する

海水で濡らした新聞紙で包み、ビニール袋で密封する。

2

氷で覆う

クーラーボックスに保冷剤や砕いた氷を入れて魚を覆って持ち帰る。

持ち帰ったらすぐにウロコと内臓を取り除きます

最初にウロコを必ず取る

釣り魚をさばくときは、まずウロコを取ることが重要だ。ウロコをつけたまま調理をすると、多くのデメリットがあるので注意しよう。

調理前にウロコを取る理由

❶ ウロコがついていると包丁を入れづらい。

❷ ウロコには雑菌がついていることが多い。

❸ 調理中にはがれて身につく。

❹ ウロコは口当たりが悪い。

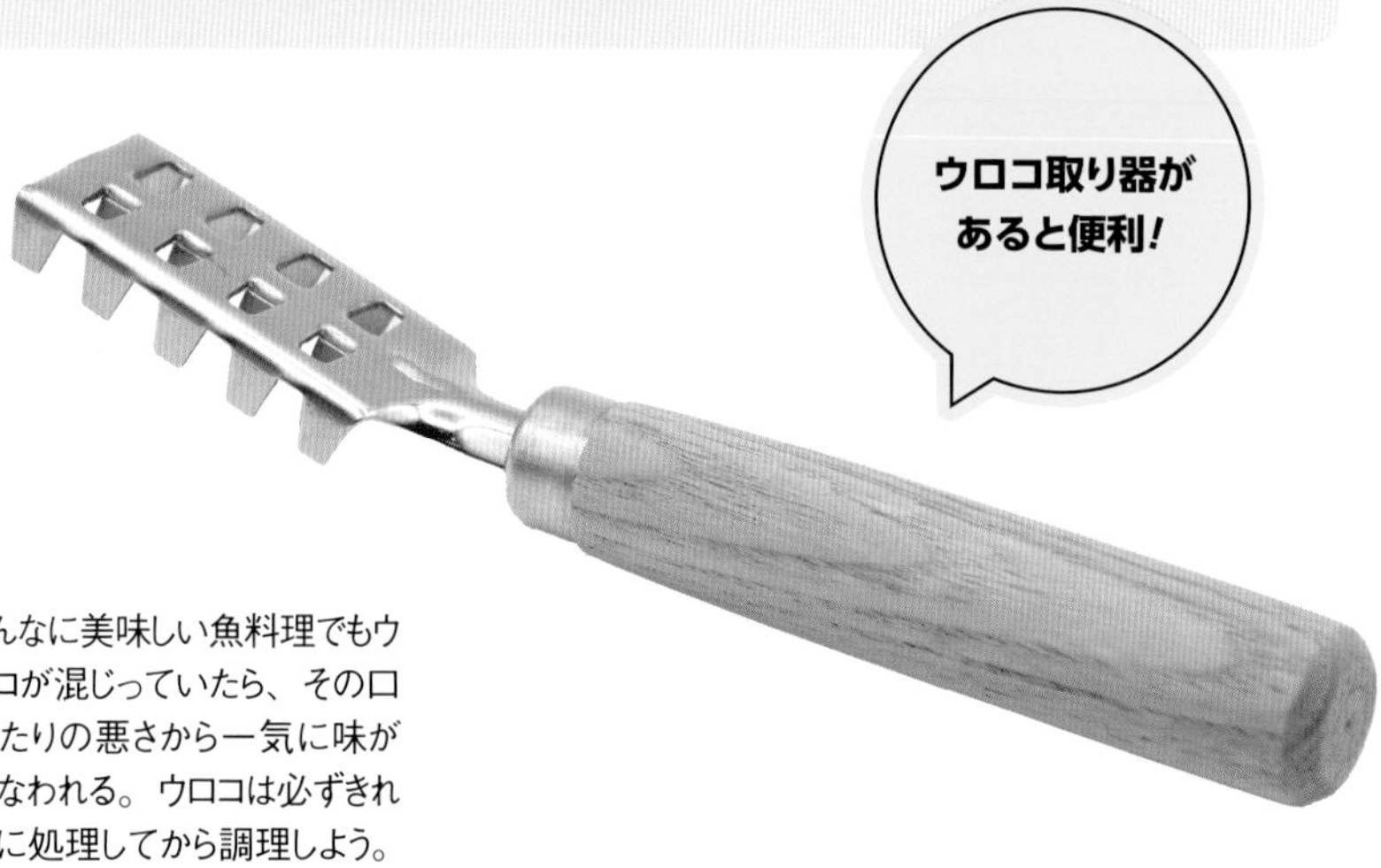

どんなに美味しい魚料理でもウロコが混じっていたら、その口当たりの悪さから一気に味が損なわれる。ウロコは必ずきれいに処理してから調理しよう。

どんな料理をするにしても基本はウロコを取り除く

持ち帰った魚を調理するときは、まずウロコを取る。刺身で食べるにしても、さばいている最中にウロコが身につくこともある。それを口にすると、あまり気持ちいいものではない。また包丁の入りもウロコがない方が断然よい。ただしウロコが台所に飛び散ると片付けが大変なので注意が必要。魚自体を大きめのビニール袋に入れて、その中で取るのもおすすめ。

その次に内臓を取り除く。翌日食べる場合でも内臓を取り除いた方が鮮度が保たれる。

釣り魚の下処理方法

アジを見本に釣り魚の下処理方法を紹介する。やるべきことはウロコ取りと内臓除去。内臓は早めに取り除いた方がよいので、釣り上げた日にここまでやっておきたい。

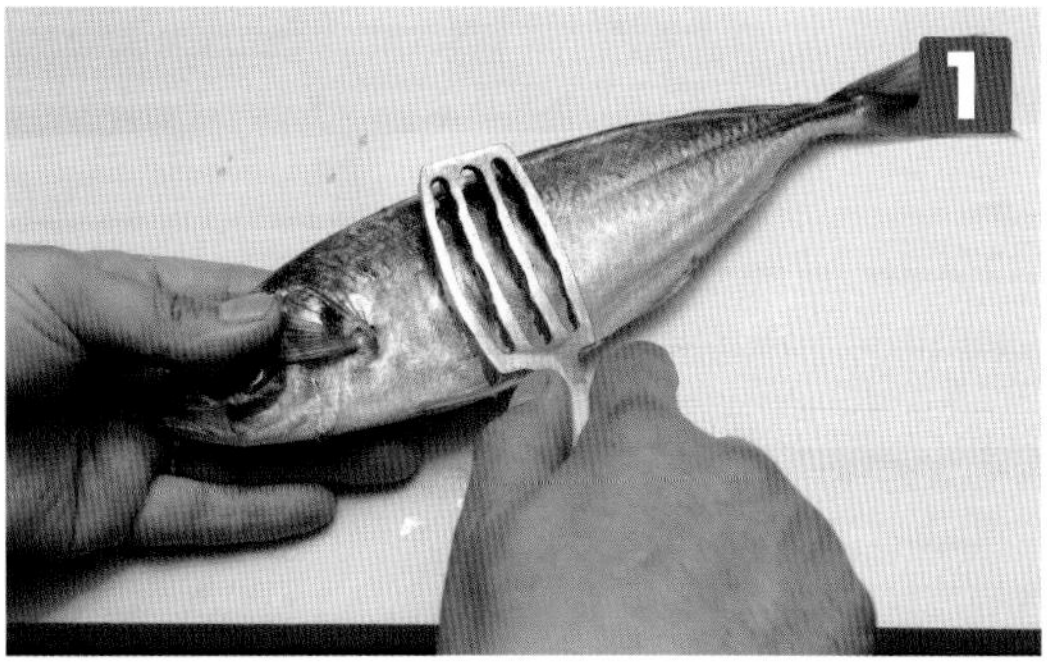

ウロコを取る1

ウロコ取り器があれば一番ラクにしっかり取れるので持っていて損はない。

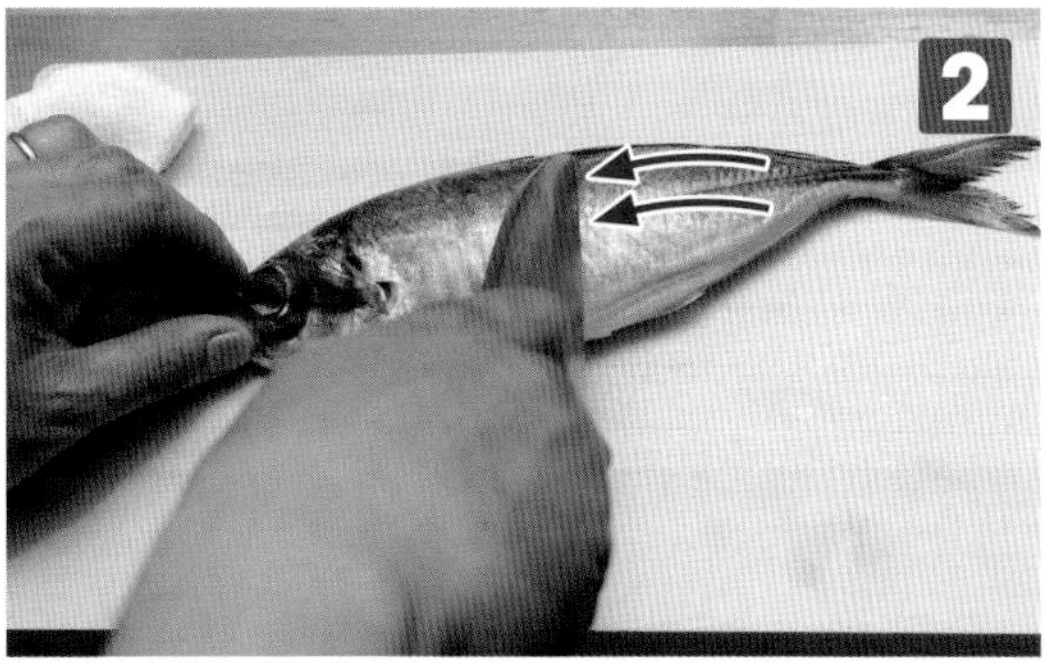

ウロコを取る2

包丁でも取れる。尾から頭に向かってウロコを起こすように取る。刃を少し立てるとやりやすい。

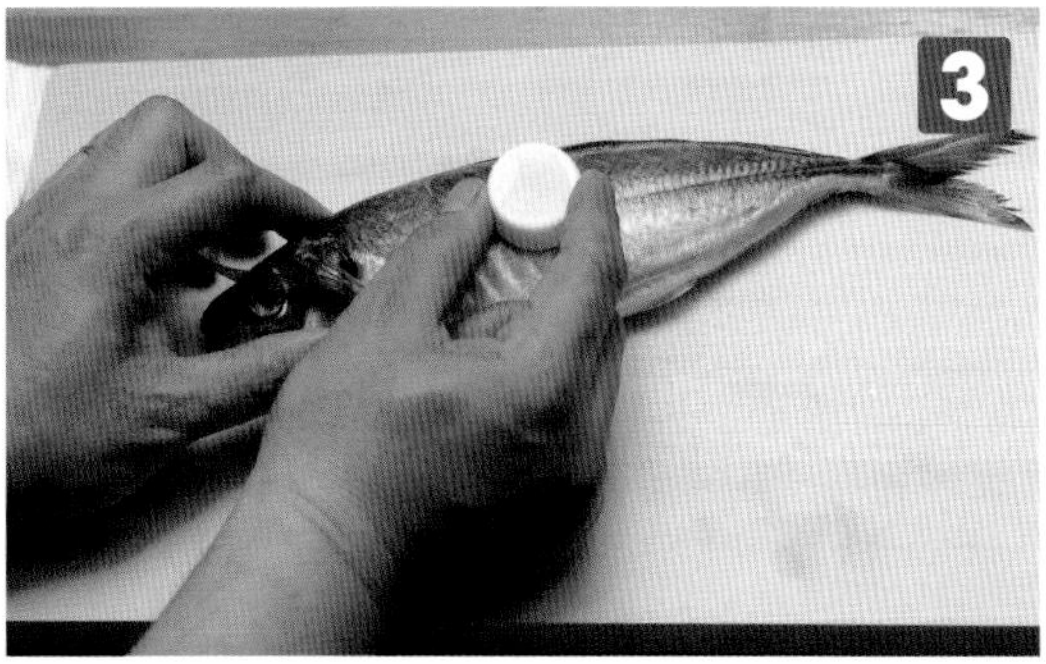

ウロコを取る3

ペットボトルのキャップでも取れる。しかもウロコがあまり飛び散らないのでおすすめ。

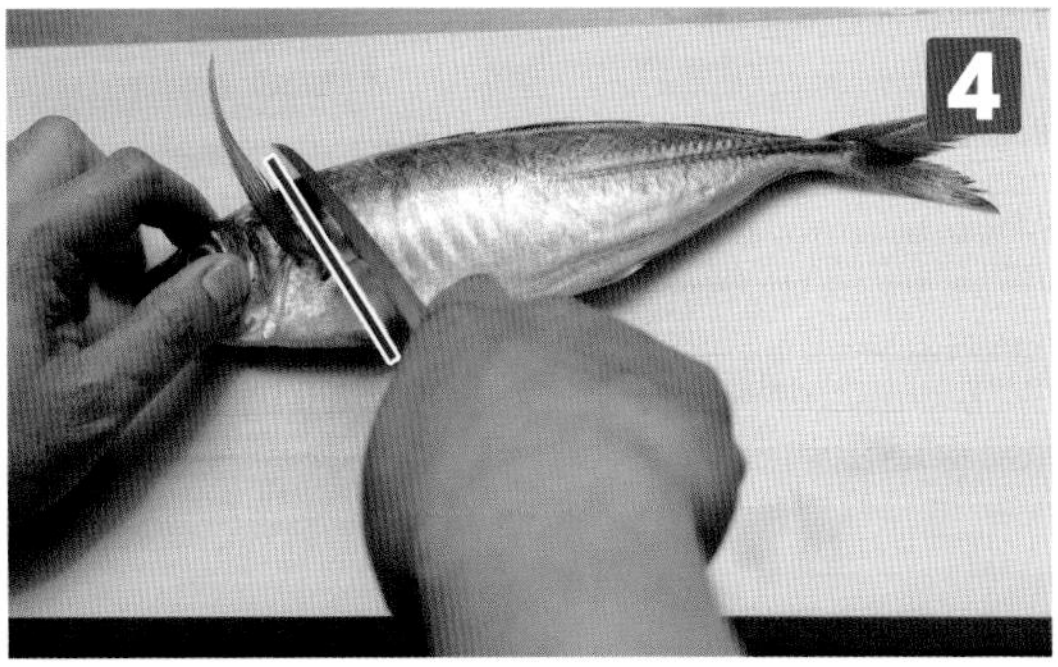

頭を切り下ろす

3枚下ろしにするときは、胸ビレを立てて根元に刃を入れて斜めに切り落とす。

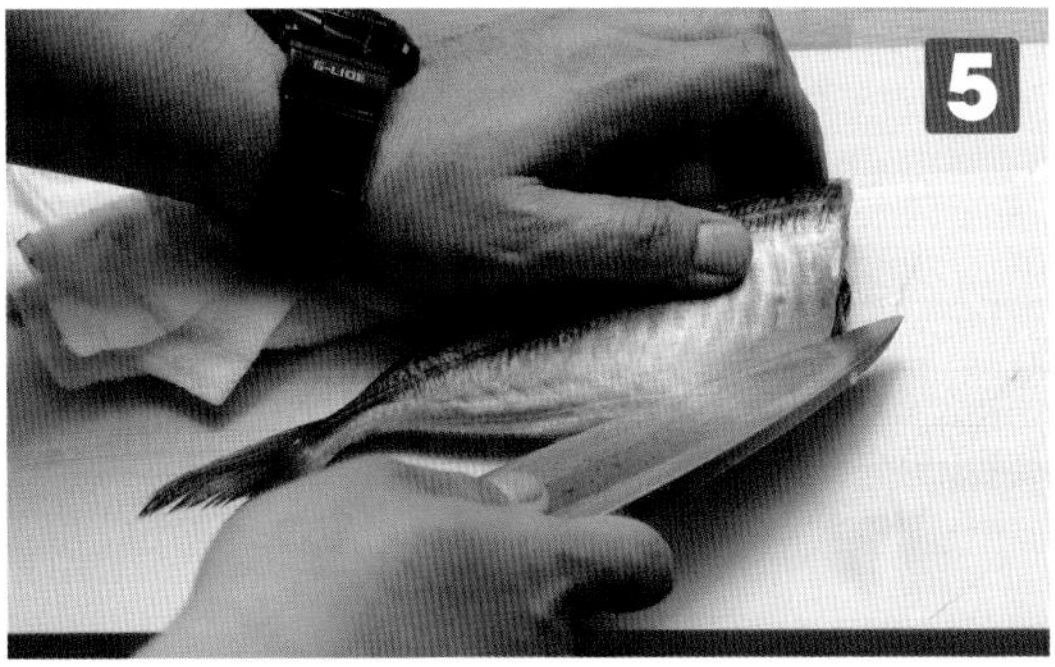

腹を切り内臓を取り出す

腹に刃を入れて肛門辺りまで切り込みを入れ、内臓を取り出す。その後、中を水洗いして血合いも取り除く。

ビギナーズメモ
Beginner's Memo

取り出した内臓は ゴミ収集日まで冷蔵庫に

取り出した内臓は、悪臭を放つのでビニール袋に入れてしっかり封をする。とくに夏場はコバエが集ることもあるので、ゴミ収集日まで冷蔵庫に入れておくとよい。

アジの三枚おろしのやり方

三枚おろしで大切なことは丁寧におこなうこと。ウロコや血合い骨が残っていると、せっかくの新鮮なお刺身も台無しになってしまうので気をつけよう。

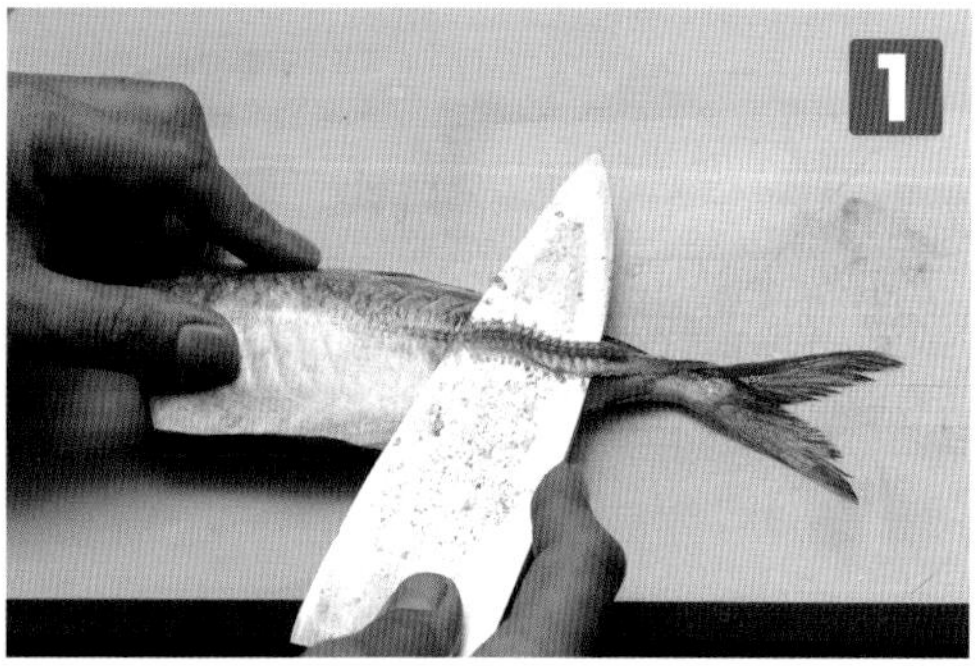

ゼイゴを落とす

アジにはゼイゴという硬いウロコがある。包丁を上下に動かして、まずはこのゼイゴをすき取る。

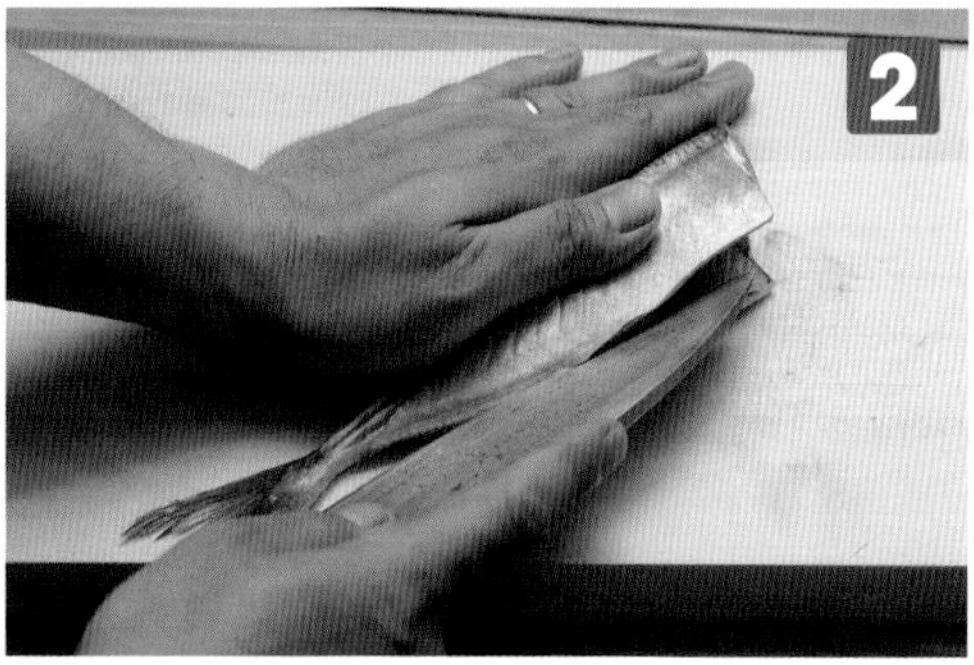

腹側から刃を入れる

逆の手で身をかるく押さえながら、腹側から背骨に沿って刃を入れ、尾のつけ根まで切り込みを入れる。

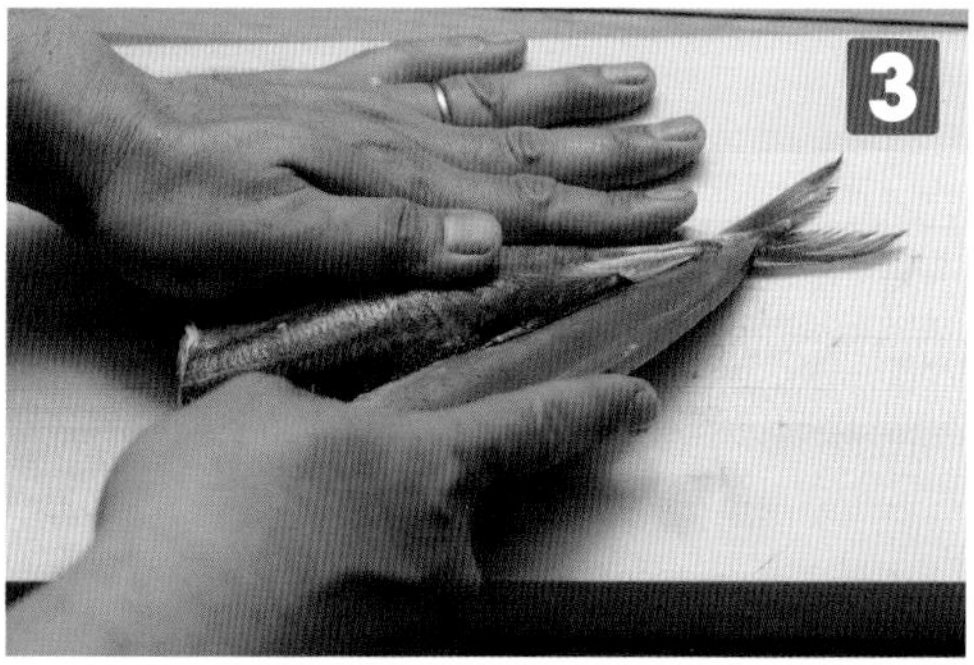

背中側から刃を入れる

身の上下を逆にして、背中側の尾の根元から背骨に沿って切り込みを入れる。

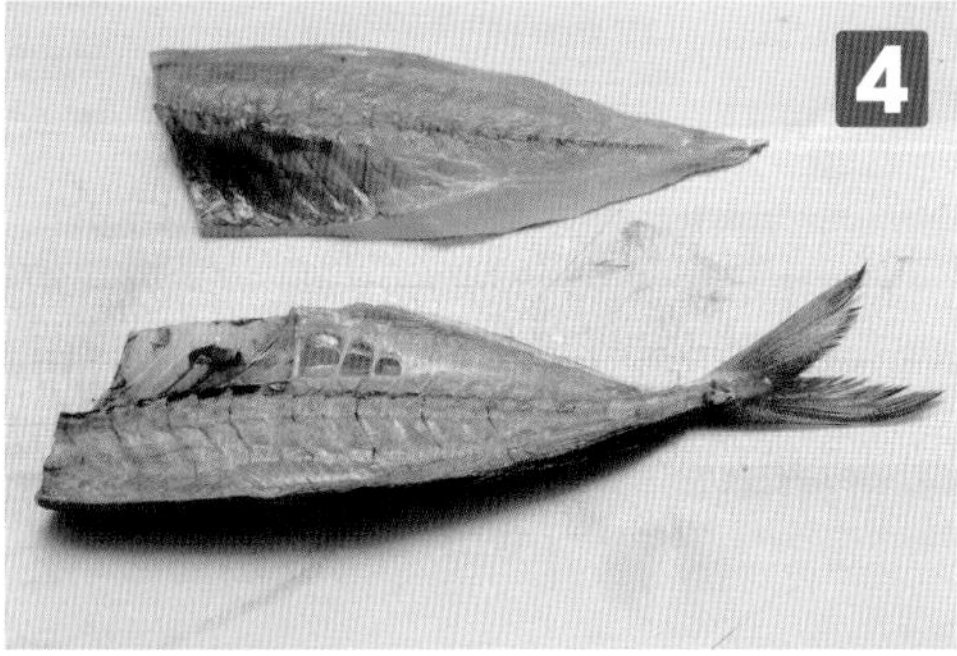

上の身を切り離す

腹側から背側という順で背骨に沿って刃を入れて、上の身を切り離す。

背中側から刃を入れる

身をひっくり返し、今度は背中側から背骨に沿って切り込みを入れる。

腹側からも刃を入れる

身の上下を逆にして、腹側の尾の根元から背骨に沿って切り込みを入れる。

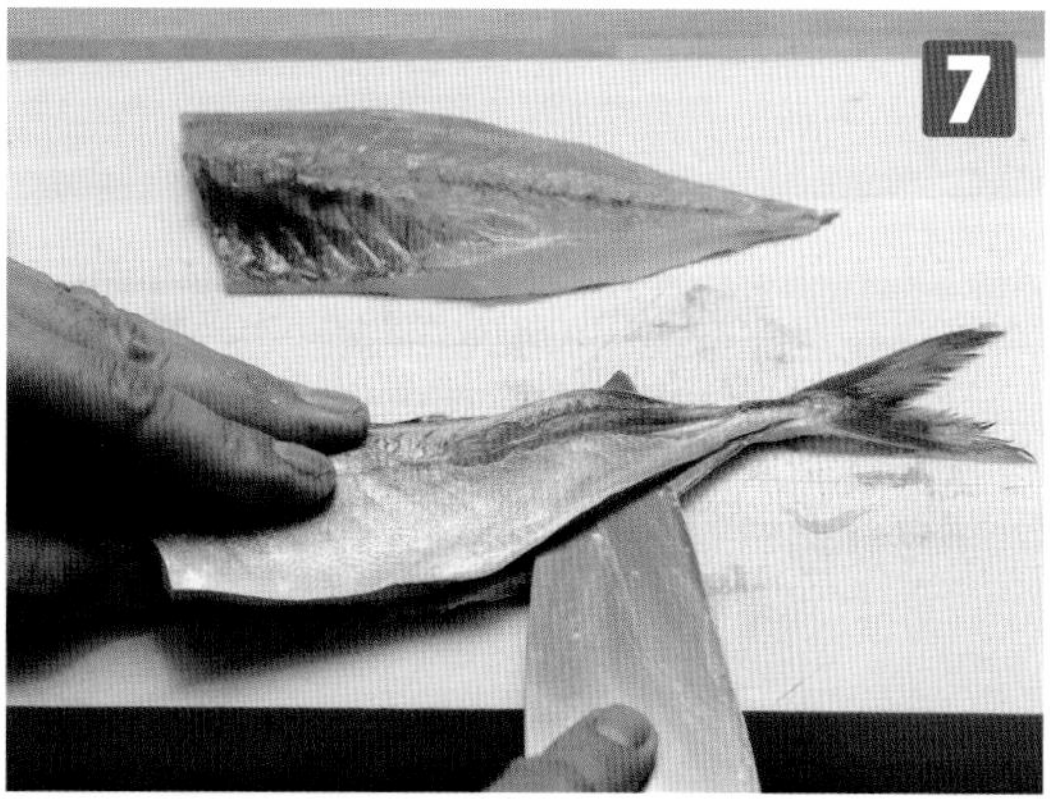

最後に尾のつけ根を切り離す

刃の向きを変えて、尾の方へ向かって動かし身を切り離す。

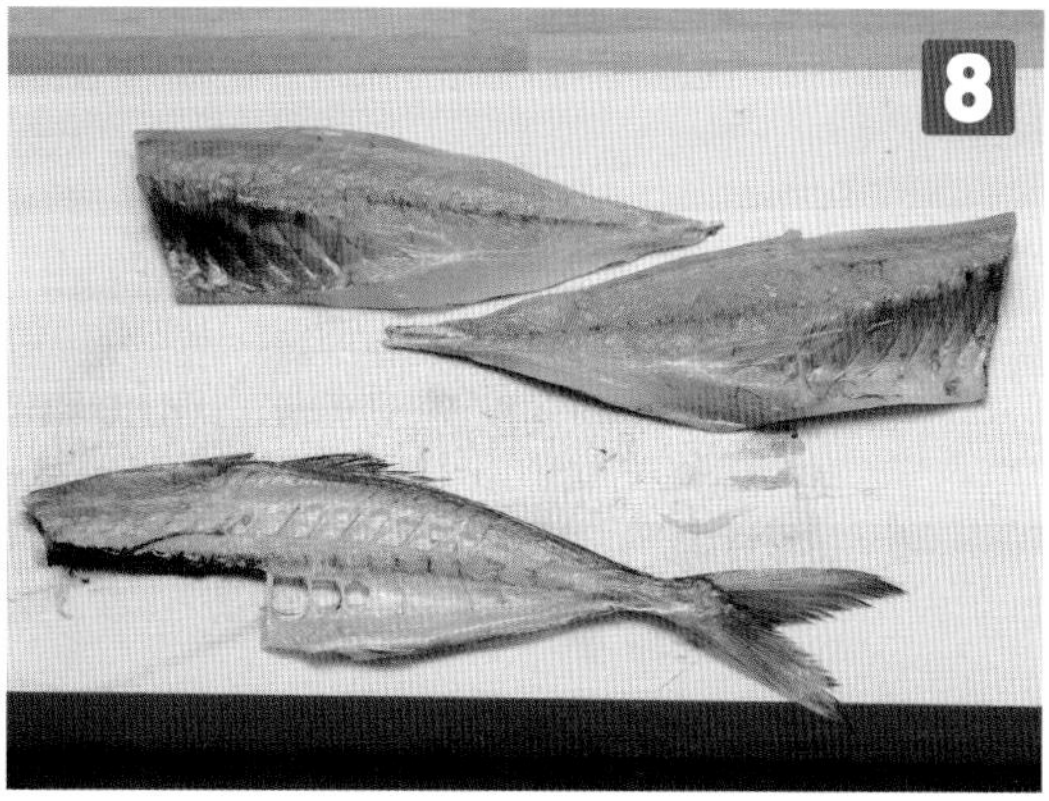

3枚にわける

これで2枚の身と、中骨の3枚にわけることができる。これを三枚おろしという。

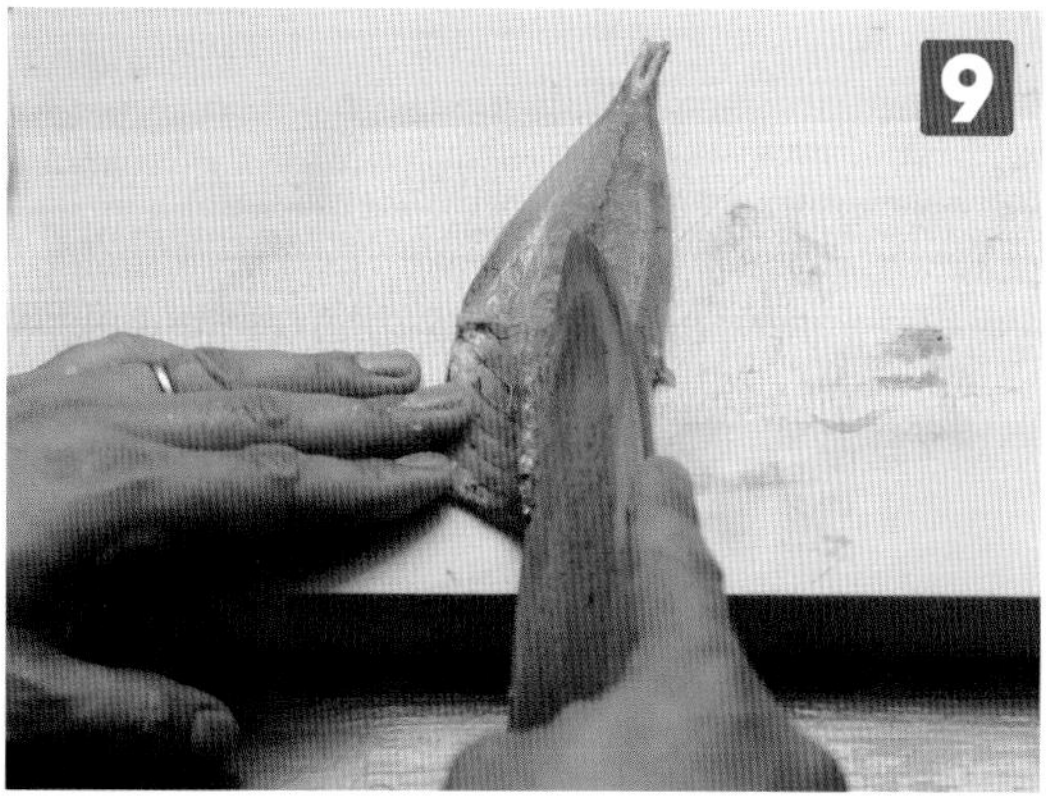

腹骨を削ぐ

魚には内臓を守るように湾曲した腹骨があるので、背骨側から刃を入れ身とともに削ぐ。

腹骨はできるだけ薄く

腹骨の周りの身は脂がのり美味しいので、できるだけ薄く削ぐことがポイントだ。

血合い骨を抜く

身の中央には「血合い骨」という小骨があるので、小骨取り専用のピンセットで取り除く（指で押して小骨の有無を確認する）。

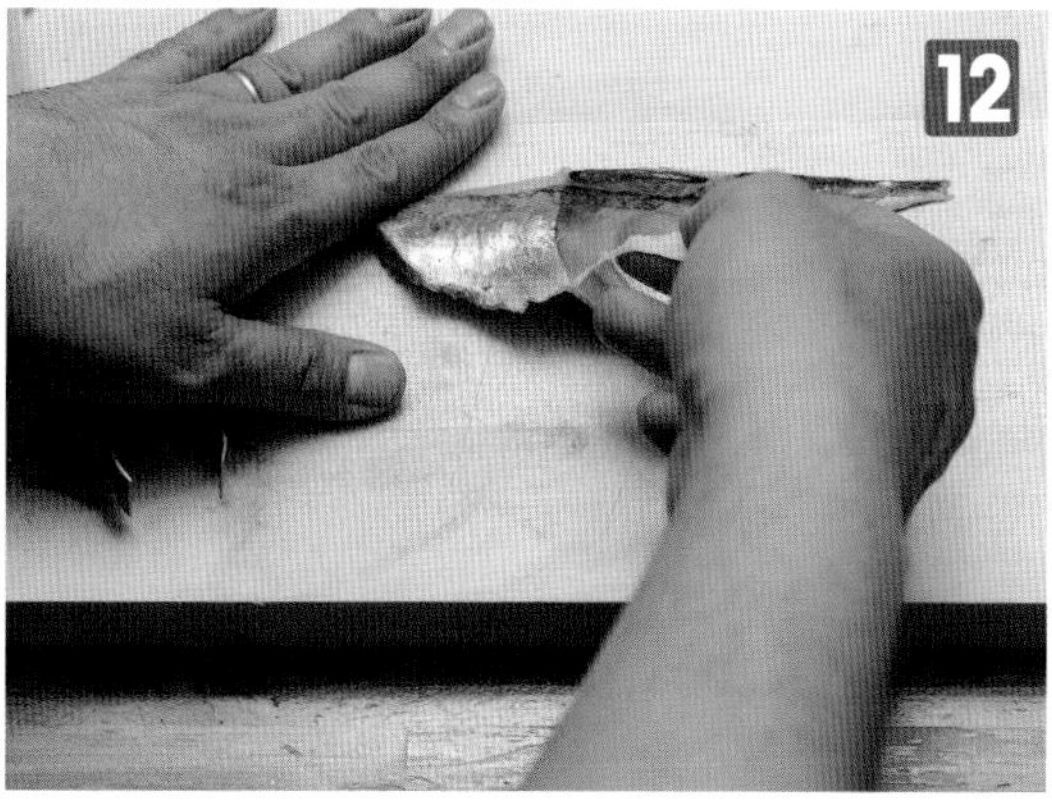

皮を剥ぐ

背中側の角から皮を剥ぐ。鮮度がよいほどラクに剥がすことができる。

釣り魚定番メニュー①

アジのなめろう

材料 2人前

アジ……………………2尾
(A)しょうが …………1/2かけ
(A)長ネギ……………1/2本
味噌 …………………大さじ1
大葉 …………………1~2枚

作り方

① アジを三枚おろしにして皮を剥ぎ、血合い骨を抜いておく。
② ①を細切りにする。
③ (A)を細かく切る。
④ ②と③、味噌をまな板の上で混ぜ合わせる
(好みに応じて粘りが出るまでたたいてもよい)。
⑤ お皿に大葉を敷いて、その上に乗せる
(大葉は細かく切って混ぜ合わせてもよい)。

ワンポイント すべての具がなめらかになるまでたたくのもよいが、アジの新鮮な身の食感を残すために、あえて細切りにして身の形を残すのもおすすめ。

釣り魚定番メニュー②

アジフライ

材料 2人前

【アジフライ】
アジ…………2尾
塩……………少々
こしょう……少々
小麦粉………大さじ1
卵……………1/2個
パン粉………適量
揚げ油………適量

【タルタルソース】
ゆで卵（みじん切り）
………………1個
タマネギ（みじん切り）
………………1/6個
マヨネーズ…大さじ8
酢……………大さじ1
砂糖…………小さじ1~2
塩……………少々

作り方

① アジを三枚おろしにして皮を剥ぎ、血合い骨などを抜いておく。
② 塩、こしょうを振り、10分程度なじませる。
③ 小麦粉を薄くムラなくまぶし、余分な粉ははたいて落とす。
④ 卵をよく溶き、ムラなく絡ませる。
⑤ ④にパン粉をつけ、手でギュッと押さえる。
⑥ 170~180度の油で3分ほど揚げる。
⑦ きつね色になったら取り出し、数分置けば完成。

ワンポイント
新鮮な身がパサパサになってしまうので揚げすぎに注意。タルタルソースは材料をすべて混ぜ合わせるだけなので、ぜひ試してみよう。

釣り魚定番メニュー③

豆アジの南蛮漬け

材料 2人前

豆アジ········8尾
塩·············少々
片栗粉 ·······適量
タマネギ ·····1/4個
揚げ油 ·······適量
(A)砂糖 ·····大さじ1
(A)みりん ···大さじ1
(A)しょうゆ··大さじ3
(A)酢 ········大さじ3
(A)だし汁 ···大さじ1
(A)赤唐辛子(輪切り)
············2本

作り方

① タマネギを薄切りにする。
② (A)をすべて鍋に混ぜ合わせ、①を入れてかるく火にかけ温める。
③ 豆アジの内臓とゼイゴを取り除き、塩をふり5分ほど置く。
④ キッチンペーパーなどで③の水気をしっかり取る。
⑤ 片栗粉を薄くまぶし、余分な粉をはたく。
⑥ 170~180度の油で10分ほど揚げる。
⑦ バットに取り出して油を切り、身が熱いうちに②をかけて30分ほど漬ける。

ワンポイント

豆アジはカラッと揚がれば頭や骨まで食べられますが、骨が心配なときは二度揚げするとよいでしょう。

釣り魚定番メニュー④

アジの一夜干し

材料 1人前

アジ……1尾
水………適量（アジが漬かる量）
塩………水量の10%

作り方

① アジのウロコを取り、腹側に刃を入れ内臓を取り出す。
② 背中側の皮を残して腹開きにする（頭にも刃を入れて割ってもよい）。
③ 歯ブラシなどを使って②の身についた汚れをきれいに落とす。
④ 水の量に対して10%前後の塩を入れた塩水に60分ほど③を漬ける。
⑤ 水道水でかるく洗い、キッチンペーパーで水気をしっかり取る。
⑥ 身側を上にしてザルや網で干す（直射日光が当たらない風通しのよい日陰がベスト）。
⑦ 表面を触ってもベタつかなくなったら完成。乾燥を防ぐためにラップなどに包んで冷蔵庫に入れれば、2〜3日は保存可能。

ワンポイント 塩水に漬ける時間は脂ののりで変わります。脂がのっているアジであれば90分ほど漬けてもよいでしょう。

釣り魚定番メニュー⑤

イワシの刺身

材料　1人前

イワシ …………………1尾
大葉 ……………………数枚
大根のツマ ……………適量

作り方

① イワシの頭を切り落とさずに3枚におろす。

② キッチンペーパーで身についた水気をしっかり拭き取る。

③ 背中の方から皮を剥ぐ。

④ 食べやすい大きさに切り分け、盛りつけたら完成。

☞ワンポイント　頭を残して盛りつけるとお店のような雰囲気になります。また、背骨に塩こしょうをして揚げると、おいしい骨煎餅になります！

釣り魚定番メニュー⑥

イワシの梅煮

材料 2人前

イワシ……………4尾
梅干し……………2個
しょうが(薄切り)…2~3枚
(A)酒……………大さじ1と1/2
(A)砂糖…………小さじ1
(A)みりん………大さじ1と1/2
(A)しょうゆ………大さじ2
(A)水……………200ml

作り方

① イワシのウロコを取る。
② ①の頭を切り落として内臓を取り出す。
③ 表面と腹の中を洗い、キッチンペーパーでしっかり水気を拭き取る。
④ 鍋に(A)をすべて入れて、強火にかけて煮立たせる。
⑤ 煮立ったら一度火を止め、すべての材料を並べる。
⑥ 中火にして落としぶたをして10分ほど煮る。

ワンポイント 煮立たせすぎると身が固くなるので、火の入れすぎには注意しましょう。

釣り魚定番メニュー⑦

イカの塩辛

材料 2人前

スルメイカ……………2杯
塩……………………適量
酒……………………適量

作り方

① イカの肝を取り出す。
② 肝にまんべんなく塩を振り、冷蔵庫で一晩寝かせる。
③ イカの皮を剥ぎ、身を半日から一晩干して水分を抜く。
④ 肝に酒をかけて塩を洗い流す。
⑤ イカの身を食べやすい大きさに切る
⑥ 肝の袋を破き、中身を取り出して身と和えれば完成。

ワンポイント お好みで柚子胡椒を小さじ1ほど混ぜ合わせると、博多風のイカの塩辛になります。

釣り魚定番メニュー⑧

イカゴロのホイル焼き

材料 2人前

イカ……………………1杯
酒……………………少々
塩……………………少々
しょうゆ……………少々
バター………………20g
ネギ…………………適量

作り方

① イカの肝を取り出す。
② 身を食べやすい大きさに切る。
③ アルミホイルを広げ、①の肝と②の身を乗せる。
④ 酒と塩、しょうゆを少々香りづけ程度に振りかける。
⑤ バターを入れる(なくてもOK)。
⑥ 魚焼きグリルで10分程度焼く。
⑦ 肝をつぶして身と和え、ネギを散らしたら完成。

☞ワンポイント バターはお好みでOK。すりおろしニンニクやしょうがを入れても美味しくなります!

釣り魚定番メニュー⑨

シロギスの天ぷら

材料 2人前

シロギス	8尾
塩	少々
こしょう	少々
天ぷら粉	適量
冷水	適量
揚げ油	適量
すだち	お好みで

作り方

① シロギスのウロコを取り、頭を切り落とし、内臓を取り除く。

② 背開きにして、頭の切り口から中骨を切り落とす。

③ 表面を洗い、キッチンペーパーでしっかり水気を拭き取る。

④ 身側にかるく塩、こしょうを振る。

⑤ 天ぷら粉と冷水をかるく混ぜ合わせ、④の身をくぐらせる。

⑥ 170度ほどに熱した油で揚げる。

⑦ 2分程度を目安に衣がカリッとしたら取り出し、油を切ったら完成。

☞ワンポイント

天ぷらには20cm以下の小ぶりサイズが向いています。大きなシロギスは小骨が口に当たるので刺身がおすすめ！

釣り魚定番メニュー⑩

メバルの唐揚げ

材料 2人前

メバル	1尾
塩（下処理用）	小さじ1/2
塩	少々
こしょう	少々
片栗粉	適量
揚げ油	適量

作り方

① メバルのウロコを取り、内臓を取り除く。

② 背側から背骨に沿って2cm程度表裏に切り込みを入れる（背骨が香ばしく揚がる）。

③ 下処理用の塩を振って10分ほど置く。

④ 塩を洗い流し、キッチンペーパーで水気をしっかり拭き取る。

⑤ 塩、こしょうをして、片栗粉を薄くまんべんなく振り、余分な粉は落とす（ヒレを開いて片栗粉をしっかりまぶすことで揚げた後も閉じずに見栄えがよい）。

⑥ 170度の油でカラッとするまで5分程度揚げる。

⑦ 一度バットに取り出してかるく冷ましてから、もう一度数分揚げる。

☞ **ワンポイント** 二度揚げすることで骨までバリバリ食べられるようになります！

釣り魚定番メニュー⑪

カレイの煮付け

材料 2人前

カレイ……1尾
しょうが……適量
インゲン……お好みで
(A)砂糖……大さじ2
(A)しょうゆ……大さじ3
(A)みりん……大さじ3
(A)酒……大さじ1
(A)水……50ml

作り方

① カレイのウロコを取り、エラに包丁を入れて内臓を取り出す。
② 表面と腹の中を洗い、キッチンペーパーで水気を拭き取る。
③ 皮目に十字の切れ目を入れる。
④ (A)をすべて鍋に入れて一煮立ちさせる。
⑤ ③を鍋に入れ、落としぶたをして中火で5~6分煮る。
⑥ 煮上がる1分ほど前になったら、落としぶたを取り、スプーンで煮汁を身にかけながらかるく煮詰めて完成。お好みでさっとゆでたインゲンなどをそえる。

ワンポイント

ふわふわの身を保つためには煮詰めすぎないことがポイントです！　また落としぶたをして煮汁がしっかり身に回るようにしましょう。

釣り魚定番メニュー⑫

炙りシメサバ

材料 2人前

サバ……………………1尾
塩………………………適量
米酢……………………適量
乾燥昆布………………適量

作り方

① サバのウロコを取り、内臓を取り除いて3枚におろす。
② バットに塩を振り、その上に切り身を並べる。
③ さらに切り身に塩を振って1~2時間冷蔵庫に入れ水気を出す(バットを斜めにすることで水気が身に触れないようする)。
④ 流水で塩を落とし、キッチンペーパーで水気をしっかり拭き取る。
⑤ 昆布を敷いた新しいバットにサバの切り身を並べ、浸るまで米酢を入れて1~2時間ほど置く。
⑤ バットから取り出し小骨を抜く。
⑥ 皮目を上にして背中の方から優しく薄皮を剥ぎ取る。
⑦ 食べやすい幅で切り分け、背に一筋飾り包丁を入れたら完成。

ワンポイント サバは鮮度の劣化がとても早いので、内臓をできるだけ早く取り除くようにしましょう。

釣り魚定番メニュー⑬

カマスの塩焼き

材料 1人前

カマス ……………1尾

塩 ………………適量

作り方

① カマスのウロコと内臓を取り除く。

② 腹に十字の飾り包丁を入れる。

③ 全体に塩を振る（尾ビレにもしっかり塩を振ることで焦げつかない）。

④ 魚グリルに入れて中火で5～6分焼いたら完成。

ワンポイント 尾ビレにもしっかり塩を振ることで、焦げつかずきれいに焼けますよ！

釣り魚定番メニュー⑭

ワカシの漬け

材料 2人前

ワカシ……………1尾
酒………………大さじ3
みりん……………大さじ3
しょうゆ…………大さじ3

作り方

① ワカシのウロコと内臓を取り除く。
② 3枚におろし、皮を剥ぐ。
③ 食べやすい大きさに切り分ける。
④ 酒とみりんを鍋で火にかけ一煮立ちさせる。
⑤ ④が冷めたら容器に移してしょうゆを入れる。
⑥ ⑤に切り身を入れて半日寝かせたら完成。

ワンポイント 漬けにすれば冷蔵室で数日持ちます。味に飽きてきたらお茶漬けにするのがおすすめです！

堤防釣り魚図鑑

ここでは堤防釣りでターゲットとなりうる魚の生態や分布などを紹介する。釣果カレンダーは関東を想定しているので、あくまでも目安として利用してほしい。

【鮎魚女・鮎並】アイナメ

カサゴ目アイナメ科アイナメ属

生態

沿岸の岩礁帯や消波ブロックの物陰に生息している。成魚になると縄張りをもち、あまり移動しなくなる。産卵期は秋から冬。

全長

通常20～35cm

分布

日本各地の浅海域

1月	2月	3月	4月	5月	6月	7月	8月	9月	10月	11月	12月
○	○	△	△	△	△	△	△	△	△	○	○

【障泥烏賊】アオリイカ

ツツイカ目ヤリイカ科アオリイカ属

生態

普段は沿岸深部にいるが、産卵期の春から夏は浅場で小魚などのエサを追う。この時期はサイズが大きくルアー釣りやヤエン釣りで狙う釣り人が多い。

全長

通常10～30cm

分布

北海道以南の水深5～30mの沿岸

1月	2月	3月	4月	5月	6月	7月	8月	9月	10月	11月	12月
△	△	△	○	○	○	△	△	○	○	○	△

アジ【鯵】

スズキ目アジ科マアジ属

生態

基本的には小さな群れで回遊しており、沿岸から深場まで行動範囲は広い。ただし個体群によって活動域は大きく異なり、回遊せずに一定の海域に根つく群れもいる。

全長

通常20〜35cm

分布

北海道以南の各地

1月	2月	3月	4月	5月	6月	7月	8月	9月	10月	11月	12月
△	△	△	△	○	○	○	○	○	○	○	△

アナゴ【穴子】

ウナギ目アナゴ科クロアナゴ属

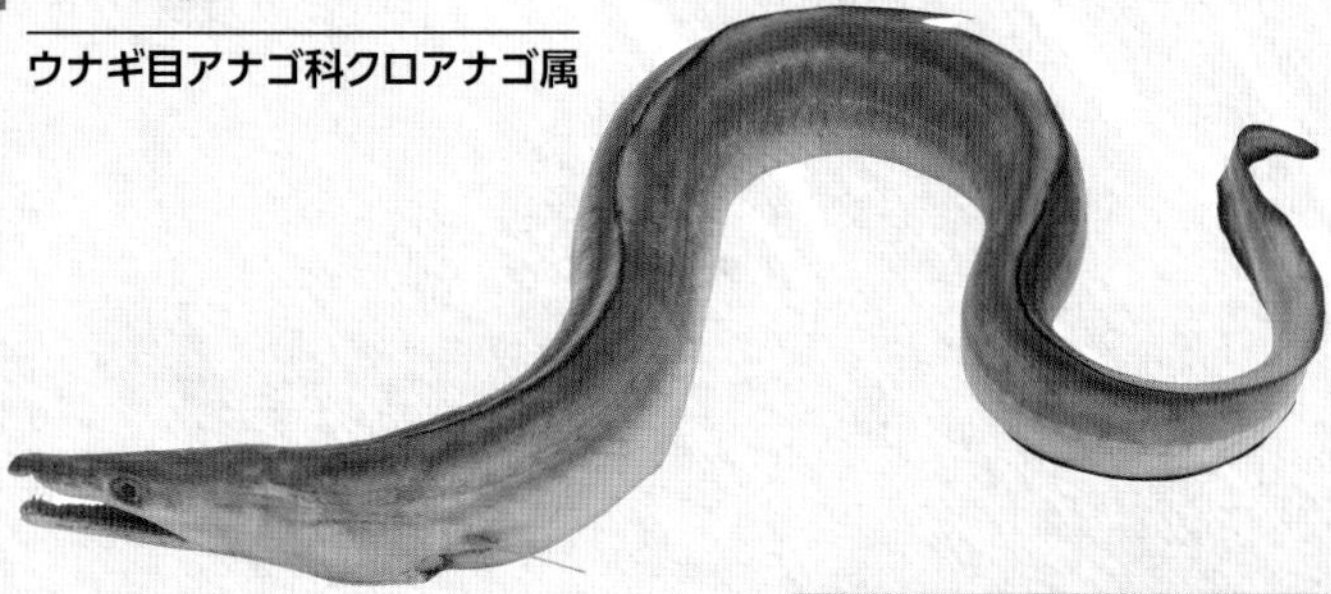

生態

浅い内海の砂泥底を好む夜行性。水が濁っていれば日中も釣れることがある。揚げても焼いても、煮ても美味しいポピュラーな江戸前魚。

全長

通常30〜45cm

分布

北海道以南の各地の内海

1月	2月	3月	4月	5月	6月	7月	8月	9月	10月	11月	12月
			△	○	○	○	△	△	△		

イサキ【鶏魚・伊佐木】

スズキ目イサキ科イサキ属

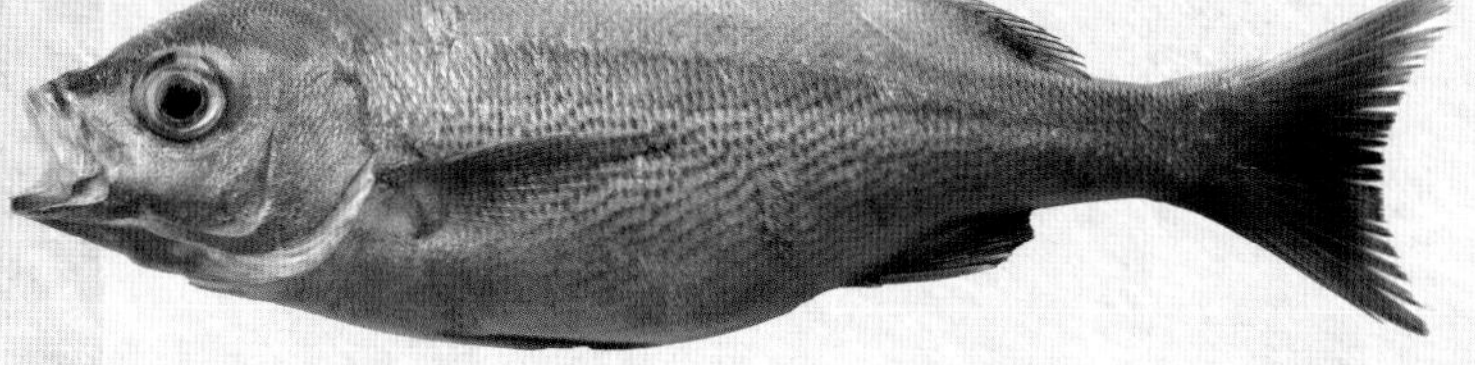

生態

回遊はせずに沿岸近くの岩礁帯周りに群れで生息している夜行性。一般的には初夏の産卵期が脂ののりがよいとされている。刺身や焼き魚がおすすめ。

全長

通常20〜30cm

分布

関東地方南岸と新潟県以西の沿岸

1月	2月	3月	4月	5月	6月	7月	8月	9月	10月	11月	12月
△	△	△	△	○	○	○	△	△	△	△	△

【石持】イシモチ

スズキ目ニベ科シログチ属

生態

シログチやニベなど頭骨内に耳石がある魚の総称で、正式和名がイシモチという魚はいない。堤防釣りでは、主に浅瀬の砂泥地を好むニベを狙う。

全長

通常20～30cm

分布

東北地方以南の沿岸

1月	2月	3月	4月	5月	6月	7月	8月	9月	10月	11月	12月
○	○	△	△	△	△	△	△	△	△	○	○

【鰯】イワシ

ニシン目ニシン科マイワシ属

生態

ウルメイワシやカタクチイワシなどもいるが、一般的にイワシといえば、このマイワシを指す。潮通しがよいと湾内まで大群で回遊してくる。

全長

通常15～25cm

分布

日本各地の沿岸

1月	2月	3月	4月	5月	6月	7月	8月	9月	10月	11月	12月
○	○	○	○	○	○	○	○	○	○	○	○

【笠子】カサゴ

カサゴ目フサカサゴ科カサゴ属

生態

主に沿岸の岩礁帯に棲息。日中は物陰に身を潜め、夜間になると活性が上がる夜行性。ただし、目の前の魚などに反射的に食いつく習性があり日中も釣れる。

全長

通常15～25cm

分布

北海道南部以南の沿岸の岩礁帯

1月	2月	3月	4月	5月	6月	7月	8月	9月	10月	11月	12月
○	○	○	○	△	△	△	△	△	△	○	○

カマス【魳】

スズキ目カマス科カマス属

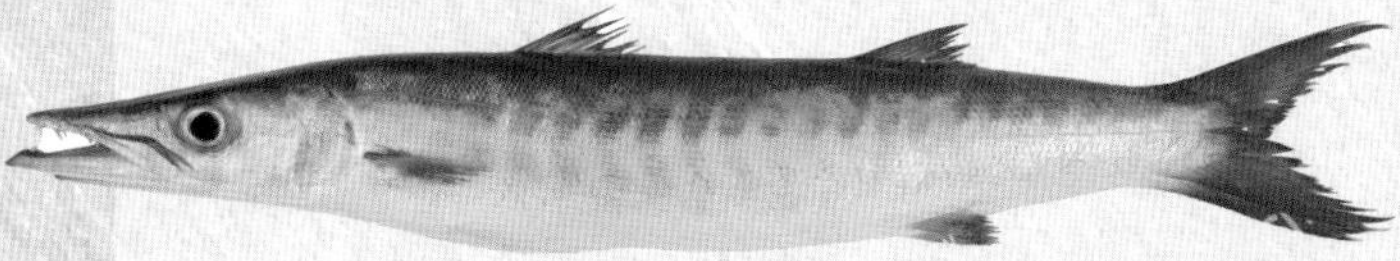

生態

日中は深場におり、夜間に浅場へ移動するので、堤防では夜釣りがメイン。小魚を捕食するため小さめのルアーでよく釣れる。鮮度がよいものは刺身も美味。

全長

通常30cm前後

分布

関東以南の沿岸

1月	2月	3月	4月	5月	6月	7月	8月	9月	10月	11月	12月
△	△	△	△	△	△	○	○	○	○	○	△

カレイ【鰈】

カレイ目カレイ科ツノガレイ属

生態

日本沿岸には数十種類ものカレイが棲息しているが、人気が高いのは高級魚として流通しているマコガレイ。主に砂泥底に身を潜めている。

全長

通常15～40cm

分布

北海道南部以南の各地

1月	2月	3月	4月	5月	6月	7月	8月	9月	10月	11月	12月
○	○			○	○	△	△	△	△	△	△

カワハギ【皮剥】

フグ目カワハギ科カワハギ属

生態

主に沿岸の砂混じりの岩礁帯付近に棲息。「エサ取り名人」とよばれ、気づかれずにエサだけ奪われることも。肝しょうゆで食べる刺身は絶品。

全長

通常15～25cm

分布

北海道以南の沿岸

1月	2月	3月	4月	5月	6月	7月	8月	9月	10月	11月	12月
△	△	△	○	○	○	△	○	○	○	△	△

【勘八・間八】カンパチ

スズキ目アジ科ブリ属

生態

成長すると1mを越すが、堤防で釣れるのは、地域によって「ショコ」、「シオッコ」などよび名がかわる若魚。引きが強く激しいファイトを楽しめる。

全長

通常30～50cm（若魚）

分布

本州南部以南の各地

1月	2月	3月	4月	5月	6月	7月	8月	9月	10月	11月	12月
△	△	△	△	△	△	△	△	○	○	○	△

【雉羽太】キジハタ

スズキ目ハタ科マハタ属

生態

基本的に単独行動のため群れをつくらない。日中は深層の物陰に潜み、マズメの時間帯にエサを求めて中層から表層へ浮上する。浅い岩礁域を好む。

全長

通常20～40cm

分布

北海道以南の各地

1月	2月	3月	4月	5月	6月	7月	8月	9月	10月	11月	12月
△	△	△	△	△	○	○	○	○	△	△	△

【求仙・九線】キュウセン

スズキ目ベラ科キュウセン属

生態

沿岸部の岩礁周辺の砂底に棲息する。夜は砂に潜って眠る昼行性。関東では無名だが、関西では好んで食されている。クセのない白身は美味。

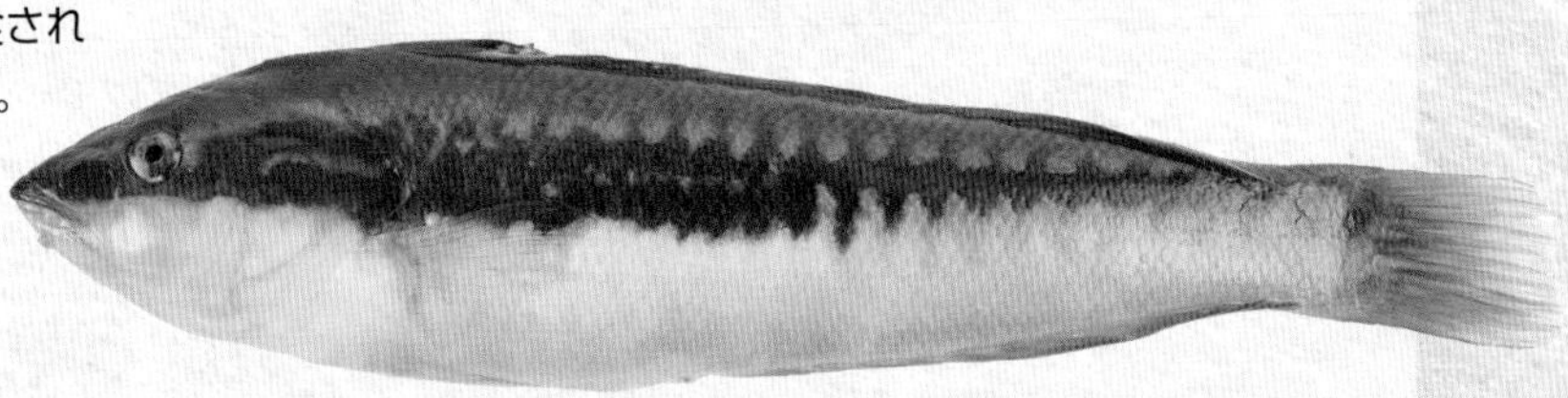

全長

通常20～30cm

分布

北海道以南の各地

1月	2月	3月	4月	5月	6月	7月	8月	9月	10月	11月	12月
△	△	△	△	△	○	○	○	○	○	△	△

クロダイ【黒鯛】

スズキ目タイ科クロダイ属

生態

関東ではクロダイ、関西ではチヌとよばれる。河口の汽水域や沿岸の浅めの岩礁、砂泥底の海域に棲息。食性は貪欲で、どんなエサにも食いついてくる。

全長

通常20～40cm

分布

北海道南部以南の沿岸、河口

1月	2月	3月	4月	5月	6月	7月	8月	9月	10月	11月	12月
		○	○	○	△	△	△	○	○	○	

コノシロ【鮗】

ニシン目ニシン科コノシロ属

生態

主に河口付近に棲息。4～5cmの幼魚を「シンコ」、7～10cmを「コハダ」、13cm前後を「ナカズミ」、そして15cm以上を「コノシロ」とよぶ。

全長

通常15～25cm

分布

東北以南の沿岸、河口

1月	2月	3月	4月	5月	6月	7月	8月	9月	10月	11月	12月
				△	△	△	△	○	○	○	○

サバ【鯖】

スズキ目サバ科サバ属

生態

秋から冬のサバは脂がのり美味。ハリにかかると猛烈な勢いで横走りするため、となりの人とラインが絡むオマツリになりやすいので注意が必要。

全長

通常30～40cm

分布

北海道以南の各地

1月	2月	3月	4月	5月	6月	7月	8月	9月	10月	11月	12月
△	△	△	△	○	○	○	○	○	○	○	○

【細魚】サヨリ

ダツ目サヨリ科サヨリ属

生態

海面付近の表層部を潮の流れに乗って群れをなして回遊するので、潮通しのよい堤防が狙い目。秋から冬にかけては30cm前後の大型が釣れることも。

全長

通常10〜30cm

分布

北海道南部から九州までの沿岸

1月	2月	3月	4月	5月	6月	7月	8月	9月	10月	11月	12月
○	○	△	△					△	△	△	○

【白鱚】シロギス

スズキ目キス科キス属

生態

波の穏やかな砂浜や砂泥底に棲息。カケアガリなどの変化を好む。初夏になると産卵のために浅場へ寄るので、この時期はちょい投げ釣りの本命。

全長

通常15〜25cm

分布

北海道南部から九州までの沿岸

1月	2月	3月	4月	5月	6月	7月	8月	9月	10月	11月	12月
△	△	△	△	△	○	○	△	△	△	△	△

【鱸】スズキ（シーバス）

スズキ目スズキ科スズキ属

生態

強烈な引きを味わえるため、ルアー釣りの対象魚として人気が高い。基本は夜行性で、沿岸から河口の汽水域までエサとなる小魚を求めて広く移動する。

全長

通常30〜60cm

分布

東北から九州までの沿岸、河口

1月	2月	3月	4月	5月	6月	7月	8月	9月	10月	11月	12月
△	△	△	○	○	○	○	○	○	○	○	△

ソウダガツオ【宗太鰹】

スズキ目サバ科ソウダガツオ属

生態

同属に分類されるマルソウダ・ヒラソウダの総称。沖合から沿岸の表層を大群で回遊する。沖合から潮が直接当たるような堤防が狙い目になる。

全長

通常30〜40cm

分布

北海道南部以南の各地

1月	2月	3月	4月	5月	6月	7月	8月	9月	10月	11月	12月
			△	△	△	○	○	○	○	△	

タチウオ【太刀魚】

スズキ目タチウオ科タチウオ属

生態

日中は深場におり、夜間になると浅場まで上がってくるので堤防からは夜釣りで狙う。鋭い歯を持つので、釣り上げたときは素手で扱わないこと。

全長

通常70〜110cm

分布

北海道以南の沿岸

1月	2月	3月	4月	5月	6月	7月	8月	9月	10月	11月	12月
○	△	△	△	△	△	○	○	○	○	○	○

ハゼ【鯊・沙魚】

スズキ目ハゼ科ハゼ属

生態

ハゼは種類が多いが、堤防釣りで狙うのはマハゼとよばれる本種。内湾や河口の砂泥底に棲息。江戸前魚として人気が高く天ぷらや唐揚げは美味。

全長

通常7〜18cm

分布

北海道以南の沿岸、河口

1月	2月	3月	4月	5月	6月	7月	8月	9月	10月	11月	12月
△					△	△	○	○	○	○	○

【平目・鮃】ヒラメ

カレイ目ヒラメ科ヒラメ属

生態

潮が流れる砂泥底を好む夜行性。腹側を下にしたとき目が左側になるのがヒラメ（一部目が左側のカレイもいる）。冬の寒ヒラメは脂がのり美味。

全長

通常30～60cm

分布

日本各地の沿岸

1月	2月	3月	4月	5月	6月	7月	8月	9月	10月	11月	12月
○	○	○	△	△	△	△	△	△	△	○	○

【真鯛】マダイ

スズキ目タイ科マダイ属

生態

沿岸の岩礁帯周囲に小さな群れで遊泳する。春から初夏にかけて浅場で産卵をし、冬は深場へ移動する。強烈な引きが魅力で味もよいため人気の魚種。

全長

通常30cm前後

分布

北海道南部以南の各地

1月	2月	3月	4月	5月	6月	7月	8月	9月	10月	11月	12月
△	△	△	○	○	△			△	△	△	△

【眼仁奈】メジナ

スズキ目メジナ科メジナ属

生態

磯釣りで人気の魚種だが、堤防からでも岩礁帯周りを攻めれば狙える。日中エサを求めて泳ぎ回り、夜間は岩礁の隙間で身を潜めている。

全長

通常15～40cm

分布

北海道南部から九州にかけての磯場

1月	2月	3月	4月	5月	6月	7月	8月	9月	10月	11月	12月
○	○	○	△	△	△	△	△	△	△	○	○

メバル【眼張】

カサゴ目フサカサゴ科メバル属

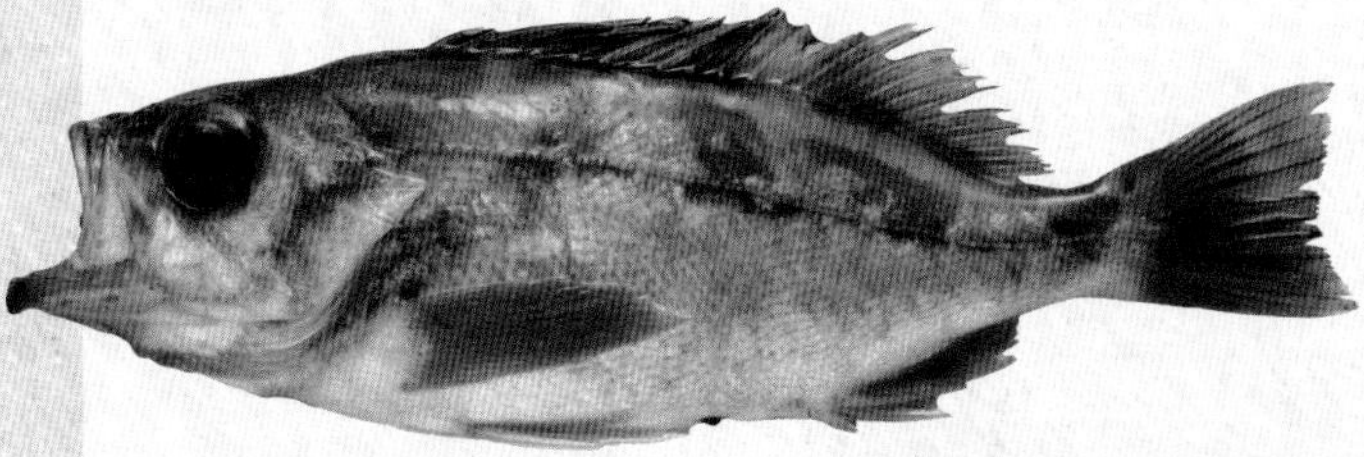

生態

日中は岩礁の物陰に身を潜め、夜間になると積極的にエサを追う夜行性。穏やかな沿岸に群れをなしていることが多く、常夜灯周りで数を狙える。

全長

通常10〜20cm

分布

北海道南部から九州にかけての沿岸

1月	2月	3月	4月	5月	6月	7月	8月	9月	10月	11月	12月
△	△	○	○	○	○	△	△	△	○	○	○

メッキ（ロウニンアジ）

スズキ目アジ科ギンガメアジ属

生態

ロウニンアジやギンガメアジの幼魚を総じてメッキとよぶ。暖かい海を好み沿岸を回遊している。小魚を激しく追い回すためルアー釣りで人気。

全長

通常10〜20cm

分布

関東以南の各地

1月	2月	3月	4月	5月	6月	7月	8月	9月	10月	11月	12月
			△	△	△	△	△	○	○	○	○

ワラサ【稚鰤】

スズキ目アジ科ブリ属

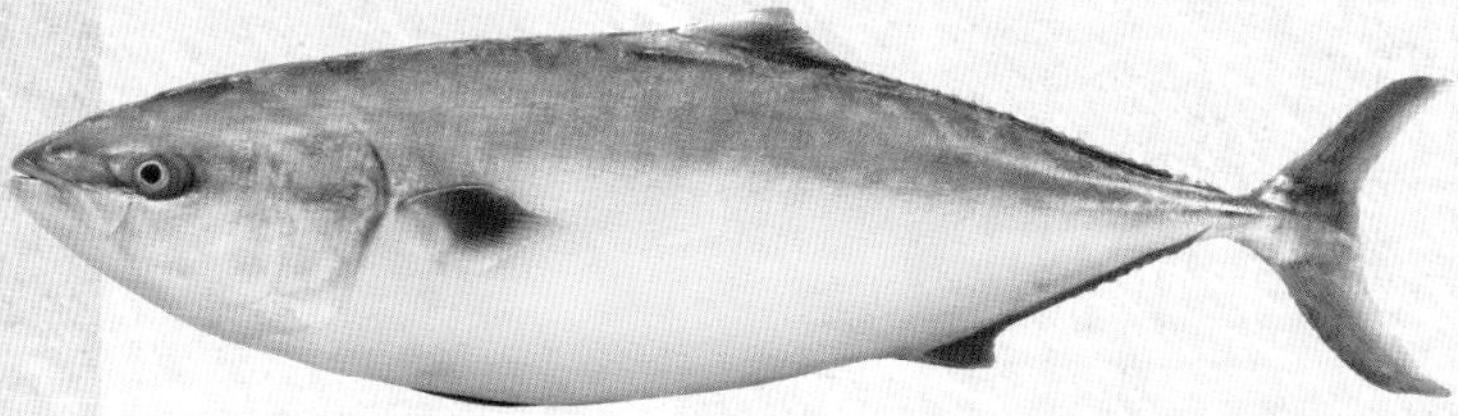

生態

ブリの若魚。「ワカシ」、「イナダ」、「ワラサ」、「ブリ」の順で大きくなる。潮通しがよい堤防に回遊してくるので、ルアーで狙うと強い引きを楽しめる。

全長

通常60〜80cm

分布

日本各地の沿岸

1月	2月	3月	4月	5月	6月	7月	8月	9月	10月	11月	12月
△	△				△	○	○	○	○	○	○

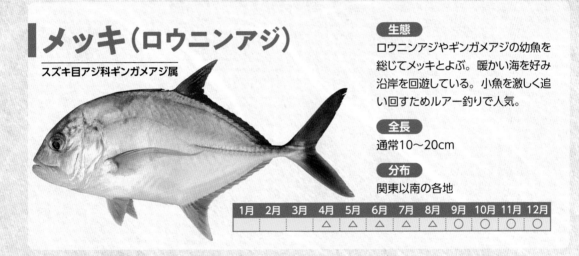

＼この魚が釣れたら要注意！／

堤防釣りで出会う危険な魚たち

堤防釣りでは危険な魚と出会うこともある。ここで挙げた魚が釣れてしまったときは素手で扱わないように。

アイゴ

刺されると危険！

生態

比較的浅場の岩礁帯や藻場周りに棲息。堤防からではオキアミをエサとしたウキ釣りで掛かることが多い。背ビレや腹ビレに鋭いトゲがあり毒を含んでいる。刺されると猛烈に痛む。身には毒がないため、ヒレを切り落として食用として持ち帰る人もいる。

分布

青森以南の各地

ウツボ

噛まれると危険！

生態

岩礁帯や消波ブロックなどに身を潜めている夜行性。「海のギャング」ともよばれるほど獰猛な性格で、鋭い歯と力強い顎をもつ。さらに皮膚呼吸ができるため、釣り上げて陸に放置してもすぐに弱ることがなく、暴れることもあるので注意が必要。ただし、食味はよく好んで食べる地域もある。

分布

関東以南の沿岸

オコゼ

刺されると危険！

生態

砂泥底や藻場を好む夜行性。一見するとカサゴのようにも見えるが、オコゼのなかには背ビレにトゲがあり毒を含んでいる種類が多いので注意が必要。刺されると激しい痛みや痺れをともなう。ただし、食味はよく高級魚として食べられている地域もある。

分布

北海道以南の沿岸

クサフグ

食べると危険！

生態

堤防釣り経験者なら一度は釣ったことがあるというほどよく目にするのがクサフグ。砂底を好む。ラインを噛み切るほど噛む力が強く、巻き上げたらハリがないということもある。可愛らしい見た目だが身に毒があるので持ち帰らずに海にリリースしよう。

分布

青森以南の沿岸

ゴンズイ

刺されると危険！

生態

可愛らしい見た目と裏腹に背ビレと胸ビレのトゲに毒がある。刺されると激しく痛み腫れ上がる。また魚が絶命しても毒は残るので取り扱いに注意が必要だ。岩礁帯周りなどに群れをなして棲息しており、夜行性のため夜釣りでかかることが多い。

分布

関東以南の沿岸

堤防釣り用語集

ア行

青物（あおもの）
ブリやカンパチ、カツオなどの中型以上の回遊魚の総称として使う場合と、アジやサバ、イワシまでの小型回遊魚までを含めた総称として使う場合がある。

赤潮（あかしお）
主に植物性プランクトンが異常増殖することで海が赤褐色になる現象。増殖したプランクトンが呼吸をすることで水中酸素濃度が薄くなるため、魚が酸欠を起こすなど、沿岸の生態系には一時的に悪影響となる。

上げ潮（あげしお）
干潮から満潮へ向かう時間帯の潮（⇔下げ潮）。

アタリ
魚がハリにかかったときに手元へ伝わる振動。なお、魚がエサを突いているがハリにはかかっていない状態で手元に伝わる振動を「前アタリ」とよぶ。

穴釣り（あなづり）
探り釣りと同意。消波ブロックの隙間などに仕掛けを落として底にいる根魚などを釣る手法。

アミエビ
見た目はエビだがプランクトンの一種。主にサビキ釣りでカゴの中に詰めて使用する。大きさはウキ釣りなどで使用するオキアミよりもはるかに小さい。

アワセ
エサに食いついてきた魚の口にハリを確実に掛けるためのアクション。なお、何もしなくてもハリが魚の口にかかることを「向こうアワセ」とよぶ。

アングラー
釣りをする人。

イソメ
アオイソメやアカイソメ、イワイソメなど環形動物門多毛綱遊在目イソメ科に属する海産動物の総称。「虫エサ」ともよぶ。

イトフケ
強い風が吹いたりしてミチイトがたるんでしまうこと。この状態ではアタリが手元へ伝わりづらいので、リールを巻いてミチイトを張らせる必要がある。

入れ食い（いれぐい）
仕掛けを海中に落とすとすぐにアタリがくる状態。回遊魚が堤防付近まで入ってきたときにサビキ釣りをすると起こりやすい。

ウキ下（うきした）
ウキ止めからハリまでの長さ。ウキフカセ釣りでは仕掛けが潮に流され斜めになるため、5mの棚を狙うには6～7mのウキ下が必要になることもある。

ウキフカセ釣り
ウキ釣りの一種。一般的なウキ釣りは狙った棚に合うオモリを使用するのに対して、ウキフカセ釣りは、軽いオモリで棚を意識せずに自然に漂わせながら釣る手法。仕掛けを潮にまかせて漂わせることを「フカス」という。

上物（うわもの）
通常は磯場において、撒き餌を撒きウキ釣りで比較的浅い棚で釣る魚を総称するときに使う。マダイやメジナ、クロダイなどが該当する（⇔底物）。

餌木（えぎ）
アオリイカ専用の擬似餌。餌木を使ってイカを釣ることをエギングとよぶ。

エダス
モトスから木の枝のように分岐してハリに結ばれている糸。

円錐ウキ（えんすいうき）
ドングリのような形状をしたウキで、通常はウキの中に糸を通す中通しタイプ。ウキフカセ釣りでは欠かせない。

オキアミ
オキアミ目に属する甲殻類の総称。流通名としてのオキアミは南極オキアミを指し、通常ウキ釣りなどのエサとして使われる。

置き竿（おきざお）
仕掛けを投げた竿を置いてアタリを待つこと。

沖堤（おきてい）
船を利用しないとたどり着けないような沖にある堤防。

落ち（おち）
水温の低下に伴い魚が浅場から深場へと移動すること。

オマツリ
自分の糸が他の人の糸と絡まること。潮が強く横に流れる日や周囲と距離をとれない混み合った日などに起こりやすい。

泳がせ釣り（およがせづり）
生きた魚にハリをかけてより大きな魚を釣る手法。とくに、アジをエサにしてヤエンというハリのついた道具を後から投入して引っ掛けてアオリイカを釣ることを「ヤエン釣り」とよぶ。

オンス
1オンス＝約28・35g

カ行

返し（かえし）
一度掛かった魚が外れないようにする目的でつくられた、ハリの先端にある逆方向へ飛び出た突起部。

カケアガリ
傾斜している海底。魚が居着きやすいポイントのひとつ。

活性（かっせい）
魚の活動状態を表す言葉。魚の食い気。一箇所に留まらず精力的にエサを求めて動き回ることを「活性が高い」と表現する。

ガン玉（がんだま）
中央に割れ目が入ってる丸い鉛。割れ目に糸を挟み、ペンチなどで本体をつぶして割れ目を閉じてから使う。

汽水域（きすいいき）
海水と淡水が混じり合っている水域。河口付近。

キャスト
仕掛けを投げること。

食い渋り（くいしぶり）
魚の活性があまり高くなく、エサに食いついてこないこと。

外道（げどう）
目当ての魚以外の魚（⇔本命）。食べられる美味しい魚であっても、本命でなければ外道とよぶことがある。

号（ごう）
①オモリの重さの単位。②ミチイトの太さの単位。③ハリの大きさの単位。これらすべてにおいて「号」という単位が使われる。

コマセ
魚を寄せるために撒くエサ。主にアミエビに配合エサを混ぜたものを使う。「寄せエサ」や「撒きエサ」ともよぶ。

五目釣り（ごもくづり）
本命だけではなくさまざまな種類の魚が釣れること。ちょい投げ釣りやウキ釣りで起こりやすい。

ゴロタ石（ごろたいし）
海底に転がっている大きめの石。明確なサイズは決まっていないが、砂利や小石よりも大きな角の取れた丸い石の総称。こうした石がたくさんある場所を「ゴロタ場」とよぶ。

コンパクトロッド
全長が2m前後で、伸縮してコンパクトに収まる竿。堤防釣りのほとんどに対応しており、本書でも使用している。振り出し竿ともいう。

サ行

サーフ
砂浜。

竿先（さおさき）
竿の先端部分。穂先ともよぶ（⇔竿尻）。

竿先ライト（さおさきらいと）
竿先につける小さな発光体。夜釣りに置き竿をした際にアタリがわかる。

竿尻（さおじり）
竿の手元側の一番端の部分（⇔竿先）。

下げ潮（さげしお）
満潮から干潮へ向かう時間帯の潮（⇔上げ潮）。

サルカン
ヨリモドシのこと。スイベルとよぶこともある。

時合い（じあい）
魚の活性が上がっている時間帯。一般的には「時合いがよい」というように使う。逆に活性が下がっている時間帯は「時合いが悪い」と表現する。

ジェット天秤（じぇっとてんびん）
プラスチック製の羽がついたオモリ。リールを巻くと羽が回転し浮かび上がるため根掛かりしづらい仕組みになっている。

潮（しお）
潮流。潮の満ち引きのことを指す場合もある。

潮上（しおがみ）
潮流の上手側。コマセを撒くときは潮上から撒くとよい（⇔潮下）。

潮下（しおしも）
潮流の下手側（⇔潮上）。

潮回り（しおまわり）
若潮⇩中潮⇩大潮⇩中潮⇩小潮⇩長潮を1サイクルとした潮汐のリズム。およそ半月周期でくり返す。釣りには干満差が大きくなる大潮や中潮が適している。

潮目（しおめ）
海水温の異なった潮や、流れの異なる潮がぶつかる境目。エサとなるプランクトンなどが溜まりやすい。

シケ
海が荒れている状態。

シモリ玉（しもりだま）
ウキがウキ止めを越えないようにストッパーの役割を果たすアイテム。一般的にビーズのように中央が空いている形状でプラスチック素材のものが多い。

しゃくる
海中の仕掛けを跳ね上げさせるために竿先を瞬間的に上げるような動作。

シャロー
水深が浅い場所。

出世魚（しゅっせうお）
成長してサイズが大きくなることでよび名が変わる魚（Ｐ１５９参照）。

シンカー
オモリのこと。

捨て石（すていし）
堤防の基礎を固めるために入れられた石。石の形状はさまざまで、起伏もできるため根魚の棲家になりやすいが、根掛かりもしやすい。

スレる
同じエサやそのアクションに見慣れることで警戒心が高まり、容易に釣れなくなること。

底物（そこもの）
通常は磯場において、底近くにいる魚を総称するときに使う。イシダイやイシガキダイ、カレイやヒラメなどが該当する（⇔上物）。

底をとる（そこをとる）
エサやオモリなどを一度海底につけること。

ソフトルアー
ゴムのような柔らかいプラスチック素材のルアー。ワームともよぶ。

タ行

タックル
釣り竿やリールなど釣り具の総称。

棚（タナ）
魚が泳いでいる層。または魚がエサを捕食する層。

タモ
玉網のこと。魚を掬うための取っ手のついた網。

タラシ
①仕掛けをキャストする際に竿先から垂らした糸のこと。②虫エサをハリに刺したときに、垂れている部分。

チェイス
魚がルアーを追いかけている状態。

チチワ
糸の先端につくった輪。竿先や仕掛けとミチイトを連結するのがラクになる。購入した仕掛けの先端がチチワになっているタイプもある。

継ぎ竿（つぎざお）
いくつかにわかれた竿を継ぎ合わせて1本にしてから使う竿（⇔振り出し竿）。

釣り座（つりざ）
釣りをするときのポジション。

手返し（てがえし）
魚を釣り上げてハリから魚を外し、再びハリにエサをつけてキャストするまでの一連の動作。魚の群れが入ってきたときなどに数を釣るには、手返しの速さがとても重要になる。

電気ウキ（でんきうき）
電球が内蔵されて光るウキ。夜釣りでは欠かせない。

テンション
ミチイトの張り。またはミチイトを張ること。

天秤（てんびん）
キャスト時にミチイトと仕掛けが絡まないようにするためのアイテム。主にちょい投げ釣りで使用する。

同調（どうちょう）
魚寄せのために撒いたコマセとハリを同じ潮の流れに漂わせること。

鳥山（とりやま）
海鳥が小魚を捕食しようと海面近くに群がること。その下には大きな回遊魚もいる可能性が高い。

ナ行

ナイロンライン
比較的安価で最も一般的なライン。竿とリールがセットになったエントリーモデルではほぼナイロンラインが採用されている。伸縮性があるため感度が悪い。

中通し竿（なかどおしざお）
ミチイトが竿内部を通り竿先から出るタイプの竿。そのため竿本体のガイドがついていない。

流れ込み（ながれこみ）
川や排水が海に流れ込む場所。プランクトンが溜まりやすいので魚が集まる好ポイントになる。

ナブラ
大きな魚に追い回され水面近くまで上がってきた小魚の群れ。水面から飛び出すことからボイルともよぶ。

根（ね）
岩やコンクリートなど、自然物から人工物まで含んだ海底にある障害物の総称。または、岩礁などによって起伏のある海底そのものを指す場合もある。

根掛かり（ねがかり）
海底の障害物に仕掛けが引っ掛かること。

根ズレ（ねずれ）
ミチイトやハリスが海底の障害物に当たって擦れること。

乗っ込み（のっこみ）
産卵のために深場にいた魚が浅場に移動してくること。堤防釣りでは乗っ込み期のクロダイやマダイ、アオリイカなどを狙うことが多い。

延べ竿（のべざお）
リールをつけないシンプルな竿。5mを超えるような長い竿が多いので、狭い堤防で使うにはある程度慣れが必要。

ハ行

場荒れ（ばあれ）
釣り人が多く、魚がスレている状況。

配合エサ（はいごうえさ）
人工的にブレンドされたエサ。主に撒きエサとしてオキアミやアミエビに混ぜて使われることが多い。

バッカン
ビニール素材の四角いバケツ。

払い出し（はらいだし）
沖に向かって出ていく潮の流れ。カレントともよぶ。

バラシ
ハリから外れたり、糸が切れたりして掛かった魚を逃がしてしまうこと。

ハリス
ミチイトとハリを結ぶ糸。元（幹）になっている糸はモトスとよび、そこから分岐している糸はエダスとよぶ。

ＰＥライン（ピーイーライン）
ライン素材のひとつ。すべてのラインの中で最も高価。伸縮性がほぼなく感度が極めて高い。しかし結び方が甘いとほどけやすく、また傷がつくとすぐに切れてしまうので、先端にはリーダーを使用する必要がある。

ヒット
魚がエサに食いつきハリに掛かること。

ヒロ
両腕を横に広げた長さだが、一般的には1.5ｍを指す。「ウキ下は1ヒロ」というような使い方をする。

フィッシュイーター
小魚を常食する魚の総称。ルアー釣りの対象魚になりやすい。

フィート
1フィート＝約30・48㎝

船道（ふなみち）
船の通り道。周囲より海底が掘られていることが多く、両脇がカケアガリになっている可能性が高い。

ブラクリ
探り釣りで使われるオモリのすぐ下にハリが結ばれている仕掛け。

振り出し竿（ふりだしざお）
竿の中に収納されている部分を伸ばしてから使う竿。コンパクトロッドともいう（⇔継ぎ竿）。

フロロカーボンライン
ライン素材のひとつ。ナイロンラインと比較すると伸縮性がなく感度がよい。耐摩擦性が極めて高いため、ＰＥラインのリーダーとして使われることが多い。

ベイトフィッシュ
大きな魚が捕食する小魚のこと。単に「ベイト」とよぶこともある。

坊主（ぼうず）
1日釣りをして1尾も釣果を上げられないこと。

マ行

マズメ
日の出と日の入り前後の時間帯。それぞれ「朝マズメ」、「夕マズメ」とよぶ。多くの魚の活性が上がるため釣り人にとってはチャンスになる。

ミチイト
リールから出ているメインとなる糸。

メタルジグ
金属製のルアー。ある程度重さがあるのでオモリをつけずに遠くまで飛ばすことができる。

モトス
ミチイトと結ぶ仕掛けの中心（幹）となっている糸。

ヤ行

ヤエン釣り（やえんづり）
アオリイカ釣り手法のひとつ。エサには生きたアジを使い、イカが抱きついた瞬間にヤエンとよばれる仕掛けを送り込む。準備はそれなりに大変だがアオリイカが食いつきやすく人気の高い手法。

ラ行

リーダー
根ズレによってラインが切れないようにミチイトとルアーなどの間に耐摩擦性の高いラインを使うこと。使用例としては、ミチイトには感度の高いＰＥラインを使用するが、岩などに擦れるとすぐに切れるという弱点があるため、ルアーの手前数十㎝にフロロカーボンラインをリーダーとして使用する。

リトリーブ
リールを巻いてルアーを引くこと。

リリース
釣り上げた魚を生きたまま海や川へ戻すこと。

ロッド
釣り竿のこと。

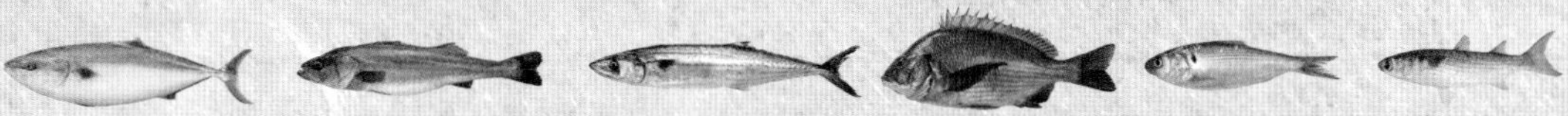

出世魚図鑑

出世魚とは、幼魚から成魚になるにつれて名称が変わる魚。由来は、出世する際に改名していた武士や学者の慣習によるものと考えられている。縁起がよい魚とされており、門出を祝う席で使われることが多い。ここではその一部を紹介する。

クロダイ

関東		関西
チンチン	10～20cm前後	ババタレ
カイズ	20～30cm前後	チヌ
クロダイ	30cm以上	オオスケ

成魚になっても関東と関西で名称が異なる。引きが強く磯釣りの対象魚として人気。刺身や塩焼き、煮付けなど料理の幅も広い。

ブリ

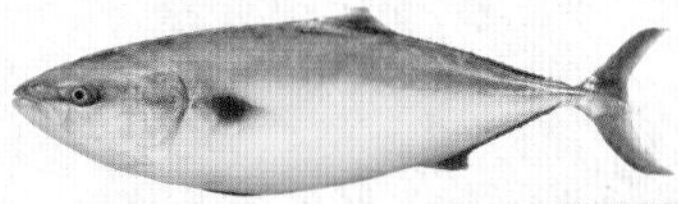

関東		関西
ワカシ	15～40cm前後	ツバス
イナダ	40～60cm前後	ハマチ
ワラサ	60～80cm前後	メジロ
ブリ	80cm以上	ブリ

関東と関西以外にも、東北や北陸、四国や九州など各地方で独特の名称がある。古くから各地の伝統行事で使われる代表的な出世魚。

コハダ

関東		関西
シンコ	5cm以下	ツナシ
コハダ	7～10cm	コハダ
ナカズミ	10～15cm	ナカズミ
コノシロ	15cm以上	コノシロ

稚魚のシンコは江戸前寿司を代表するネタのひとつ。成長すると価値が下がることから、出世魚に分類しないという考え方もある。

スズキ

関東		関西
コッパ	10cm前後	コッパ
セイゴ	25～40cm前後	セイゴ
フッコ	40～60cm前後	ハネ
スズキ	60cm以上	スズキ

「シーバス」という愛称で親しまれているスズキも出世魚として有名。脂がのった白身は美味しく、夏を代表する高級魚。

ボラ

関東		関西
オボコ	10cm以下	ハク・オボコ
イナッコ・スバシリ	10～15cm	スバシリ
イナ	15～30cm	イナ
ボラ	30～50cm	ボラ
トド	50cm以上	トド

臭みが強いとされ釣り人には敬遠されがちだが、冬場の寒ボラは脂ものり美味しい。また卵巣からつくられるカラスミは高級珍味。

サワラ

関東		関西
サゴチ	40～50cm前後	サゴシ
ナギ	50～60cm前後	ヤナギ
サワラ	60cm以上	サワラ

春の訪れを告げる魚として有名。大きいものは1mを超える。塩焼きはもちろん、鮮度のよいものは刺身にすると美味。

※魚のサイズは目安です。サイズや名称は地域により異なることがあります。

監修

池田雄一郎
（いけだゆういちろう）

1978年生まれ。神奈川県出身。湘南をホームグラウンドとするアングラー。得意の釣りはサーフから狙うヒラメやマゴチ。実家が漁師であり、自身は調理師免許を取得しており、釣りだけでなく料理も得意としている。釣り番組の出演や釣り雑誌への寄稿、各メーカーのテスターなどもおこなっている。

モデル

そらなさゆり

1988年生まれ。和歌山県出身。釣り竿を学校に持参し、帰り道に夕食の魚を釣っていたという筋金入りのアングラー。釣り業界主催のアイドルオーディション「アングラーズアイドル」の2代目。現在は釣り番組やイベントなどを中心に精力的に活動している。

STAFF

制作	撮影	イラスト
BeU合同会社	根津三歩	堀口順一朗
デザイン	撮影協力	企画編集
三國創市	株式会社上州屋	成美堂出版編集部 （原田洋介・池田秀之）

いちばんわかりやすい 堤防釣り

監　修　池《いけ》田《だ》雄《ゆう》一《いち》郎《ろう》

発行者　深見公子

発行所　成美堂出版

〒162-8445　東京都新宿区新小川町1-7

電話(03)5206-8151 FAX(03)5206-8159

印　刷　共同印刷株式会社

ISBN978-4-415-33172-0

落丁·乱丁などの不良本はお取り替えします

定価はカバーに表示してあります